全球化与文化自觉

——费孝通晚年文选

费孝通/著　　方李莉/编

外语教学与研究出版社
北京

图书在版编目（CIP）数据

全球化与文化自觉：费孝通晚年文选 / 费孝通著；方李莉编. — 北京：外语教学与研究出版社，2013.11（2023.7 重印）
ISBN 978-7-5135-3797-1

I. ①全… II. ①费… ②方… III. ①文化学－文集 IV. ①G0-53

中国版本图书馆 CIP 数据核字（2013）第 277390 号

出 版 人 王 芳
策划编辑 吴 浩
责任编辑 赵雅茹
装帧设计 高 蕾
出版发行 外语教学与研究出版社
社 址 北京市西三环北路 19 号（100089）
网 址 https://www.fltrp.com
印 刷 三河市紫恒印装有限公司
开 本 650×980 1/16
印 张 20.5
版 次 2013 年 12 月第 1 版 2023 年 7 月第 4 次印刷
书 号 ISBN 978-7-5135-3797-1
定 价 66.00 元

如有图书采购需求，图书内容或印刷装订等问题，侵权、盗版书籍等线索，请拨打以下电话或关注官方服务号：
客服电话：400 898 7008
官方服务号：微信搜索并关注公众号“外研社官方服务号”
外研社购书网址：https://fltrp.tmall.com

物料号：237970001

费孝通

各美其美
美人之美
美美与共
天下大同

费孝通

费孝通手迹

目录

编者的话

一、概述

自从工业革命以来，人类社会普遍流行着一种进步的观念，即人类社会是不断向前发展的，而且会越来越美好。但近年来整个世界的动荡和经济危机，还有来自大自然的灾难，让人们开始动摇了这种信念。这个世界让我们看到的是，许多的国家和地区，包括经济发达的美国、欧洲、日本，都在面临经济危机，许多年轻人找不到工作，中产阶级在萎缩，贫富悬殊在加大，社会的稳定性在受到挑战。而自然环境也在受到破坏，越来越多的自然灾害在发生，如地震、海啸、飓风、泥石流等。还有人为的灾难，如战争、核泄露、水污染、空气污染等。表面上看来，这都是由于经济发展不合理、资源分配不平衡所造成的，但实际上，从深层次来看这却是一个文化的问题。

对于中国来说，经历了改革开放 30 年的经济高速发展，文化的问题也开始凸显：传统价值观解体所带来的后果是传统道德体系的动摇以及各种价值取向的争锋；最近还出现了如何与周边国家相处、如何与世界对话、如何让国际社会更加了解中国等新的问题。这些问题让人们感到，目前中国所面临的不仅是经济发展的问题，还应该包括一个文化导向与文化建设的问题。

在这样的社会背景下，我们看到的是，文化问题已经成为一个世界性的问题，对于这一问题的重视与关注并不是从今天开始的，而是从20世纪90年代开始的——苏联的解体改变了世界的政治格局，意识形态的对抗转化为“文明的冲突”。《文明的冲突与世界秩序的重建》是美国学者亨廷顿出版的一本专著，在这本专著中，作者强调了文化在塑造全球政治中的主要作用，他唤起了人们对文化因素的注意。他在书中写道，文化“长期以来一直为西方的国际关系学者所忽视。同时在全世界，人们正在根据文化来重新界定自己的认同”[①]。他的这本书一经出版就在世界范围内引起巨大的反响，并被翻译成数十种不同的文字，他书中的许多观点被不同国家的人广泛讨论。

几乎是与此同时，中国学者费孝通先生提出了“各美其美，美人之美，美美与共，天下大同”的“十六字箴言”和他的“文化自觉”思想，为此他撰写了多篇学术论文，并发表了许多相关的讲话。如果说，亨廷顿的写作是缘起于苏联的解体、冷战的结束、世界政治格局的重组，强调的是文明冲突，那么费孝通晚年“文化自觉”思想的缘起则是面对全球化的加速，开始思考不同文化应该如何共生的问题，他更加强调的是文明的共存。亨廷顿在其《文明的冲突》一书中所描绘的是对世界未来发展的忧虑，尤其是对西方文明未来发展的忧虑：一个崛起的东亚地带，一个崛起的中华民族，还有充满着矛盾与战争的伊斯兰国家——这是一幅具有西方思维特点的世界图景。而费孝通在“十六字箴言”和“文化自觉”思想中所希望表达的，则是一种“和而不同”、多元文化共存、多元文化互动的世界图景。

一位是西方学者，一位是东方学者，正因为思维方式不一样，文化的立足点不一样，虽然同样都谈到了在未来的社会发展中需要重建新的世界秩序，但一个强调的是文明的冲突，另一个强调的是文明的共存，一个强调的是通过建立一个统一的世界秩序来规范和统一世界不同文明间的矛盾，另一个强调的是通过不同文明的相互理解、对话

① （美）亨廷顿：《文明的冲突与世界秩序的重建》，新华出版社，2010年，第1页。

以及相互欣赏、相互尊重来解决世界不同文明之间的矛盾，然后在这样的基础上建立一个大家共同遵守的世界秩序。这两种角度和两种思维方式都重要，但相比之下，费孝通的思想更加柔和、更加富有弹性。

亨廷顿《文明的冲突》一书在国际上已经广为人知，而作为提倡"文明共存"的中国学者费孝通先生，没有来得及把自己的这些理念和思想写成一本专门的著作，这些思想只是散见在他从20世纪90年代到21世纪初去世之前的一些文章和谈话中，所以在世界范围内并没有引起太多的关注。在中国，由于当时更注重经济发展，他的思想虽然在学界引起了一些知识分子的关注，但并没有引起国家相关部门的关注。正如费孝通所说的，他"是将明天的话在今天讲了"①。而我们今天重读他的文章，感觉正是恰逢其时。

现在，受外语教学与研究出版社的委托，笔者编了这本《全球化与文化自觉》，这本集子收集的主要是从20世纪90年代初到21世纪初，即费孝通先生在去世前十来年的时间里，所写的相关论文以及演讲、对话。

笔者根据内容将其编为六个部分。第一个部分共有四篇文章：《从小培养二十一世纪的人》、《创建一个和而不同的全球社会》、《对"美好社会"的思考》、《"美美与共"和人类文明》。在这四篇文章中，费孝通先生叙述了在全球化背景下，人类社会将如何通过相互尊重，达到美美与共、和而不同的文明共存的政治局面。第二部分有《关于"文化自觉"的一些自白》、《"文化自觉"与中国学者的历史责任》、《从反思到文化自觉和交流》，在这三篇文章中费孝通先生完善了他所提出的"文化自觉"的概念，进一步论述了中国和中国学者将如何迎接全球化的挑战，并通过"文化自觉"融入国际社会，达到自主转型的目标。第三个部分共有《对文化的历史性和社会性的思考》、《中华民

① 费孝通：《更高层次的文化走向》，引自方李莉编著：《费孝通晚年思想录》，岳麓书社，2005年，第12页。

族的多元一体格局》、《中华文化在新世纪面临的挑战》、《更高层次的文化走向》四篇文章，在这四篇文章中，费孝通先生从不同的方面论述了中华文明的特征，并期望着中华文明在人类社会新的历史转折中会有新的贡献。第四个部分有《文化论中人与自然关系的再认识》、《人文价值再思考》、《工业文明进程中的思考》、《文化生态失衡问题》四篇文章，这四篇文章主要谈到了在全球化背景下，如何重新认识人与自然、人与社会、人与人自身的关系，以及这些相互之间的关系又如何面临一种新的挑战。第五个部分有《试谈扩展社会学的传统界限》、《中国文化与新世纪的社会学人类学》、《开创学术新风气》三篇文章，主要论述的是有关社会学人类学在新的社会和历史转折中，所面临的新的使命、新的研究方向和视野，并希望通过这些专业的学术研究，为世界的文明共存及人类文化自觉的发展做出科学的论断。第六部分有《多元化的西部文化》、《九访兰州　一次讲话》、《文化的传统与创造》、《论西部开发中的文化产业》、《走到民众中去》五篇文章，这五篇文章主要谈的是对中国传统文化的重新认识、如何在传统文化中寻找新的资源并让其成为新的文化的发展基础。最后附了一篇《我的早年生活——费孝通访谈录》，这是由费孝通先生讲述、由笔者记录和提问而写成的，目的是帮助读者们更进一步认识费孝通先生学术思想的形成过程。费先生在世时常说，一个人的家庭，一个人从小的成长经历，往往决定了一个人一生的追求。

以上是对为什么要编这本书、笔者编辑这本书的基本思路以及书中文章的基本内容做了一个简要的介绍。

以下是笔者对费孝通先生的“十六字箴言”和“文化自觉”的理解，写出来希望能和读者们一起交流，或可以此为导读，进一步学习和探讨费孝通先生的学术思想。不足之处，还望读者们批评指正。

二、费孝通“十六字箴言”的解释

费孝通先生提出来的“各美其美、美人之美、美美与共、天下大同”，在学术界被称为费孝通“十六字箴言”。这十六个字对于如何处理不同文明、不同国家、不同民族之间的关系，以及在世界范围内这些不同国家、民族、地区如何相互理解与对话，都有着非常重要的意义与价值。

在以下的内容里，笔者将以费孝通先生自己的话来理解这“十六字箴言”，这里的“美”是“美好社会”的意思。费孝通先生说：“‘美好社会’的内涵是各群体从不同客观条件下取得生存和发展的长期经验中提炼出来，在世世代代实践中逐步形成，因之它属于历史的范畴。所以，不同的群体对‘美好社会’可以有不同的内涵，各自肯定群体共同认可和相互督促的理想。”[①]

（一）“各美其美”

人类社会的不同群体经历了从各自封闭逐步走向全球化的过程，当群体能够在自给自足的封闭状态下生存和发展时，各个不相关联的群体尽可以各是其是、各美其美、各不相干。但是，在人类社会已经进入全球化发展的今天，不同国家的文化交流、不同国家的经济贸易、全球性跨国公司的建立、因特网和卫星通信的传播，使得地球已经成为一个地球村，不同国家的人们成为了抬头不见低头见的人。于是，历史上，不同国家、不同群体间相互隔绝的状态已一去不复返了。不同国家、不同群体间的接触、交流以至融合已是历史的必然。在这样的背景下，如果

① 费孝通：《对“美好社会”的思考》，引自《费孝通全集》第14卷，内蒙古人民出版社，2009年，第212页。

我们还是只知道“各美其美”，或强制别人“美我之美”，世界就有发生战争的危险。

费孝通先生认为，全球化肇始于16世纪，从那时开始，“以欧洲的文艺复兴、宗教革命带来的现代科技和经济的发展，把整个地球上的各个大陆都紧密地联系了起来；原来分布在五大洲广大地域的无数人类群体却从此不再能相互隔绝，各自为生了。但是它们在这500年里，并没有找到一个和平共处的秩序，使它们能同心协力来为人类形成一个共同认可的美好社会。相反，从海上掠夺，武装侵略，强占资源开始，进而建立殖民统治和划分势力范围，形成了以强制弱，争霸天下，战争不绝的形势”[①]。

这样的全球扩张发展到20世纪，爆发了两次世界大战。在人类的历史上从来没有停止过战争，但在20世纪以前，世界规模的战争是从来没有过的。进入20世纪之后，居住在这个地球上的人们已经休戚相关、联系如此密切，甚至可以在世界规模上用枪炮来对话了。“战争固然出于对抗，对抗却也是一种难解难分的联系。利益上的你争我夺，决不会发生在互不相关的绝缘体之间。对抗不仅表示了联系，并且也总是以加强联系为终结而终于导致联合。”[②]因此，费孝通先生常常把20世纪看成是战国时代，是在“各美其美”的时代中，被人逼迫“美我之美”的结果。这样的结果，引起矛盾是必然的。

费孝通先生认为，尽管民族矛盾甚至冲突是不可避免的，但是“价值观念不同的群体之间相互往来中，协作是经常的，而且是历史的系统的，人类只有不断扩大其分工合作的范围才能进步。但是矛盾甚至冲突也是不免的。……这类冲突甚至可以发展到兵戎相见。历史上群体之间以意识形态中价值观念的歧异为借口而发生的战争史不绝

① 费孝通：《对“美好社会”的思考》，引自《费孝通全集》第14卷，第213页。

② 费孝通：《中华文化在新世纪面临的挑战》，引自《费孝通全集》第16卷，内蒙古人民出版社，2009年，第303页。

书，至今未止。当前世界依然面临这种危险。”[①] 如当前美国与伊斯兰国家的矛盾，中国与周边国家的摩擦，尤其是最近与日本之间的矛盾等等。在这样的因特网时代，一旦激起民族矛盾，就像星火燎原，一点就燃。所以，各个不同国家之间，除有“各美其美”的观点之外，还应该有“美人之美”的观点。矛盾是暂时的，最终的结果应该是相互欣赏与共同协作，这是历史发展的大趋势，也是全球化的最终价值。

（二）“美人之美”

为此，费孝通进一步解释了“美人之美”这句话。他说，“我曾经把20世纪的人类历史比喻为世界范围的战国时期。也许这个比喻不太恰当，但是其中包含着的一个暗示我认为还是值得注意的，这就是：当今世界正在发生全球性的从分到合的运动过程。”[②]“中国历史上2000多年前出现的群雄争霸，导致了秦朝的大一统局面，形成了当前中国统一体的核心。从这点上来看20世纪，我领会到，在世界大战中提出的‘世界一体’绝非偶然，它也许是合乎逻辑地指出，群雄争霸的20世纪已为人类向全球性大社会的方向发展做出了先导，准备了条件。”[③]

站在笔者的角度上来理解，费孝通先生的理论是，20世纪的战争与对抗为今天的全球化打下了基础，在工业革命以后，人类科技的发展加强了人利用自然资源的能力，但与此同时出现了人类可以自我毁灭的武器，如果再来一次世界大战，其后果是不可想象的。因此，未来的世界不仅是经济的全球一体化，就是从政治上来讲，虽然存在着不同文明的冲突，不同社会制度的冲突，甚至不同发展模式的冲突，但大的趋势

① 费孝通：《对“美好社会”的思考》，引自《费孝通全集》第14卷，第212页。

② 费孝通：《中华文化在新世纪面临的挑战》，引自《费孝通全集》第16卷，第303页。

③ 同上。

还是要走向不同文明、不同文化传统的和平共处。在外交上，各国政府必然要采取更加文明、理性与温和的态度相处；在经济上，跨国公司的出现必然也会加强不同国家的进一步协作；在文化上，不同文明间的相互理解与对话、交流与学习也会成为一种趋势。也就是说，未来的世界更多的不是对抗，而是合作，不仅是竞争，还是互动和共赢。要做到这一点，就需要费孝通先生所说的"美人之美"的文化态度作为基础。

费孝通先生在这里讲的"美人之美"，就是要看到不同文化的长处，要善于尊重和欣赏与自己不同的文化传统，包括不同的社会制度与发展模式，这就需要开展不同文明之间的相互对话和理解。只有在这样的基础上，我们才可以做到文化的多样性和多元化发展，同时具有较大的包容性。生物圈的健康平衡需要多样性的物种与基因的互动来保持，同样，人类社会未来的发展，也需要多样性的文化和群体经验及智慧来支持，这是联合国教科文组织之所以保护非物质文化遗产的核心精神所在，也是世界不同国家的人类学者所持的基本态度。而且，"各美其美"和"美人之美"并不矛盾，而应该是相辅相成的。只要我们的认识能更上一个层次，大家在求同存异的原则上完全可以建立起亲密的合作共处关系。

（三）"美美与共、天下大同"

"美美与共、天下大同"也许是人类的一种理想状态，在现实生活中很难做到。但费孝通先生认为，这也不是不可能的，他说："我总是认为各群体间价值观念和意识形态上存在一些差别不应成为群体冲突和战争的根据。如果用比较方法去具体分析人类各群体所向往的美好社会，基本上总是离不开安全和繁荣这两项基本愿望。这两项基本愿望只有通过群体和平协作来实现，没有引起你死我活相对抗的理由。"①

---

① 费孝通：《对"美好社会"的思考》，引自《费孝通全集》第 14 卷，第 213～214 页。

人类各种大小群体是可以各自保持其价值体系而和其他群体建立和平互利的经济和政治关系的，只要大家不采取唯我独美的本位中心主义，而容忍不同价值信念的并存不悖。在群体间尚没有通过长期的交流达到自觉的融合之前，可以在求同存异的原则下取得和平共处并逐步发展，为进入融合一致的大同世界准备条件。

“这些作为群体之间共处的基本守则，是为一个完全繁荣的全球大社会的形成做出必要的准备，也是避免在这大社会形成之前，人类历史进程受到灾难性的挫折，而倒退回到不文明的状态，或甚至使人类让出其主持这个地球发展的地位。”①

在这里费孝通先生看到的是，在全球化时代，不仅是经济的一体化，还要有一套需要人类共同遵守的基本法则、理念和秩序，其实也就是一种新的普适性的价值观。所以他呼唤新的孔子的出现——当年孔子的儒家思想为秦汉时代的大一统提出了新的理念与新的社会秩序。当然这个时代的孔子，并不是某个个人，也许需要一个由各个国家的知识分子组成的群体来共同完成这一任务。所以，他说：“对于全球化、文明、文化的研究，不仅仅是一种纯知识性的探索，它已经成了解决人们面临的严峻问题的一门科学。”②

他认为，“当今世界上，还没有一种思想或意识形态能够明确地、圆满地、有说服力地回答我们所面临的关于不同文明之间该如何相处的问题。不管是社会经济高度‘发达国家’，还是大多数‘发展中国家’，在这个问题上，都同样受到严峻的挑战。这不是哪个单一的国家、民族或文明遇到的问题，而是一个全人类都要共同解决的问题。全球化的特点之一，就是各种‘问题’的全球化。”“只有当不同族群、民族、国家以及各种不同文明，达到了某些新的共识，世界才可能出现一个

① 费孝通：《对“美好社会”的思考》，引自《费孝通全集》第14卷，第215～216页。

② 费孝通：《“美美与共”和人类文明》，引自中国民主同盟中央委员会等编：《费孝通论文化与文化自觉》，群言出版社，2005年，第529～530页。

相对安定祥和的局面，这是全球化进程中不可回避的一个挑战。”①

如何应对这一挑战，这需要有一个群体来开一代新风，还需要有一个文化底蕴来支持。近百年来中国不仅在科学技术上缺少创新，在思想理论上也没有对世界的发展有所贡献。但随着中国经济的发展，文化自信心的加强，在这世纪转折之交，在人类文化需要大同或和而不同的时候，中国人是否有这种能力在挖掘中国古代资源的基础上为世界的和平发展、为世界的新秩序的建立做出新的贡献，费孝通先生的回答是肯定的。

他在文章中写道：“中国人从本民族文化的历史发展中深切地体会到，文化形态是多种多样的，丰富多彩的，不同的文化之间是可以相互沟通、相互交融的。推而广之，世界各国的不同文化也应该相互尊重、相互沟通，这对各个不同文化的进一步发展也是有利的。”②

在这个问题上，费孝通先生尤其关注中华文明的形成过程，因为中国是一个幅员辽阔、人口众多的多民族国家，不同民族的共同生活形成了中国文化所具有的包容性。他有一篇非常重要的研究文章叫《中华民族的多元一体格局》，在这里他看到了不同的民族文化是如何在大中华的理念中做到“和而不同”的。所以他说“和而不同”就是“多元互补”。“多元互补”是中华文化融合力的表现，也是中华文化得以连绵延续、不断发展的原因之一。

他认为，“和而不同”是中国传统文化中的一个重要核心。“这种‘和而不同’的状态，是一种非常高的境界，它是人们的理想。但是要让地球上的各种文明，各个民族、族群的亿万民众，都能认同和贯彻这个理想，决不是一件轻而易举的事。”③如何才能在世界上达到这种“和而不同”的境界，费孝通先生开出了一个“药方”，那就是“文

---

① 费孝通：《“美美与共”和人类文明》，引自中国民主同盟中央委员会等编：《费孝通论文化与文化自觉》，第530页。

② 费孝通：《中华文化在新世纪面临的挑战》，引自《费孝通全集》第16卷，第305页。

③ 费孝通：《“美美与共”和人类文明》，引自《费孝通论文化与文化自觉》，第531页。

化自觉”。而“文化自觉”理念的提出与实践，也许是当今中国文化能贡献给世界的一种思考。

三、“文化自觉”思想的提出

（一）“文化自觉”的目的与含义

针对以上问题，费孝通先生几乎花了十年的时间，在反复讨论“文化自觉”的问题。他在文章中写道：“文化自觉是当今世界一种时代的要求，并不是哪一个人的主观空想。……文化自觉只是指生活在一定文化中的人对其文化有‘自知之明’，明白它的来历、形成过程、所具有的特色和它发展的趋向，不带任何‘文化回归’的意思，不是要复旧，同时也不主张‘全盘西化’或‘坚守传统’。自知之明是为了增强对文化转型的自主能力，取得为适应新环境、新时代而进行文化选择时的自主地位。达到文化自觉是一个艰巨的任务，要做到这一点，需要一个很长的过程，首先要认识自己的文化，理解所接触的多种文化，才有条件在这个正在形成中的多元文化的世界里确立自己的位置，经过自主的适应，和其他文化一起，取长补短，共同建立一个有共同认可的基本秩序和一套与各种文化能和平共处，各抒所长，联手发展的共处守则。”[①] 所以他提出的“文化自觉”思想，不仅是针对中华文明本身，还是针对世界不同文明而言的。他还认为：“人类每逢重大历史转折时期，就会出现各种各样的所谓‘圣贤’。……当然，今天的‘圣贤’，不大可能是由某一种文明或某一个人物来担当，他应该，而且必

① 费孝通：《重建社会学与人类学的回顾和体会》，引自《费孝通全集》第16卷，第454页。

然是各种文明交流融合的结晶，是全体人类‘合力’的体现。”[①]

而这种合力出现的标志就是新的文化运动的产生。如在历史上，当人类社会从农业社会转型到工业社会时，曾经出现过欧洲文艺复兴这样的新文化运动，可以说没有欧洲文艺复兴就不会有人类的现代社会及工业化社会。所以，当人类社会向后工业社会或信息社会转化时，必然也会伴随一场新的文化运动。费孝通先生认为，西方的文艺复兴是对人自身的自觉，而今天面临的重大历史转型，也许还需要“人类文化的自觉”[②]，这就是费孝通先生提出来的“文化自觉”。

他认为，“‘文化自觉’的含义应该包括对自身文明和他人文明的反思，对自身的反思往往有助于理解不同文明之间的关系。因为世界上不论哪种文明，无不由多个族群的不同文化融会而成。尽管我们在这些族群的远古神话里，可以看到他们不约而同地在强调自己文化的‘纯正性’，但是严肃的学术研究表明，各种文明几乎无一例外是以‘多元一体’这样一个基本形态构建而成的。”[③] 所以，世界上纯而又纯的文明是没有的，每一种文明都是在与其他文明的相互学习和交流中发展起来的。在全球一体化发展的今天，不同文明间交流和学习的频率会更高，涉及的内容将更加深刻。因此，我们要用一种更加完整、更加全面的视野来重新认识不同国家间所产生的不同文化。

因而，费孝通先生提出：第一，“文化自觉”不仅是针对中国社会，而且是整个的人类社会；第二，“文化自觉”是全球化社会发展的必然产物，是针对不同文明之间的相互尊重和相互理解而言的，目的是加强对自身文化和他者文化的进一步认识和理解；第三，“文化自觉”的目的是为了从“各美其美”走向“美人之美”和“美美与共”，让所有的文明以一个更加理性与温和的态度与其他文明互动，为避免

---

① 费孝通：《“美美与共”和人类文明》，引自《费孝通论文化与文化自觉》，第 531 页。

② 费孝通：《中华文化在新世纪面临的挑战》，引自《费孝通全集》第 16 卷，第 302 页。

③ 费孝通：《“美美与共”和人类文明》，引自《费孝通论文化与文化自觉》，第 537 页。

人与人的争斗（国家之间、民族之间的战争）、人与自然的恶性竞争（对自然的破坏，对生态环境的破坏）而努力，其最终目的是为了让整个人类社会得到和平安宁的可持续发展。

（二）在“文化自觉”中重新认识传统文化

费孝通先生是一位人类学家，他在提出“文化自觉”时，“并非从东西文化的比较中，看到了中国文化有什么危机，而是在对少数民族的实地研究中首先接触到了这个问题。……可以说文化转型是当前人类共同的问题。所以我说‘文化自觉’这个概念可以从小见大，从人口较少的民族看到中华民族以至全人类的共同问题。”[①]也就是说，在全球经济一体化的今天，每一个民族都在面临文化转型的问题，少数民族文化很难再坚持其日复一日的传统生活，它必须要融入一个更大的文化中去适应新的文化的发展。而作为更大的、整体的中国文化，也要将自己的民族文化融入到快速发展的世界文化之中，适应新文化的发展。尽管如此，每个文化还必须有自己文化的自主性，这一自主性的基础，就是文化的自觉与自信。

我们应该认识到，在过去100年的历史进程中，我们对自己文化的认识和把握，不能说不存在问题。而在现代化的过程中，我们将如何重建自己文化的信心，并因此对时势做出与民族利益一致的判断与选择，是必须引起我们关注的大问题。费孝通先生认为：“实际上在经济全球一体化后，中华文化该怎么办是社会发展提出的现实问题，也是谈论文化自觉首先要面临的问题。”[②]

这一问题实际上涉及的是我们将如何对待自己的传统文化。费孝通先生认为，文化自觉就是要重新认识传统，以传统为基础建设新的

① 费孝通：《关于“文化自觉”的一些自白》，引自《费孝通论文化与文化自觉》，第477～478页。

② 同上，第478页。

中国文化。他说，“文化不仅仅是‘除旧开新’而且也是‘推陈出新’或‘温故知新’。‘现代化’一方面突破了‘传统’，另一方面也同时继续并更新了‘传统’。……学习社会人类学的基本态度就是‘从实求知’，首先对于自己的乡土文化要有所认识，认识不是为了保守它，重要的是为了改造它，正所谓推陈出新。”①

但无论是推陈出新，还是在传统的基础上重建新的中国文化，我们都必须认真了解和学习中国的传统文化。就像我们常常讲，我们要建立“有中国特色的社会主义”，那是指马克思主义与中国文化实践相结合的结果，但如果我们对中国文化没有深入完整的认识，我们如何能说清楚“有中国特色的社会主义”的深刻内涵？

在中国的传统文化中有哪些可以发展成今天的现代文化，对世界的发展有贡献？这是需要深入研究的。费孝通先生说：“我们现在对中国文化的本质还不能说已经从理论上认识得很清楚，但是大体上说它确实是从中国人历来讲究的‘正心、诚意、修身、齐家、治国、平天下’的儒家所指出的方向发展出来的。这里边一层一层都是几千年积聚下来经验性的东西，如果能用到现实的事情当中去，看来还是会发生积极作用的。”②

费孝通先生在他的文章中多次谈到如何从中国的古代资源中提炼出当今可用的哲学思想和经验的问题。这种经验就在于中华民族的“多元一体格局”。他说，“古代中国人的眼里，‘中国’就是‘天下’，也就是被看作是一个‘世界’。所以中国人常说的‘分久必合，合久必分’，并不是现代西方人所指的一个‘民族国家’的‘统一’或‘分裂’（比如南北朝鲜、东西德国），而是一种‘世界’的分崩离析和重归‘大一统’。纵观中国几千年的历史，分分合合，纷争不断，但是从‘多元’走向‘一体’的大趋势是整个历史发展的主线，而且即使是在‘统一’

① 费孝通：《关于“文化自觉”的一些自白》，引自《费孝通论文化与文化自觉》，第476～477页。

② 同上，479页。

的时期，统治者在政治制度、宗教信仰、经济形态等方面，仍然允许在某些地区、某一阶层、某种行业中保持它的特殊性。古代中国这种分散的多中心的局面，究竟是因为怎样的内在机制、怎样的文化基础和思想基础才得以存在？这样'和而不同'的局面有什么优势和劣势？在中国传统文化中，哪些要素在这里边起了什么作用？古代的中国人究竟是怀有怎样的一种人文价值和心态，才能包容四海之内如此众多的族群和观念迥异的不同文化，建立起一个'多元一体格局'的中国！这些都是值得我们深刻思考和努力研究的问题。"①

也就是说，实际上在中国古代，就有天下一家的概念，如何将这一概念进行伸展研究，为当今全球文化的构建做出贡献？这是值得我们思考的。费孝通先生说："人类终归是共同享有一个地球的，未来挑战人类的可能不是人类自己，而是太空。况且，'全球化'这个概念包含一个与以往的帝国主义支配不同的主张，它欢迎不同的文化来参与制订其趋势、影响其发展。"②费先生在这里看到了不同文化间的民主、平等的发展趋势，今后的世界必然是一个多极互动的世界，某一个权威国家，或某几个权威国家说了算的时代已经过去。但他说："然而，我们不能就此简单地认为，'全球化'是过去十几年二十几年才兴起的，也不能简单地相信，这一潮流必将推出一个国家、民族、文化之间'美美与共'的'天下大同'局面。"③笔者的理解是，未来的社会要做到"美美与共"的多极文化发展，还必须关注中国文化中的另一个观点，那就是"和而不同"。费孝通先生认为，"和而不同"是中国对于世界的最大贡献。他说，"对于中国人来说，追求'天人合一'是一种理想的境界，而在'天人'之间的社会规范就是'和'。这一'和'的观念成为中国社会内部结构各种社会关系的基本出发点。

① 费孝通：《"美美与共"和人类文明》，引自《费孝通论文化与文化自觉》，第537页。

② 费孝通：《对文化的历史性和社会性的思考》，引自费宗惠、张荣华编《费孝通论文化自觉》，内蒙古人民出版社，2009年，第245页。

③ 同上。

在与异民族相处时，把这种‘和’的理念置于具体的民族关系之中，出现了‘和而不同’的理念。这一点与西方的民族观念很不相同。这是历史发展的过程不同即历史的经验不一样。”[①] 因此，我们可以通过中国“和”的理念，去努力争取建立一个“美美与共、天下大同”的人类社会的新局面。

如何在儒家文化中进一步挖掘出“和”理念，费先生有自己的独特看法，他说：“比如早在公元前，号称‘诸子百家’的战国时期，出了那么多思想家，创立了那么多学说，后来为什么会‘独尊儒术’，能够‘统一’？儒家学说中又有什么东西使它成为一种联结各个不同族群、不同地域文化的纽带，从而维系和发展了中华民族的多元一体格局？还有，许许多多的族群在融入以‘汉人’为主体的大家庭时，是以一个怎样的机制，使原本属于某一族群的文化，发展成由大家‘共享’的文化？”[②] 这些都是值得我们探讨的。

费先生还从孔子的思想中看到了中国文化的包容性，他说，古代孔子从根本上反对本位中心主义，提出了“有教无类”、“己所不欲，勿施于人”的观点，认为在可以接受教化上，人是不分类别的，凡是自己不愿接受的事，不要强加于人。人的价值观念可以通过教育取得一致，但是不能强加于人。[③] 这种“己所不欲，勿施于人”的观点就是不同文明能美美与共的基础。

如果我们认真研究，一定还能挖掘出更多的文化资源，转化成当今社会的价值观，一方面能成为我们自己的立国之本，另一方面也可以贡献给世界，成为人类共同的价值观或共识。这也许就是费孝通先生提出“文化自觉”的初衷。

正如费先生所说：“中华文明经历了几千年，积聚了无数先人的聪

---

① 费孝通：《创建一个和而不同的全球社会》，引自《费孝通文集》第 15 卷，群言出版社，2009 年，第 302～303 页。

② 费孝通：《“美美与共”和人类文明》，引自《费孝通论文化与文化自觉》，第 538 页。

③ 参见费孝通：《对“美好社会”的思考》，引自《费孝通全集》第 14 卷，第 214 页。

明智慧和宝贵经验，我想我们今天尤其需要下大力气学习、研究和总结。”①

四、如何认识西方文明及其他文明

近百年来，中国传统文化在工业化以及西方现代文明覆盖全球的过程中受到了极大的挑战。费孝通先生认为，在这样的历史背景下，中国人容易产生两种截然相反的倾向：“一种是妄自菲薄，盲目崇拜西方；一种是闭关排外，甚至极端仇视西方。目前，这种仇视西方的状况似乎已经酝酿成一股社会潮流。从另一方面说，作为强势文明的发达国家，容易妄自尊大，热衷于搞‘传教’，一股脑地推销自己的‘文明’，其实这样做会蒙住自己的耳目，成了不了解世界大势的井底之蛙。”②

他认为，“全盘接受、盲目排斥都不是好的办法，我们应该用一种理智的、稳健的，不是轻率的、情绪化的心态来‘欣赏’它。要知道，不论哪种文明，都不是完美无缺的，都有精华和糟粕，所以对涌进来的异文化我们既要‘理解’，又要有所‘选择’。”③因此，“美人之美”不仅包括了欣赏与尊重，还要包括理解与研究、认识与学习等方面。

由此，他认为不同文明之间是可以通过相互的学习而达到共赢的。比如，“唐朝的时候，国家昌盛、经济发达、文化繁荣，引起了邻国日本的关注，派人来学习，与唐朝建立了友好关系。他们把唐朝好的东西带回去，丰富了自己的文化。这段历史表明，当时的日本人是很有‘鉴赏力’的，善于‘美人之美’，因此获得了很多文化资源，

---

① 费孝通：《“美美与共”和人类文明》，引自《费孝通论文化与文化自觉》，第 542 页。

② 同上，第 542 页。

③ 同上。

达到了‘双赢’的结果。”[①]

从人类学的角度看，“世界上所有文明都蕴含着人类的智慧，每一种文明都值得我们关注、研究，从中汲取营养。……历史上曾经出现过的强大的国家和各种强势文明，诸如奥斯曼帝国、俄罗斯帝国、奥匈帝国，阿拉伯文明、南美文明、非洲文明等等，这些庞大的多民族的社会实体，无不在解决不同文化之间的交流、沟通和融合方面，为后人积累了丰富的经验和教训。”[②]“当今地球上的人类，应该比古代人具有更广阔的胸怀、更远大的目光，对于不同文化有更高的鉴赏力，拥有一个与不同文明和睦相处的良好心态。”[③]

费孝通先生强调说，“为了人类能够生活在一个‘和而不同’的世界上，从现在起就必须提倡在审美的、人文的层次上，在人们的社会活动中树立起一个‘美美与共’的文化心态，这是人们思想观念上的一场深刻的大变革，它可能与当前世界上很多人习惯的思维模式和行为方式相抵触。”[④]但人类也必须朝这样的方向努力，因为如果不朝着它努力，今后的人类社会就无法再继续下去。

正因为如此，他对世界格局的未来发展，有着和亨廷顿完全不一样的看法，原因正如他所说的：“我对亨廷顿的‘文明冲突论’虽有批判，但对于中西文化中深层次的问题并不敏感。”[⑤]“去年美国的‘9·11’事件对我有很大的震动。在我看来这是对西方文化的又一个严重警告，而且事件后事态的发展使我很失望，这种‘恐怖对恐怖’的做法，让我看到西方文化的价值观里太轻视了文化精神的领域，不以科学的态度，实事求是的精神去处理文化关系，这是很值得深刻反思的。因此也让我想从理论上进一步搞清一些问题，如个人与文化的关系，文化的社会性和

① 费孝通:《“美美与共”和人类文明》，引自《费孝通论文化与文化自觉》，第 543 页。

② 同上，第 544 页。

③ 同上，第 543 页。

④ 同上。

⑤ 费孝通:《关于“文化自觉”的一些自白》，引自《费孝通论文化与文化自觉》，第 480 页。

历史性问题等，以利推动中西文化比较研究的深入。”①

他认为，“作为人类学社会学工作者，我们应该以严肃、认真的态度，不带任何偏见地深入研究本民族的历史文化，同时也应该下工夫研究其他国家、民族的历史文化，以扩展我们的视野，增强我们的想象力和创新能力，为当今世界经济迅速‘全球化’的同时，建设一个‘和而不同’的美好社会贡献力量。”②

而要做到这一点，“我们真要懂得中国文化的特点，并能与西方文化做比较，必须回到历史研究里边去，下大工夫，把上一代学者已有的成就继承下来，切实做到把中国文化里边好的东西提炼出来，应用到现实中去。在和西方世界保持接触，进行交流的过程中，把我们文化中好的东西讲清楚使其变成世界性的东西，首先是本土化，然后是全球化。”③

从这个角度来看，费孝通先生所讲的“文化自觉”对于中国人来讲，还包括三个含义：第一，是要重新回到对中国历史的研究中，真正弄懂中国的文化思想；第二，是要提炼出中华文化中的精华，为未来世界文化的发展做出贡献；第三，是要学习和欣赏西方文明和其他文明的长处，在学习和欣赏中达到共赢。

费孝通先生思考“文化自觉”这个大题目是从 20 世纪 90 年代初到 2003 年左右，那时候正是中国经济高速发展的时期。费孝通先生充满着憧憬，希望中国又能迎来一个历史上的强盛时期，因为只有一个强盛的国家才可能有机会成为新文化的引导者和倡导者，才有可能成为文化自信、文化自主和文化包容的国家。

近百年来，所有能够领导世界发展的哲学思想和文化思想都来自

① 费孝通：《关于“文化自觉”的一些自白》，引自《费孝通论文化与文化自觉》，第 480 页。

② 费孝通：《“美美与共”和人类文明》，引自《费孝通论文化与文化自觉》，第 544～545 页。

③ 费孝通：《关于“文化自觉”的一些自白》，引自《费孝通论文化与文化自觉》，第 482 页。

于西方，许多国家的当代文化都是在西方文化的影响下发展起来的，所以西方哲学思想和价值观对于当代世界的文化、政治、经济的发展具有非常强势的话语权。而中国在这样的时代是否能做到在文化上的自主转型，是否能做到民族文化复兴并重新崛起，是否能率先领导世界文化发展的新潮流，这是一次挑战，也是一次机遇。

正如费孝通先生所说："历史发展到一定时期，总是需要找到一个地方和一群人来发扬一种新风气。"他还说："目前正在兴起的文化自觉这股风已经在许多国家中酝酿和展开。我们中国要抓住这个历史机遇，参与和推动这股新风气。从文艺复兴到19世纪，西方出现过'人的自觉'，写下了人类文化发展的重要篇章。看来21世纪我们将开始出现'人类文化的自觉'了。在新一页人类文化发展史上，应该有中华民族实现文化自觉的恢弘篇章，在世界上起一个带头的作用。"①

要抓住这一机遇，中国知识分子要有一个大的担当，需要脚踏实地地研究中国文化，说清楚中国文化的特征，看清楚中华文化的未来发展之路。费孝通先生认为，"经济全球化后文化接触中的大波动必然会到来，迟早要发生的，我们要有准备地迎接这场世界性文化大论争。因此我们一方面要承认我们中国文化里边有好东西，进一步用现代科学的方法研究我们的历史，以完成我们'文化自觉'的使命，努力创造现代的中华文化；另一方面要了解和认识这世界上其他人的文化，学会解决处理文化接触的问题，为全人类的明天做出贡献。"②

"各美其美，美人之美，美美与共，天下大同"这十六个字，是费孝通先生对未来世界发展的期待，也是他晚年的研究所在，他寄希望于中华文明对世界未来的担当。他说，"历史上，中华文化的包容性是一以贯之的，但是，这种包容性并非在任何时代都能得到充分的体现。……已知道的是春秋战国时期、两汉时期、隋唐时期，它们都

① 费孝通：《重建社会学与人类学的回顾和体会》，引自《费孝通全集》第16卷，第455～456页。

② 费孝通：《关于"文化自觉"的一些自白》，引自《费孝通论文化与文化自觉》，第482页。

是中华文化包容性得以充分体现的辉煌时期。这可以给我们一个有益的启示：文化特色的发扬，离不开强盛的国力。如果我们有理由认为，中华民族在新世纪中又将进入一个强盛时期，我们就应该意识到，生活在新世纪的中国人正面临着一个充分发扬中华文化特色的历史机遇的到来。”① 是否能抓住这一机遇，一方面要看我们是否能真正做到“文化自觉”这四个大字，另一方面也需要中国的国力上升，经济得到可持续发展。没有强盛的国力，难以担当世界文化发展的先锋，当然反过来，如果没有文化的繁荣和发展，经济也难以得到可持续的发展。

不同文明的相互了解、相互对话、相互尊重，也就是费孝通先生所说的“美人之美”与“美美与共”，应该成为这个时代的新的潮流。而且在“文化自觉”思潮推动下的文化反思、历史研究也应该成为一场人类新的文化复兴，为未来新的社会形态重建新的人类文化与新的世界秩序，希望它能为人类带来新的和平与新的发展之路。这是编辑这本书的最终意义，也是费孝通先生生前所希望做到的。

费孝通先生生前总是对我们说，每个人作为生命的个体，总是会在这个世界消失的，但作为整体的人文世界，却是生生不息的，这个人文世界是由许多不同人的思想所凝聚而成的。我们的生命消失了，但我们的思想却会融入到生生不息的人文世界中。现在，费孝通先生已经去世几年了，但只要他的学术还在为我们今天的文化建设起作用，他的灵魂就是不朽的。

关于选集的编辑原则，费孝通先生曾在《费孝通文集》前记中做了原则性的嘱托：“凡不属于显而易见排印上的错失，一律存旧。因为在这段虽则不算长的时间里，一般通行语文的用辞也有相当的变化。近时已不常见的辞汇，在几十年前会是常见的，而各人所用辞也存在着个人的习性，所以现在看来不太顺眼的辞汇不宜改动。但在校核过程中确是发现不少出于作者的错失或疏忽，以致文章内容中有实质的

① 费孝通：《重建社会学与人类学的回顾和体会》，引自《费孝通全集》第16卷，第455页。

错误，使前后所提的事实对不上口，甚至有矛盾，在数字上又有出入。这些错误应当由作者来负责的。我十分感谢编者对我已经公开发表的论文中能发现这些错误，使我在有生之年还能有机会把这些错误予以公开纠正。所以我请求编者凡逢到这类情形，应当按照原文不加修饰地予以付印，并加注说明错误所在，千万不可掩盖。已经公开发表的文字，一言既出，驷马难追。人生不可能无过，有过则改，坦白不讳，就对得起读者了。如果文章中还有错失没有揭露之处，祈望今后读者继续纠正。我即在九天之上，也将表示感激。”①我们完全赞同并谨遵先生的意见，在编辑中力图呈现文章的历史原貌，并期望得到读者的批评指正。

最后，谨愿编此书以纪念费孝通先生，同时，深深地感谢外研社编辑们的辛勤劳动，以及费先生的女儿费宗惠、女婿张荣华在笔者编辑过程中所提供的资料和所有的帮助。

方李莉

2013 年 8 月

① 费孝通:《〈费孝通文集〉文集前记》，引自《费孝通全集》第 1 卷，内蒙古人民出版社，2009 年，第 3～4 页。

从小培养二十一世纪的人

创建一个和而不同的全球社会

对“美好社会”的思考

“美美与共”和人类文明

从小培养二十一世纪的人

人总是生活在希望里，对未来的瞩望和期待决定他当前的行为和忧乐。这种人之常情驱使我今天在这个讲台上陈说我对21世纪婴幼儿教育的瞩望。

像我这样一个在20世纪里生活了即将80年的人，面对10年后即将来临的21世纪，心情是复杂的，有衷心的盼望，也有满怀的忧虑。人类必然是不断进步的，我们对过去所知道的历史保证了这种信念。今既胜昔，来日怎能不比今天更好，这使人乐观。但是如果再想一想，还是让今天这样的人，带着现有的心胸和头脑，进入即将来临的世界里去，他们能很好适应一个不断革新和迅速发展的世界么？从这个疑问，使我看到了21世纪婴幼儿教育的重要性。那就是说，我们必须从现在开始就着手从小培养出适合于在21世纪世界里生活的人。人造下了世界，人还必须同时造就能在世界里生活的人。后者就是我们所说的教育、培养人的工作。对刚出生的婴儿和尚未能独自行动的幼儿的教育称之为婴幼儿教育，这段时期的教育是培养一个人身心发育的基础教育。

要着力于培养适合在21世纪生活的人，首先要问的是21世纪将是个什么样的世界。我说，如果对具有20世纪头脑的人不加适当的教育，原封不动地让他进入21世纪，恐怕会带来许多难免引起我们不愿见到的结果。这个担心是出于认为：21世纪的世界将不同于20世纪。客观世界改变了，在改变前的世界里养成的生活方式，能应付得了改变了的世界么？问题就在这里。所以我们首先要看一看21世纪究竟和20世纪有什么不同？

用简单的几句话来点清楚20世纪和21世纪的差别是不可能的，至少是不会确切和周全的。如果容许我用个不太恰当的比喻来说，20世纪有点像世界范围的战国时期。战国时期是我借用中国历史上的名词，指的是一个从分到合的历史过程。我们中国现在是一个统一体，这个统一体是经历了一个很长的过程形成的。从分裂进入统一，重要的一步发生在大概2200年前经历了两个半世纪（公元前475～前221年）才结束的战国时期。这个比喻暗示着当今世界正在发生世界范围的，或全球性的，从分到合的运动。20世纪正处在世界统一体出现前的那个阶段。在这100年里发生了两次被称为“世界大战”的重大事件。20世纪前世界规模的战争是没有过的，因而“世界大战”成了这段历史的特征，称之战国时期，用来作历史类比的根据。

20世纪的这两次世界战争是和我同龄人亲身的经历，回忆犹新。在第二次大战期间，有人提出了One World的概念，不妨翻译成“世界一体”。世界要成为一体，已是当时的战争摆在人们面前的现实。居住在这个地球上的人们已经互相联系得休戚相关，如此密切，甚至能在世界规模上用枪炮来对话了。战争固然出于对抗，对抗却也是一种难解难分的联系；利益上的你争我夺，决不会发生在互不相关的绝缘体之间。对抗不仅表示了联系，而且也总是以加强联系为终结而导致联合。

在中国的这片东亚平原上，2000多年前出现的群雄争霸导致了秦代大一统的局面，形成了当前中国统一体的核心。从这点上来看20世纪，我领会到在“世界大战”中提出世界一体的口号绝非偶然。是否可认为20世纪已为向全球性大社会的方向发展作出了开导，准备了条件？

把20世纪看作是世界范围的战国时代，又把两次世界大战作为

20世纪的标志，作为一个20世纪的人，在感情上似乎不那么容易接受。其实我作出上述的历史比拟，无非是想强调“世界一体”这个20世纪提出而没有能实现的构想。

“地球越来越小了”是我短短80年经历中最深刻的感受。不说别的，70年前我心目中外婆家是那么遥远。在运河上坐一条手摇的小木船，一早上船，船上用餐，到外婆家已近黄昏，足足是一天。从地图上看只有15公里的距离。现在通了公路，中间不阻塞，10多分钟就可以到达。距离的概念已经用时间来计算了。当年在运河上需要度过一天的路程，现在完全有可能一天打几个来回了。当然我们不再坐小木船，而是坐汽车了。这些话头现在已引不起听众的惊讶。那种怀旧的情绪已不再能得到年轻人的同情了。但不应当忘记的是这种变化恰恰是20世纪中人类杰出的创造。没有突飞猛进的科技发展，登上月球还是神话中的美妙想像。我们现在对这样大的进步已觉得受之无愧，视为平常，而这种变化的出现实际上却包含着人类知识的巨大积累和更新，也许更重要的是人们已找到了使得人类知识得以不断积累和更新的物质和社会条件。这一切书不胜书，以致不能不简单地用意义相当含糊的“现代化”一词来加以概括。现代化在我的理解中就是指由不断进步的科学技术无休止地改造人的物质和精神世界的历史进程。

现代化在人和人的关系上表现得最深刻的就是距离缩短了，接触加多了，范围扩大了，相互往来频繁了，搞得人们在生活上我离不开你，你离不开我。就这样，把全人类疏疏密密地编织在一个关系网里。出现了一个全球性的世界大社会。如果用比较具体但笼统而易懂的话来表达，就是现代化要把一个习惯于生活在自给自足的农业小天地里的乡下佬，变成一个和一刻离不开计算机的全球性大社会的运转相配合的角色。这句话包括了：生产的机械化，流通的商品化，信息的高速化等等的现代都市化的过程。再概括一下是从乡土社会到后工业化社会的转变。

我倾向这样的看法：接受这个现代化过程是当前人类共同的命运。它的开始是在 20 世纪之前，经过一二百年的发展才到今天，而且还会继续进入 21 世纪。它的发源地是在西欧，在这一二百年里，先是一面扩大到东欧和西亚，一面跟着西欧的移民扩及美洲和澳洲。接着是向全世界扩散，成为 20 世纪突出的历史性纪录。

从人类历史上看，世界上各种民族的人，虽则都住在这同一的地球上，但历来是分散在各地，各自为谋地经营着各自的生活，即使他们和邻近地方的居民有各种往来和联系。在 20 世纪以前，地球上并不存在一个牵连着所有人在内的一脉牵全局的大网络。这个网络在 20 世纪后期才出现，是以前几个世纪的科技发展的结果。在这个大网络所罩住的各地的人民，他们生活方式原是各自的历史条件所决定的，所以在经济发展上是不平衡的，在文化素质上是多种多样的。他们接受现代化的能力和速度各不相同，因而在 20 世纪现代化过程中发生了不平衡性和多样性。

世界在休戚相关的意义上形成了一体，但这个一体中存在着发展不平衡的许许多多国家和地方。发展不平衡主要是指经济的水平而言。在已有科技知识的条件下，这个世界上已经开发的资源是足以为所有的人提供基本需要的。现在还存在广大饥寒的人口，是由于分配上的问题。

文化上的多样性，性质却不同。这里包含着价值观念的内容。看来在饥寒线上下挣扎的人们，追求的目标比较容易一致，因为这些要求还紧密联系着生物的基础，所谓饥不择食就说明这种情况。在物质生活富裕的条件下，个人间身心上的差别有了分道扬镳的客观条件，不同地方、不同民族的人也更能发挥他们特有的价值倾向。这就使得文化多样性所产生的问题不能等同于经济不平衡性产生的问题。

尽管这两方面的问题在 20 世纪里已经都带来了严重的结果，甚至应当将两次大战的原因包括在内一并加以考虑。但是二者相比较，经济发展不平衡问题，实质上也就是所谓“南北问题”，在一定程度上已经提到人们意识范围之内，尽管这个问题在这个世纪里还没有找到比较圆满解决的办法。

文化多样性问题则属于另一层次或性质。文化就其广义而言就是人造的世界，包括社会制度和其意识形态。引起两次大战的矛盾，意识形态的争执还属于次要的地位。但第二次大战之后，却暴露出“意识形态”的矛盾成为“东西的问题”，形成了长达近半个世纪的冷战基础。直到这个世纪快结束时，才出现以对话代替对抗的信号，但还不能说在世界一体的格局中怎样容纳和处理文化多样性的问题已经有了一致的看法。

文化多样性是一个与人类同时出现的事实。我这样说表明我是同意人类起源多元论的。从世界各地考古学的发现，我们看到早期的人类生活似乎很相似，如使用石器，住在洞穴里等等，因而发生了一元或同源的印象。这些生活上的相似并不一定表示同源。人是从自然的基础上创造人造的世界的，文化是从自然中诞生的，是对自然的加工。人类初期和自然的关系十分密切，所以他们受到自然的限制也是十分大的。各地的人根据各地的自然条件开始他们的文化生活。只要自然条件相似，开始时的生活方式也就表示出相似状态。

这样说，我不仅认为人的世界一开始是多元的，而且在多元的基础上向着多样发展。文化的类型越来越多。到了 20 世纪，当各自相对独立发展的各地方的人被交通、信息和经济上的联系拉在一个难解难分的体系中时，文化上的多样性，包括社会制度的多样性，在互相接触中也就显著和突出了，而且开始在世界范围内以对抗性的矛盾出现了。这些问题已经以“东西对抗”的面貌引起人们的注意，并将带入 21 世纪，而逐步显示其紧迫性。要讨论培养什么样的人才能适应 21 世纪生活的话，文化多样性的问题值得倍加注意。

现代化过程中文化的多样性是会像经济不平衡性一样在发展过程

中逐步淡化么？望文生义地想，现代化既是全世界人民面临的共同趋势，就应当包括经济的趋平和文化的趋同。事实可能比这种看法要复杂得多。

现代化使人的流动和接触加强。静止的、封闭的小社区，经过开放和改革，逐步成为世界性社会或全球大社会有机的结合部分。这个过程无疑会产生一套共同的东西。假如没有一套传递信息的共同符号，人和人的往来和行为上的配合是不可能的。文化多样性最容易见到的例证是语言的分歧。话都讲不通，人与人的行动就配合不上。所以由多元向统一的发展过程中，语言的相通常是首要的条件。语言相通依靠一套能引起共同理解的表象或符号，这不是文化趋同的例证么？

现代化过程中存在着文化趋同的一面是不能否认的。有意思的是，即以语言来说，在 20 世纪的现代化过程中，确在形成一种共同通用的语言，但更多的是个人语言表象体系的多元化。有人曾企图创造一种新的语言，不同于已有的各种语言的“世界语”。我不知道世界上有多少人利用“世界语”作为日常国际间传播的工具。但是我确是看到统一的计算机语言已经在文化领域的较高层次里在全球通行和应用了，它在传播作用上的重要性将随着现代化的发展而日见增加。但是一般人的日常生活中这些世界性的符号体系，可以说还抵不过英语在国际上的通用。在当前国际交往体系中，懂得英语的人似乎不致在任何机场或世界大都市的旅馆和菜馆里发生生活上的困难。许多不会说英语的人开始学习英语了。结果是能操多种语言的人数正在迅速增加。

这表示在进入世界一体的过程中，文化的多样性激起的反应，显然有相反的两个层次，共同层和多元层。从整体看出现了通用的语言，从个人看学会了多种语言。不同文化的人往来中运用共同语言通话时，是以双方学会了多种语言为条件的。文化的多样性深化为相往来的人们个人的文化多样性。

文化的其他部分并不都是和语言一样。语言基本上是一种工具性的文化，它的价值取决于能否达到达意的目的，是一种使用价值，不附带贵贱好恶等感情选择。这在文化领域里并不普遍，普遍的倒是充满着爱憎、是非的规范，而且还和民族或地方自尊心密切结合在一起，容不得撞碰。每个人熟悉自已的生活方式，并依靠它在所属的团体中经营日常的生活。各是其是，各美其美，泾渭分明，是封闭社会的特点。当经济的力量冲开了这种孤芳自赏的国家、民族、地方的大门时，对抗性的矛盾总是在价值标准的差别上发生的。这可以说，一个分立的多元结合成协调的一体时很难避免会出现一种吵吵闹闹、“百家争鸣”的局面。

争鸣在人类历史上曾导致两种不同的结果。一种是，定于一尊，那就是从是非之争发展到对抗性的矛盾，结果不是甲方压倒乙方，就是乙方压倒甲方，胜者存，败者亡。中国历史上的战国时代就是走上这条路而告终。另一条路就是从“百家争鸣”进入“百花齐放”。人们不仅自美其美，而且能容忍各美其美，甚至进一步美人之美。也就是价值标准上容忍多样性的同时存在。中国的宗教史里多少出现过这种多宗并立的局面，而避免发展成对抗性宗教战争。

回到当前的现实世界来说，由于经济发展和科技进步而建立起休戚相关的世界体系里，多种文化集体正在各个层次发生着上述两种不同的倾向。北美可以提供一个值得注意的不同来源的移民文化接触的试验场所。美国，甚至包括加拿大，在文化上有着较强烈的笼罩着全体的共同性，但是这个共同性的底下显然存在着无可否认的多样性。文化上的共同性和多样性在现代化过程中是并行发展的。

再看欧洲情况就不同。在这里现代化的过程和北美基本相同，但是文化上的多样性的存在和发展似乎胜过了文化上的共同性。现代化起步较晚，处在发展中地区的亚洲、非洲和南美洲等地方，文化的多样性更是非常明显的。

从这个角度去瞩望21世纪的世界，在全球范围的共同体系中，文化多样性问题应当说还是个有引起对抗性矛盾的可能因素。我们是否有理由在这里提出一个想法，21世纪要解决的主要问题之一是：各种不同文化的人，也就是怀着不同价值观念的人，怎样能在这个经济上越来越息息相关的世界上和平共处。人类在21世纪怎样才能和平地一起住在这个小小的地球上？说到这里我认为应当提到这次会议的主题——21世纪婴幼儿教育与发展，就是怎样从小培养一个适合21世纪生活和工作的人了。

我虽则从事教育工作已经超过半个世纪，但并不是一个研究教育的专业人员。我对教育工作只有一般常识性理解。简单说，教育就是培养人的工作。人需要培养，因为人并不是生来就知道怎样做人的，一切生活方式都是从小向别人学习来的。孔子的《论语》就是用“学而时习之”这句话开始。从个人对社会来说是学习，从社会对个人来说是教育，是一回事。

近代心理学告诉我们，人们的行为有它的惯性，学会了的东西，经过反复练习，成为不须思索就能自动反应的习惯。人们的日常生活绝大部分依赖这些习惯性的动作来完成。习惯一旦形成要加以改变就相当费力。因此婴幼儿教育对人的启蒙工作特别重要。中国有句老话“三岁到老”，就是说，婴幼儿时期养成的性格到老难改。“孟母三迁”是中国重视婴幼儿教育的传统范例。这位母亲为了儿女们的早期教育，曾经三次迁居，寻找一个教育儿女最好的环境。

这样说来，我们如果关心21世纪的人能在这密切相关的地球上和平共处，协力发展，我们不能不在进入21世纪的时刻，多考虑一下当前和今后的婴幼儿教育。针对我在前面所设想的21世纪的主要特点，发展上的不平衡和文化上的多样性，我们应当用什么指导思想去培养将在21世纪里生活的人？我想在此提出一些不成熟的意见。

人所共知，20世纪后期科技迅速发展的重要原因是一些国家的教育改革。从小培养幼儿爱好和实物接触，养成敢于更新试验的习惯，发展了在客观实际中探索规律的理性活动。这些科技思维和行为通过婴幼儿教育植根到人的一生中。回顾我国20世纪初年的情况，就可以看到和这种教育的巨大差距，甚至方向性的差别。当时婴幼儿教育的目的是要把儿童的思想行为纳入传统的规范，所以把朗诵经典著作作为知识的入门，读书成了受教育的同义词。这种教育在一个滞止、封闭的社会中是有它的功能的。和我同龄的中国人虽则已有开始接受"新学"的，但还有不少是从背诵"四书"启蒙。所谓"新学"就是对这种僵化的传统教育的改革。如允许我提到我个人的经历，我的母亲正是在中国最早提倡新式幼儿教育的人。她在我家乡创办了一所蒙养院。所以婴幼儿教育在这方面的改革在我国起步是较早的，但发展尚不十分理想。

如果说科技进步是经济发展的基本动力之一，人们为适应这种需要，在教育上作出改革是相当重要的。尽管发达国家对这种改革也远没有完成，但是它们在这方面确是找到了一些可供发展中国家借鉴的经验。在这里我想着重指出，为克服当前世界上经济发展不平衡的状态，实现全世界共同繁荣的目标，不仅应当在先进国家的婴幼儿教育里总结出一套有效的经验，发展中国家也应认真总结自己的经验，提供本国及别国参考和借鉴，以促使它们能早日赶上先进水平。

我特别关心的是另一方面的教育工作，那就是怎样去培养出善于在文化多样性的世界里能和平共处、并肩前进的21世纪的人。我之所以特别关心是因为我认为目前世界各国的教育还很少重视这个问题。

当前国家与国家、民族与民族、种族与种族、宗教与宗教等等之间的公共关系，已经由于地球越来越小，使它们之间互相接触越来越频繁，而变得越来越复杂。早期由部落和血族斗争所遗留下来的那种以对抗来解决矛盾的办法已因科技发达逐渐失去其实际可行性。这个一发牵全局的世界，星星之火，足以燎原，超常毁灭性的武器所威胁的不只是斗争的对方，而且将包括自己在内的整个人类的生存。这已经是一般的常识。因而也使得这一类的矛盾必须避免发展成非常严重的对抗性质。但是到目前为止，针对这种威胁的思路却还是从减少或销毁这类武器本身着眼。20 世纪的整个年代似乎还没有走上更理想的道路。

我想提出来讨论的是，我们是否可以从人的思想和意识方面积极地进行和平共处的教育，就是在精神文化领域里建立起一套促进相互理解、宽容和共存的教育体系。我称这种体系为 Cross-Cultural Communication。这个体系包括了 21 世纪人共同生存的根本规则，显然将联系到人对人，人对社会，人对自然等的基本意念，这些基本意念是每个人从小养成的。因之可以纳入我们讨论 21 世纪婴幼儿教育的范围。

人与人，族与族，国与国怎样共处本来不是新问题，是自从有了人，有了民族，有了国家之后必然要解决的问题，否则就不会有今天的世界。在这个问题上，在世界各洲和各国的历史上都有不少经验和教训。现在已有人提出对话代替对抗的主张，这是一个好的开端。对话要有共同的心理准备，那就是双方必须平等相待，宽容相对。在大家必须一起生活在这个小小的地球上的时候，人们共同利益是具体的，因而人们的理智可以在解决矛盾中起主导的作用。我们要培养这种能适合于 21 世纪世界中生活的人，也主要是打下这种理性的态度，这又必须从小加以培养，是婴幼儿教育中的重要任务。

我很抱歉，由于我缺乏婴幼儿教育的知识和经验，请允许我，把这种教育的具体设计留给更合格的和同意我这种观点的朋友们去进行吧。

1989 年 7 月 30 日

（本文是作者在 21 世纪婴幼儿教育与发展国际会议上的讲话）

创建一个和而不同的全球社会

我很高兴能在有生之年，来参加这个会议，原因是我和国际人类学与民族学联合会很早就有关系。过去因为各种原因没有能出席会议，很高兴这次会议能到我国中国来召开，也就给我这个老人一个很好的机会，能够亲自参加了。在这里，我祝贺这个会议能够开得很成功。

我是 20 世纪早年出生的人，现在已经年过九十，我大部分的人生历程是在 20 世纪度过的，我很高兴，有幸能够坚持到上个世纪的终结，看到新世纪的降临。

回想起来，我是在 1933 年从燕京大学毕业后，接受我的老师吴文藻先生的建议，进入清华跟从史禄国（S. M. Shirokogoroff）教授学习人类学的。当时吴文藻先生就认为，要做中国本土的社会文化研究，必须得有人类学的基础，要用人类学的方法来研究中国社会并改造中国的社会学。他提出，要创立一条社会学中国化的道路。在清华大学研究院，我很有幸地得到了史禄国教授的培养。他是俄罗斯上一代传统学术训练出来的世界级的人类学家，以研究通古斯民族闻名于世。史禄国教授继承了欧洲人类学的悠久传统，他的研究范围非常广，包括体质、语言、考古以及当代各民族文化的比较研究。他给我的培养和训练没有按计划完成。我只是在他的亲自指导下，学完了人类学的第一个阶段，即体质人类学的基础知识（他给我规定了三个学习阶段：第一阶段学习体质人类学，第二阶段学习语言学，第三阶段学习社会人类学）。当然，这期间除了体质人类学之外，我还学到了他严格的科学治学态度，以及对各民族在社会结构上各具特点、自成系统的认识方法。后来我才意识到，从史禄国那里学到的着重人的生物基础和社会结构的整体论和系统论，原来就是马林诺斯基功能论的组成部分。从清华学习人类学出来后，我在大瑶山和江村做过田野调查，然后就转到了伦敦经济政治学院，师从马林诺斯基和雷蒙德·弗思学习社会人类学，这段历史我相信在座的各位人类学家都比较清楚。如果从跟史禄国正式学习人类学算起，我和人类学打交道已经有将近 70 年的历史了。在这 70 年里，我贯彻了吴文藻先生的主张，把人类学的学习和研究包括在社会学的范围之内，把社会学和人类学密切联系和结合起来，我的学术道路一直贯穿着这个原则。当然，由于种种原因，我的学术研究曾经有过间断。但总的来说，我一直没有离开这条学术道路。这条道路就是用人类学的基本概念和基本理论来研究当代中国社会的变化，这是我始终如一的学术追求。同时，我总认为人们的思想必然受到当时社会文化的影响，所以我这一生的思想也必然反映了这一时代特点，打上了时代的烙印。这也是我们常说的个人的经历总离不开世界的变化。

我出生在中国东南沿海地区一个小城镇，一个有着浓郁传统的知识分子家庭。我最初受到的教育和我的家庭有着很大的关系。我的父亲是旧社会的一名秀才，科举制度被废除后，他被选派到日本学习教育专业。回国后，他是中国第一批主张摆脱旧教育制度，创立新教育制度的知识分子之一，这个新制度就是从日本借鉴的，西方传来的教育模式，当时称做“新学”。我是从我母亲最早开办的幼儿园里出来的，当时叫做“蒙养院”，它是中国最早具有现代教育意义的幼儿教育的模式，这是我一生的出发点。从这里开始，我按照当时的教育制度从小学、中学到大学一直到同西方接触，到了英国，于 1938 年在伦敦大学获得博士学位告一段落，这是我一生中受教育的时期。接下来是中国的动乱时期，也就是抗战和国内战争时期，这是我一生中的第二个时期。当时，日本打到我的家乡，我只能到大后方昆明来从事教书生涯，这个阶段一直到 1949 年中华人民共和国成立，中国革命成功才结束。此外，我真正的第二次学术生命是从 1980 年开始的，到现在正好 20 年。这 20 年我的收获比较大一些，也可以说是成熟时期。从现在开始我进入了这段时期的后期了。

我这一生经历了 20 世纪中国社会发生深刻变化的各个时期。可以概括为两个大变化和三个阶段。我把它称做“三级跳”。第一个变化是中国从一个传统性质的乡土社会开始变成为一个引进西方机器生产的工业化时期。一般人所说的现代化就是指这个时期。这是我一生中最重要的一个时期，也是我从事学术工作最主要的时期，即中国的现代化过程。在这一时期，我的工作是了解中国如何进入工业革命。从这一时期开始一直到现在也可以说一直到快接近我一生的最后时期，在离开这世界之前我有幸碰到了又一个时代的新变化，即信息时代的出现。这是第二个变化，即中国从工业化或现代化走向信息化的时期。就我个人而言，具体地说，我是生在传统的经济社会里面，一直是生活在走向现代化的过程中，当引进机器的工业化道路还没有完全完成时，却又进入了一个新的阶段即信息时代，以电子作为媒介来沟通信息的世界的开始。这是全世界都在开始的一大变化，现在我们还看不清楚这些变化的进程。由于技术、信息等变化太快，中国也碰到了一些问题，第一跳有的地方还没有完成，而第二跳还在进行中时，现在又在开始第三跳了。中国社会的这种深刻变化，我很高兴我在这一生里都碰到了，但因为变化之大我要做的认识这世界的事业也不一定能做好。因为时间变化得很快，我的力量也有限，我只能开个头，让后来的人接下去做。这是我的一个背景。要理解我作为学者的一生，不能离开这个三级跳。

我所有的学术研究，都是和中国社会变化的大背景联系在一起的。从 1935 年开始，我因受吴文藻和史禄国两位老师的影响开始了实地调查的研究方法。我最初研究的是作为中国少数民族的瑶族。从这时起我就已经把社会学和人类学结合起来了。在过去的学术界，往往把少数民族的研究看做为人类学的专利，少数民族研究在中国后来发展成民族学的一部分。当然这种学术分类与名称曾引起了各种讨论。对我来说，从人类学开始的用实地研究方法来研究我们中国的社会与文化，是一条非常重要的学术道路。从这一点来说，自我从瑶山调查开始一直到现在进入对大都市社区建设与发展的研究，都是一贯的。今天讲这一点，是想说明我一生的学术生涯和这次会议的主题"都市民族文化：维护与相互影响"相联系也相符合。因为我是从中国少数民族实际生活研究起到上海和北京等大城市进行社区研究，这个过程本身说明了这个变化。这个实际的客观的变化同一个社会的发展的趋势是紧密地联系在一起的。

中国社会的第一跳是以我们中国各地不同民族的农村生活为基础的。我是生长在江苏一个以农业为基础的小城镇里。它最早的历史可以追溯到7000年前的良渚文化，这个文化开始有了农业和家庭手工业。在考古学上我们可以很清楚地看到这个时期村落的生活。这就是我们第一跳的基础，也是我们乡土社会基本的性质。那个时候从全国讲，文化形式上也有很大的不同，已经是一个多元文化的基础。多元文化逐步交流融合，成为多元一体，这里也就开始了我研究的第一个阶段，我写的《花蓝瑶社会组织》这本书可以作为代表。从中看出它和以我们家乡为代表的汉族社会文化的区别，以及它是如何受到汉族的影响的情形。

我第二阶段的研究，是从中国7000年前的良渚文化到近代以来开始快进入工业化时期的一个中国农村的变化，可以我的《江村经济》为代表。代表一个传统的文化基础、社会组织，面临着一个全新的科学技术和机器生产的早期的冲击，这也是我对《江村经济》的定位。这是我们现代化开始的原初的形态，这是第一步。接下去代表这个时期我的重要著作是《云南三村》。这里反映了内地农村不同于沿海农村的特点。这便是我们的现代化最早的过程，从地域上讲是由东向西、从沿海到内地的。我的《江村经济》讲的是沿海地区的农村，开始了工业化。而《云南三村》却描绘了比较原始形态的乡土社会。1938 年底，我从伦敦回国，当时，日本打到我的家乡，我们只能到大后方昆明来从事我的教书生涯。我在离昆明 100 多公里的地方，进行了与江村所处条件不同的农村类型——禄村的调查。禄村受现代工商业影响较小，没有手工业，几乎完全靠土地维持生计。通过对禄村的调查，我看到了与江村不同的土地制度。这是我第一个时期第二阶段的工作，这阶段到 1949 年才结束。

1949 年之后，我就开始参加民族工作。这也是我进入新中国后第一期的工作。新中国的建立引起了中国社会结构的重大变化，其中最大的变化之一就是民族关系和民族政策的变化。为了实现民族平等，在政治体制上我们成立了一个有各民族代表共同参加的最高权力机关，即人民代表大会。但是在开国初期，我们还不清楚中国究竟有多少民族，他们叫什么名称、各有多少人口。为了摸清有关各民族的基本情况，建立不久的中央人民政府于 1950 年到 1952 年间，派出了若干个“中央访问团”，分别到各大行政区去遍访各地的少数民族，摸清他们的民族名称、语言、历史以及社会文化上的特点。由于我学过人类学，所以政府派我参加西南和中南两个访问团。我代表中央人民政府访问了这些地区的少数民族。我花了足足两年时间在贵州、广西分布在各处的少数民族村寨中进行实地访问考察，在和众多的少数民族的直接接触中，我深深地体会到民族是一个客观而普遍存在的“人们共同体”，是代代相传、具有亲切认同感的群体。

在对少数民族状况了解的基础上，我直接参与了新中国民族政策的制定与实施。这一段从学术上讲是我第一期学术工作的延伸，是《江村经济》和《云南三村》的延伸。我具体的研究对象也从汉族为主的农村转移到对少数民族地区——一个更复杂更多样化的领域。这便是从 1950 年到 1957 年我主要从事的少数民族的调查研究工作。

1957 年之后，由于众所知道的政治上的原因，我的学术工作停止了。一直停止了 23 年。70 年代末期 80 年代初，我才恢复工作。从那时起到现在，是我的第二次学术生命。这段时期是中国社会变化最大的时期。恢复研究后，我做的工作之一，就是总结了我几十年来的民族工作，1988 年在香港中文大学的特纳（Tanner）演讲中，发表了《中华民族的多元一体格局》。我从中华民族整体出发来研究民族的形成和发展的历史及其规律，提出了“多元一体”这一重要概念。我在这篇讲演中指出：“中华民族”这个词是指在中国疆域里具有民族认同的 11 亿人民。“它所包括的 50 多个民族单位是多元，中华民族是一体，它们虽则都称‘民族’，但层次不同”。中华民族的主流是许许多多分散独立的民族单位，经过接触、混杂、联接和融合，同时也有分裂和消亡，形成一个你来我去，我来你去，我中有你，你中有我，而又各具个性的多元统一体。

事实上多元一体理论并非单纯是关于中华民族形成和发展的理论，也是我对中国社会研究的一个总结。56 个民族及其所属的集团是社会构成的基本单位，因而从另一个方面勾画出多元社会的结合和国家整合的关系，是多元和一体的关系。

在现代社会，人类学越来越关注人类社会和人类生活所遇到的或所面临的最现实的问题。因此，人类学的功能不仅在于“回顾与展望”或者“解释”，还在于“参与和创新”。记得 1981 年我在英国接受赫胥黎奖时的演讲中，就曾经强调“人类学必须为群众利益服务”。这种“学以致用”的思想一直贯穿在我的学术研究中。我认为知识分子的本钱就是有知识，有了知识就要用出来，知识是由社会造出来的，不是由自己想出来的。从社会中得到的知识应当回报于社会，帮助社会进步，这就是“学以致用”。“学以致用”本身就是中国的传统，意思就是说，得之于社会要回报于社会。我是跟着中国这一传统进行我的工作的，这也是我的志向。这志向并不是我自己想出来的，而是跟着中国的传统学来的。但是我是通过吸收新的知识来把传统精神贯彻出来，我希望这样做，做得如何我自己不敢说。正是抱着这一理想，我的学术研究，从一而终地和全体人民的生活紧密地联系在一起的。综合起来说，在中国范围内用人类学的实地调查方法可以解决过去没有解决的很多问题，包括农村发展、中国社会经济发展这些大的问题。70 年代末 80 年代初我复出后，一直到现在，围绕着这一目标，我已经做了 20 多年，我还要继续做下去。这一段工作我主要的研究体现在《行行重行行》一书中。因为受身体条件的限制，我已经不可能在具体的地方长期进行观察和访问，只能主要依靠各地群众和干部提供的情况和委托陪同我去考察的助手分别下乡或下厂去进一步了解情况，以及通过在当地进行的各种访问和座谈来取得一些感性知识。所以，我也只能根据别人的第二手材料，来介绍我曾经直接访问、看到的地方的情况，当然这不是严格的人类学田野调查工作了。在这里，我的特点是结合第二手材料和访问的材料进行类型式的比较研究，即 typology（类型学）的方法。对于同一时期的不同类型的研究，可以看到一个社会的动态，特别是在现代化和城市化过程中如何改变的。在这一阶段中，我主要提出乡镇企业和小城镇发展两个主题。可以说在 50 年代以前我的类型比较研究主要局限在农村。虽然在 40 年代末，我已经注意到了农村的调查不能只限于农村本身，也应考察经常与农村社区发生关系和制约作用的城镇。不过由于内战的爆发和之后的社会学学科的被取消，我对于城镇的调查和研究，一直到 80 年代才开始。我提出“小城镇、大问题”等题目，目的就是在于解决农民的出路问题。而小城镇的发展和乡镇工业紧密地联系在了一起。我从 30 年代起就指出了农村社会的发展在于农村工业化，即依托于本土社会文化优势的“草根工业”，让农民先富起来。而这个大的变化是在80年代以后才发生的。乡镇企业的出现和发展，使农民得到了很多非农就业的机会，使得农民的生活发生了质的变化。记得在1983年开始的小城镇研究中，我就提出了“类型、层次、兴衰、分布、发展”的10字提纲，成为研究小城镇的出发点。在此基础上，1984年提出了经济模式的概念。在我看来，所谓经济模式就是“在一定地区，一定历史条件下，具有特色的经济发展的路子”，进而引导出不同经济模式的比较研究，如苏南模式、温州模式、珠江模式等。这些模式本身和这一地区的社会文化基础有着一定的关系。我认为，任何经济制度都是特定文化中的一部分，都有它天地人的具体条件，都有它的组织结构和理论思想。具体条件成熟时发展成一定的制度，也必然会从它所在文化里产生与它相配合的伦理思想来做支柱。有的国外同行，如日本的社会学家鹤见和子教授认为，我的这些研究是“内发型发展论”的原型。

现在这些不同的模式也在变化之中。“苏南模式”是从人民公社中发生出来的，由社队工业变成乡镇企业的。这是第一个变化。第二个就是“温州模式”，是小商品大市场的模式，即把乡镇工业结合到市场经济里面，这是第二个大变化，也可以说是过渡阶段。现在为第三个阶段，是发展时期，即“珠江模式”，吸引外资利用外资提高科技含量来发展经济。这三个模式是互相连接起来的，有一个内在发展过程，现在苏南模式也正在改变，向着珠江模式发展了。

在这一时期，我以“下活全国一盘棋”为出发点，在注重沿海地区研究的同时，从80年代中期开始，更大程度地关注内地和边区的发展，特别是边区少数民族共同繁荣的问题。我曾经提出一些多民族的经济协作区的计划，有的已经在实施之中。如黄河中上游西北多民族地区、西南六江流域民族地区、南岭走廊民族地区、武陵山区山居民族地区、内蒙古农牧结合区等。在对这些区域进行综合性研究的基础上，我试图将民族研究与民族地区现代化的实际相结合。在边区民族经济的发展中，应该强调因地制宜，注重民族特点。如果总结我的研究，可以说从 80 年代中期开始，我的研究工作重点从沿海转到边区又到内地。从东南移到西北，从农村小城镇转到民族地区。作为一个多民族的国家，我们应该强调西部和东部的差距包含着民族的差距。西部的发展战略要考虑民族因素，而民族特点是一个民族从历史过程中形成的，适应其具体的物质和社会条件的特点。中国社会的民族特征，从历史上开始就在不同民族的交错地带，建立了经济和文化的联系。久而久之，形成具有地区特色的文化区域。人们在这个区域中，你来我往，互惠互利，形成一个多元文化共生的格局。我所提出的经济协作的发展路子，就是以历史文化区域为出发点的。

从实际讲，我的理论和方法还没有脱离最早期的人类学的理论的训练，我只是把这些理论和方法应用到正在变化中的中国社会和文化的研究中。去年我 90 岁时，把我以前写的文章，收集起来，出版了我的文集——《费孝通文集》(14 卷)。这既是我个人经历的记录，也反映了时代在我身上发生的变化。

从今天这个会的主题来讲，并没有离开我的研究范围。因为我的目的是了解中国，中国就包含多民族的多元一体的中华文化，这一点不去多讲了，大家有兴趣可以看我已经写出来的东西。在提出这个看法之后，各方面都有反应。作为过程来看，多元一体是一个历史过程。这个过程也同时表示各民族的现代化、工业化和城市化。

我们讲都市人类学，就是要强调中国多元文化的主体在工业化和城市化道路上发生的变化。对于都市人类学的研究，我觉得可以从两个方面看，一方面是中国各民族现代化的过程，就是如何工业化、城市化。从生产本身讲，是如何从农业和手工业的基础发展到机器化，在这一阶段，第三跳还没有跳，这就是要研究的问题，这个问题的基本方向和基本理论是符合大多数民族的发展过程的，也包括占人口大多数的汉族。比如我研究的领域、地区也扩大了一些，各民族从不同的起点出发，如何共同发展到现代社会的过程，在这方面内容更丰富了。第二我要想说的是，中国城市的特点不是单一民族的城市，是多民族构成的城市。这就存在一个问题，即不同文化的人在同一个城市中，如何和平共处在一个政治经济组织里面，一体化（多元一体）是如何完成的。这不仅是一个历史的概念，也是一个当今的概念。

这里面又包括了两个大问题：发展的问题和和平共处问题。

一是发展问题，现在我们叫西部大开发。西部地区少数民族成分多，大部分少数民族人口集中在西部地区，西部的现代化过程必然包括少数民族的现代化过程。中国作为一个统一的多民族国家，在都市研究中赋予了民族文化多样的内涵。在都市化过程中，如都市开发如何依托少数民族的文化传统，以及少数民族移民都市后的文化适应等，都是民族地区现代化过程中的新问题和新现象。所以，我们都市人类学应该包括这一部分，这是我的理解。不能像过去的人类学那样，满足于描述静态的本土性的原初的文化，必须要看到它的变化。文化的变迁应该成为以后人类学研究的主题。这又让我回想起我的老师马林诺斯基。1998 年，在北京大学百年校庆所举行的“21 世纪：文化自觉与跨文化对话”的国际学术系列讲座上，我曾经提交一篇《读马老师遗著〈文化动态论〉书后》的论文。在这篇论文中我谈了我阅读完马老师这部晚年著作的体会。最初，人类学的研究是以封闭的简单社会作为研究对象的学科，其比较也是在简单社会之间进行的，这也是马老师那个时代的中心研究工作。同时，他也是这一学科科学的民族志方法的奠基人，在早期，他也主张人类学应该在封闭的社区中进行调查和研究，进而来揭示社区的文化功能。30 年代末期，马老师基本写完了他描述和分析西太平洋岛土著人的那几本巨著。之后在走访非洲东部和南部的殖民地时，他看到的正是一个在发生文化巨变的大陆，他也看到了当地文化与外来的殖民地文化互动的生动情景。他认为研究人类社会文化的学科必须跟上形势的发展，他把文化的动态研究看做“现代人类学的新的任务”。马老师的《文化动态论》是在30年代末40年代初写的，1945年，在他逝世后三年由耶鲁大学出版社出版。这本书出版到现在已快60年了。他在去世前，所提出的问题，就是dynamics of culture change，这一文化动态论适应于世界各民族的变化，他预先看到了，给我们指出了一个方向。我们这一代的人类学家以及我们下一代的人类学家，如何能接上他所开创的事业，这是我们当代人类学的一个主题。

二是和平区共处问题，就是多民族在城市中共同的政治经济组织的框架之内能和平共处，继续发展，如果不能和平共处，就会出现很多问题，甚至出现纷争。实际上这个问题已经发生过了。过去占主要地位的西方文明即欧美文明没有解决好的问题，在这几年逐步凸显出来了。事实上也发生了很多的地方性的战争。最突出的是科索沃战争，这一类战争还在不断地发生。从人类学角度来看，第二次世界大战后，社会的巨变，科技、交通的发展，已使人类不能像简单社会那样处于相互隔绝的境界之中，人类的空间距离也日渐缩小。然而就在人类文化寻求取得共识的同时，大量的核武器、人口爆炸、粮食短缺、资源匮乏、民族纷争、地区冲突等一系列问题威胁着人类的生存。特别是冷战结束后，原有的但一直隐蔽起来的来自民族、宗教等文化的冲突越演越烈。自1988年以来，全世界爆发的武装冲突，除伊拉克入侵科威特的战争，都是由内部民族问题而引起的。有的研究者曾作过统计，从1949年到90年代初，因民族冲突而造成的伤亡大约为169万，数倍于在国家间战争中死亡的人数。诸如苏联解体后，一些民族的主权与独立问题，非洲的索马里和苏丹，亚洲的缅甸和斯里兰卡，南斯拉夫的克罗地亚、塞尔维亚、波黑及科索沃问题等。从这个意义上说，人类社会正面临着一场社会的危机、文明的危机。这类全球性问题所隐含着的潜在危机，引起了人们的警觉。不同学科的学者正在寻找形成种种危机的根源，期盼发现解决问题的办法。而作为科学的人类学也正在以传统的研究领域和技术为基础，扩展自身的研究视野，试图探索出解决现代社会诸问题的方法，并从比较社会与文化的视角来解决人类赖以生存和发展的问题，引导人们适应现在和未来变化的轨迹。

这个问题，看来原来已有的西方的学术思想里还不能解决。而中国的传统经验以及当代的民族政策，都符合和平共处的逻辑。事实上我们的方向已经有了，而且已经向前走了一步了。我们的民族政策已经走过了 50 年。对于这些问题也希望引起我们国际的人类学家的关心，共同研究这其中的理论上的发展等。

21 世纪的脚步声已依稀听到，人类正在匆匆构筑 21 世纪的共同理念。不同的国家、民族、宗教、文化的人们，如何才能和平相处，共创人类的未来，这是摆在我们面前的课题。

刻在孔庙大成殿前的“中和位育”几个字代表了儒家文化的精髓，成为中国人的基本价值取向。这种“中和”的观念在文化上表现为文化宽容和文化共享。记得 11 年前，在日本东京为我召开的 80 岁生日的欢叙会上，我在展望人类学的前景时，提出人类学要为文化的“各美其美、美人之美、美美与共、天下大同”做出贡献。这就意味着人类学应当探讨文化的自我认识、相互理解、相互宽容和世界多元文化之间的共生理念以及达到“天下大同”的途径。事实上，如果我们再往回看呢，这是在中国的传统的经验里面所一直强调的“和而不同”思想的反映。

对于中国人来说，追求“天人合一”是一种理想的境界，而在“天人”之间的社会规范就是“和”。这一“和”的观念成为中国社会内部结构各种社会关系的基本出发点。在与异民族相处时，把这种“和”的理念置于具体的民族关系之中，出现了“和而不同”的理念。这一点与西方的民族观念很不相同。这是历史发展的过程不同即历史的经验不一样。所以中国历史上所讲的“和而不同”，也是我的多元一体理论的另外一种说法。承认不同，但是要“和”，这是世界多元文化必走的一条道路，否则就要出现纷争。只强调“同”而不能“和”，那只能是毁灭。“和而不同”就是人类共同生存的基本条件。

我们现在生活的世界都已被纳入到全球化的世界体系中。但发端于西方世界的全球化浪潮，在非西方世界接受西方的文化的同时，也应当通过自身的文化个性来予以回应。过去很多观点认为，随着全球化特别是少数民族移居都市后，在民族文化和文化认同上会逐渐丧失个性，事实却非如此。事实上，全球化与地方社会之间有一互相对应的逻辑关系。说到这里，我想起了我近年来在很多场合提到的“文化自觉”的问题。“文化自觉”是当今时代的要求，它指的是生活在一定文化中的人对其文化有“自知之明”，并且对其发展历程和未来有充分的认识。从某种意义上可以讲，文化自觉就是在全球范围内提倡“和而不同”的文化观的具体表现。

在人类进入 21 世纪的今天，我们聚集在一个有着悠久文明、有着占世界人口将近四分之一的多民族文化和平共处的中国，来讨论“都市民族文化：维护与相互影响”这一会议的主题，确实有着深远的历史意义。我相信中国思想中的这种“和而不同”的理念，也一定会赋予这一会议主题以新的内涵。

2000 年 7 月 28 日

（本文是作者在〝国际人类学与民族学联合会 [IUAES] 中期会议〞上的主旨发言）

对“美好社会”的思考

非常感谢这次英迪拉·甘地国际学术讨论会为我提供今天这个机会，能在素来尊敬的学者座前陈述我对“美好社会”的一些思考，并听取各位的赐教。

在 20 世纪行将结束，21 世纪即将来临的时刻，提出“重释美好社会”的课题，让赋有不同文化背景的学者交流见解，是一件对今后人类发展具有重要意义的事情。我能参加这次讨论感到十分荣幸。

我是来自中国的人类学者。由于我的学科训练，我不善于从哲学或伦理学的立场来探讨今后人类应当对“美好社会”做出怎样的理解。我只能从人类历史发展的事实出发，对具有不同文化的人和集团所持有的“美好社会”的意念，就其产生、变化和引起的社会效果，并对今后在全球社会形成过程中这种意念会怎样发生变化试作初步思考。

事实上，自从人类形成群体以来，“美好社会”总是群体生活不可缺少的意念。它是表现为诸如神话、传说、宗教、祖训、哲学和学说等多种多样形式的价值信念。总之，它是人类社会意识中必备的要素。它不仅体现了组成群体的各个人生活上追求的人生导向，而且也是群体用社会力量来维护的人和人相处的规范。它是个人的主观意识和群体社会律令内外结合的统一体。

“美好社会”的内涵是各群体从不同客观条件下取得生存和发展的长期经验中提炼出来，在世世代代实践中逐步形成，因之它属于历史的范畴。所以，不同的群体对“美好社会”可以有不同的内涵，各自肯定群体共同认可和相互督促的理想。“各是其是，各美其美”。它是群体的社会行为准则的基础，是各群体社会生活所赖以维持的价值体系。具有“美好社会”的意念是人类社会的共相，而所认定的“美好社会”的内涵则是各群体不同历史条件所形成的个性。

在群体能够在自给自足的封闭状态下生存和发展时，各个不相关联的群体尽可以各是其是，各美其美，各不相干。但是，在人类总体的发展过程中，这种群体相互隔绝的状态已一去不复返了。群体间的接触、交流以至融合已是历史的必然。因此在群体中不仅人和人之间有彼此相处的问题，而且群体和群体之间也有彼此相处的问题。价值观点的共同认可使人和人结合成群体成为可能，而群体之间价值观点的认同使群体相互和协共处进而合作融合，却是个更为复杂和曲折的过程。价值观念不同的群体之间相互往来中，协作是经常的，而且是历史的系统的，人类只有不断扩大其分工合作的范围才能进步。但是矛盾甚至冲突也是不免的。当任何一方触及到对方的生活以至生存的利益而发生冲突时，双方都会利用其价值信念对内作为团结群体的凝聚力量，对外作为指责对方的信念为异端以形成同仇敌忾的对抗力。因而，意识形态上的相异被卷入了群体冲突的场合。这类冲突甚至可以发展到兵戎相见。历史上群体之间以意识形态中价值观念的歧异为借口而发生的战争史不绝书，至今未止。当前世界依然面临这种危险。

在这里简单地回顾一下人类的近代史也许是有帮助的。500 年前，西班牙人哥伦布发现了一个过去没有欧洲人到过的“新大陆”。这个发现不仅是欧洲人新的地理知识，而实际上是欧洲甚至世界进入了一个新的历史时期的标志。以欧洲的文艺复兴、宗教革命带来的现代科技和经济的发展，把整个地球上的各个大陆都紧密地联系了起来；原来分布在五大洲广大地域的无数人类群体却从此不再能相互隔绝，各自为生了。但是它们在这 500 年里，并没有找到一个和平共处的秩序，使它们能同心协力来为人类形成一个共同认可的美好社会。相反，从海上掠夺，武装侵略，强占资源开始，进而建立殖民统治和划分势力范围，形成了以强制弱，争霸天下，战争不绝的形势，这都是过去 500

年里的历史上的事实。在这段历史里，人类科技的发展固然一方面加强了人利用自然资源的能力，同时，却也出现了人类可以自我毁灭的武器。以上这短短几句话里所描述的局势，此时此刻正引起了广大人士包括在座同人的困扰和忧虑。

我个人在20世纪里生活了有80多年，从出生不久即发生的第一次世界大战起到现在，可以说一直生活在大大小小的战争的阴影下。两次世界大战给人带来了严重的灾难，我们这样年纪的人都记忆犹新。这使我感觉到，全球性的世界大战可能就是这个20世纪在整个人类历史里的独特标志。在它之前，群体间的战争是常有的，但没有过包括整个世界那样大的范围。在这个世纪行将结束的时候，我相信世界上没有人会还不明白，如果20世纪的这个经历继续进入21世纪，再来一次世界规模的战争，已有的人类文明，甚至整个人类，将告结束。但是怎样使人类在21世纪里走上一条能和平生存下去的新路呢？我认为这就是这次为纪念甘地夫人而举行"重释美好社会"讨论会共同关心的主题。

我总是认为各群体间价值观念和意识形态上存在一些差别不应成为群体冲突和战争的根据。如果用比较方法去具体分析人类各群体所向往的美好社会，基本上总是离不开安全和繁荣这两项基本愿望。这两项基本愿望只有通过群体和平协作来实现，没有引起你死我活相对抗的理由。因此我总是倾向于认为历史上群体间所有意识形态之争，不论是宗教战争、民族冲突以至结束不久的"冷战"，实质上都是群体间物质利益的争夺，意识形态的水火不相容原是物质利益争夺的借口和掩饰。

我也承认意识形态的歧异之可以被利用来作为其他实质的矛盾的借口和掩饰而上升为对抗，也有人类常有的心态作为基础。那就是各个"各美其美"的群体在相互接触中，发生了"唯我独美"的本位中心主义，或称自我优越感，排斥和自己不同的价值标准。中国古书上就记下了早期人类本位中心的信条，即"非我族类，其心必异"，那就是说凡是和自己不属于同一群体的人不能会有一条心的。本位中心主义必然会发展到强制别人美我之美，那就使价值标准的差别形成了群体之间的对抗性矛盾。我们古代的孔子从根本上反对这种本位中心主义，提出了“有教无类”，“己所不欲，勿施于人”，意思是在可以接受教化上，人是不分类别的，凡是自己不愿接受的事，不要强加于人。人的价值观念可以通过教育取得一致，但是不能强加于人。

在这里可以回想起结束还不久的“冷战”时代。过去一般总是把这个时代看成是意识形态对抗的时代。事过境迁，现在是否可以说有识之士已开始明白，冷战的实质还是两霸对势力范围的争夺。不久前没有通过公开的战争，一时西风压倒东风，在旦夕之间结束了冷战。如果冷战的实质是意识形态之争，意识形态决不是旦夕之间可以改变的，必须经过长期的群众自觉思想转变才能实现。

再看我们中国在解决香港顺利回归祖国的问题上提出“一国两制”的原则。这个原则的实质是从正面来说明以不同意识形态为基础的两种社会制度是可以在统一的政治体制下，一个主权国家之内，并行不悖，而且可以相互合作取长补短，促进共同繁荣的。那就是把意识形态和经济政治予以分别处理，求同而存异。

20 世纪最后的 10 多年中所发生的这些新事物值得我们深入地进行理解，其中是否可以得出一种看法，人类大小各种群体是可以各自保持其价值体系而和其他群体建立和平互利的经济和政治关系，只要大家不采取唯我独美的本位中心主义，而容忍不同价值信念的并存不悖。在群体间尚没有通过长期的交流达到自觉的融合之前，可以在求同存异的原则下取得和平共处并逐步发展为进入融合一致的大同世界准备条件。

作为人类学者，入门的第一课就是要设身处地地从各群体成员的立场去理解各群体人们的实际生活。我们要学会“美人之美”，像各群体自己的成员那样欣赏和领悟他们所爱好的价值体系。“美人之美”

并不要求"从人之美"，而是容忍不同价值标准的并存不悖。但要求摆脱本位中心主义，而采取了多元并存的观点。应用到经济上，是不要阻障有利于双方的竞争，不采取只图单方面的短期利益的保护主义，而坚持相互开放和机会平等；应用到政治上，首先是不要干涉别的主权国家的内政，不以力服人，而以对话代替对抗，平等协商来处理国与国之间的矛盾。这是在人类的各群体还没有融合成一体，而政治和经济已经密切联系的现阶段，也可能就是即将来临的21世纪，我们可以力求做得到的现实态度。"各美其美"和"美人之美"并不矛盾，而是相成的。只要我们能更上一个认识的层次，大家在求同存异的原则上完全可以建立起亲密的共同合作相处。

这些作为群体之间共处的基本守则，是为一个完全繁荣的全球大社会的形成做出必要的准备，也是避免在这大社会形成之前，人类历史进程受到灾难性的挫折，而倒退回到不文明的状态，或甚至使人类让出其主持这个地球发展的地位。

作为一个人类学者，我也坚信人的信念，群体的社会意识形态是不断变化和发展的，我们永远是一个从不够美好追求更为美好的过程中，分散独立的人类群体经过了百万年的历史演化，到目前已可以遥望到一个囊括全人类的协作发展的全球性大社会。这个全球性大社会我们中国古人就称为大同世界的共同道德秩序，怎样实现和什么时候实现，在目前还活着的人也许尚难以做出答案。但是又只有在当前人类的努力追求和不懈探索中，这个最后的"美好社会"才会出现在这个地球上。

以上我冒昧地如实表达了我个人的一些看法，请多予指正。

1993年7月14日

（本文是作者在印度新德里"英迪拉·甘地国际学术讨论会"上的发言）

“美美与共”和人类文明

一、文明的话题

探讨全球化和不同文明之间的关系，不是一个新话题，也不是一个新现象。今天我们经常说的“全球化”，其渊源可以追溯到 19 世纪西方（主要是英国）主导的世界各地不同文化之间的广泛接触和交往。对这种广义的全球化趋势的关注与研究，也是从 19 世纪开始的，比如卡尔·马克思就关注过资本主义全球扩张和原始积累的过程。关于这方面问题的探索，一直是社会学、人类学、民族学等诸多社会科学研究的重要领域。

这种对于全球化、文明、文化的研究，不仅仅是一种纯知识性的探索，它已经成了解决人们面临的严峻问题的一门科学。当今世界上不同的国家、民族、宗教之间的各种交融和冲突屡见不鲜，全球化造成的矛盾和问题，对我们构成了多种多样的挑战，对此，国际学术界和思想界做出了种种反应。我本人近年来对“天人对立论”、“文明冲突论”等思潮的评论，就是对目前世界上发生的一些问题所发表的意见。

当今世界上，还没有一种思想或意识形态能够明确地、圆满地、有说服力地回答我们所面临的关于不同文明之间该如何相处的问题。不管是社会经济高度“发达国家”，还是大多数“发展中国家”，在这个问题上，都同样受到严峻的挑战。这不是哪个单一的国家、民族或文明遇到的问题，而是一个全人类都要共同解决的问题。全球化的特点之一，就是各种"问题"的全球化。

二、时代的呼唤

近二三百年来，西方思想在世界学术界起着主导作用，但在面对全球问题的时候，西方的一些基本思路，出现了很大的局限性，在解决某些问题的同时，又引发出一些新的矛盾。比如，近百年来，随着西方强势文化的扩张，"自我中心主义"在一些人的头脑里大大地膨胀起来，"西方至上主义"、"殖民主义"、"极端国家民族主义"和"种族主义"等等思潮，成了 20 世纪两次世界大战的催化剂，也是造成很多国际性问题的重要原因。时至今日，世界上极端主义和以暴制暴所造成的种种事端，依然摆脱不掉"以我为中心"的影子。

因此，我觉得要更好地理解今天世界上出现的问题，寻求解决全球化与不同文明之间的关系，就必须超越现有的一些思路，在一个更高的层次上重新构建自我文明和他人文明的认识，只有当不同族群、民族、国家以及各种不同文明，达到了某些新的共识，世界才可能出现一个相对安定祥和的局面，这是全球化进程中不可回避的一个挑战。

要认真深入地对这些问题进行研究，必然会碰到诸如文化、文明、人性、族群性等基本概念，会涉及认识论和方法论这样更高层次的问题。比如在探讨文化交流时，常会牵扯到对文化的基本定义；对各种文明的基础和特质进行研究时，也要谈到关于"人"、"人性"这些更基本的问题。事实上，很多人文学科的研究，比如人类学者对文化、传统的理解，社会学对社会群体结构的理论，民族学对族群性的解释等等，都可为我们提供很好的思路，对我们有很大启发。

我提及这方面的话题，并不是说我已经有了某种结论，而是希望我们在探讨、研究问题时，要把眼光放开、放远一些；思路变得灵活、广泛一些，不要总局限在一些常识性的、常规性的和褊狭的框框里。在探索关系人类文明这样一个宏大的、长远的课题时，我们的思想要有与之相适应的、博大的包容性和历史的纵深感；要充分利用全人类的智慧，发挥多学科、跨学科的优势来进行研究。

人类每逢重大历史转折时期，就会出现各种各样的所谓“圣贤”。其实，这些“圣贤”就是那个时代所需要的，具有博大、深邃、广阔的新思路和新人文理念的代表人物。我曾经把当今的世界局势比作一个新的战国时代，这个时代又在呼唤具有孔子那样思想境界的人物。我确实已经“听”到了这种时代的呼唤。当然，今天的“圣贤”，不大可能是由某一种文明或某一个人物来担当，他应该，而且必然是各种文明交流融合的结晶，是全体人类“合力”的体现。

近年来，在讨论全球化这个话题的时候，我多次提到“和而不同”的概念。这个概念不是我发明的，它是中国传统文化中的一个重要核心。这种“和而不同”的状态，是一种非常高的境界，它是人们的理想。但是要让地球上的各种文明，各个民族、族群的亿万民众，都能认同和贯彻这个理想，决不是一件轻而易举的事。为此，我们还有很长的路要走，还要付出沉重的代价。

我还提出了“文化自觉”。什么是文化自觉？简单地说，就是每个文明中的人对自己的文明进行反省，做到有“自知之明”。这样，人们就会更理智一些，从而摆脱各种无意义的冲动和盲目的举动。

后来，我又进一步提出“各美其美，美人之美，美美与共，天下大同”的设想。这几句话表达了我对未来的理想，同时也说出了要实现这一理想的手段。我认为，如果人们真的做到“美美与共”，也就是在欣赏本民族文明的同时，也能欣赏、尊重其他民族的文明，那么，地球上不同文化、不同民族、不同国家之间就达到了一种和谐，就会出现持久而稳定的“和而不同”。

三、经验性研究（empirical study）

研究文化和文明问题，可以有多种不同的视角和方法，不同的视角和方法之间可以互相支持和取长补短。作为一名从事实地调查研究的社会工作者，我想借此机会，谈一谈我在对全球化和文化、文明的关系的研究中所采用的方法和体会。

我的学术生涯，大约是70年前从广西大瑶山开始的，那次人类学和民族学的田野调查的研究方法（用今天的话说，就是"理论和实际相结合"的方法），对我一生学术研究产生了决定性的影响，成了我后来学术研究的基本手段。

我提出这个问题，是想提醒大家在关注探讨全球化和文明的问题时，如何拓展我们的研究方法。今天，世界上发生了许多新的问题和现象，这些问题和现象，都是由于不同文化的相互接触、碰撞、融合而产生的，没有现成的答案可以解决。也就是说，用原有的思维逻辑，原有的研究方法来解决现在的问题已经不行了。要想找到解决问题的方法，就是回到现实社会生活中去，扎扎实实地做实地调查。要超越旧的各种刻板的印象（stereotype）和判断，搞清楚各种文明中的人们的社会生活，并以此为基础（而不是以某种意识形态体系为基础）来构建人类跨文明的共同的理念。这种研究的难点，在于研究者必须摆脱各种成见，敞开胸怀，以开阔的视角，超越自己文化固有的思维模式，来深入观察和领悟其他族群的文化、文明。在跨文化的交流和沟通中，构建起新的更广博的知识体系。

为什么必须要到现实生活中去调查呢？因为人类社会是复杂的、多样性的，又是多变的、富于创造性的，它决不是只有单一文化背景和有限知识和经验的研究者能够想象和包容得了的。所以，研究者必须深入到你要了解的"他人"的生活中去观察、研究。从某种意义上说，这种实地调查的方法，也反映出研究者的一种心态，就是你是不是真正要去理解、接受“他人”的文化、文明，这种心态正是今天不同文明之间交流的一个关键。深入到“异文化”中去做调查，努力了解“他人”的语言、传统，做到设身处地地用当地人的眼光来看待周围的事物……这本身就是对“异文化”的尊重和对“异文化”开放的心态。如果连这种最基本的平等态度都没有，还谈什么交流和沟通。

可以说，在我的学术生涯中，我一直试图坚持走实地调查这条路。当我七十岁获得“第二次学术生命”时，虽然已经不可能像年轻时那样，长期地、深入地去观察某一个具体的社区或社会现象，但是，我每年仍然要安排三分之一以上的时间到各地做实地考察，这种实地考察使我受益匪浅。

四、心态和价值观

从学术史上说，这种实地考察的实证主义，是我在英国留学时的导师马林诺斯基在上个世纪初提出的。1914 年～1918 年间，马老师通过在西太平洋 Trobriand 岛上参与和观察当地土人的生活，从而总结出一套行之有效的研究方法，构建了人类学功能学派的理论基础。他的这一贡献与其说是学术上的，不如说是人文价值上的，因为长期以来，西方学术界流行的是以西方为中心的社会进化论思潮，把殖民地上的人民看成是和白人性质上不同、“未开化”的“野蛮人”。马老师却号召人类学者到那些一直被认为是非我族类、不够为“人”的原始社会里去参与、观察和体验那里人的生活。马老师使这些“化外之民”恢复了做人的地位和尊严。

在马老师强调和提倡田野工作之前，即使像佛雷泽这样的人类学大师在搞研究工作时，也主要是依靠查阅各种游记、笔记、文献资料。这种大量利用间接观察、间接记录、多手转达的方法，很容易因为观察者视角不一致、信息不连续和不完整，使研究者做出错误的解释和结论。实地调查能够促使研究者深入到“社会生活”中去“参与观察”，使“人类学走出书斋”，取得超越前人的成绩。

要进行跨文化的观察体验，还必须具有一种跨越文化偏见的心态。由某一种文化教化出来的人，因为对“他文化”不习惯，出现这样那样的误解、曲解，对“他文化”产生偏见（prejudice），应该说是一种正常的现象。但作为一个研究者，则必须具备更高的见识、更强的领悟力，能够抛弃这种偏见。我特别提到一个“悟”字，这个字在跨文化的研究中显得特别重要，它不仅要求研究者全身心地投入到被研究者的生活当中，乃至他们的思想中，能设身处地地像他们一样思考，同时，又要求研究者能冷静、超然地去观察周围发生的一切。在一种“进得去，出得来”的心态下，去真正体验我们要了解的“跨文化”的感受。我认为，在讨论全球化和不同文明之间的关系时，具体的研究方法等技术因素，并不是最重要的，最要紧的还是研究者的心态。

其实，我们平时常说的“凡事不要光想着自己，要想到人家”这句话，就很通俗地说出了在跨文化研究时所要持有的心态。这句话是中国人一个传统的、十分重要的为人处世的原则，类似的“原则”在老百姓中间流传的还有很多。我想这些“原则”应该是我们中华民族在形成多元一体格局的历史进程中，融汇百川，不同文明兼收并蓄而积累下来的宝贵经验，这些经验或许能够对我们社会研究工作者提供有益的帮助。

培养这种良好的跨文化交流心态，是提高每个社会工作者人文修养的一门必修课，应该把这方面素质的提高，作为对社会学专业学生的基本要求。如果再扩大一些，我们能在一般民众中也推行这方面的宣传教育，其结果，必然能够增进不同文明中普通成员之间的良好沟通、交流和理解。如果这种沟通、交流和理解能够有广泛的群众基础，那么，今天世界上诸多民族和文明之间的矛盾、偏见、冲突以及冤冤相报、以暴制暴等等就有了化解和消除的希望。

五、交融中的文明

近几百年来，西方文化一直处于强势地位，造成了其社会中某些势力的自我膨胀，产生了殖民主义、种族主义、极端民族主义、文化沙文主义、单线进化论等形形色色的自我中心主义的思潮。但与此同时，在西方学术界，也出现了像马林诺斯基这样的，对西方文化中自我中心主义思潮进行反思和反制的学术流派。这种反思，可以说就是“文化自觉”的一个表现。然而直到今天，西方社会中各种势力和学术界各派别之间，仍然存在着巨大的分歧和激烈的较量。从另一方面看，非西方的各种文明，在经历了几百年的殖民主义、世界大战、冷战、民族解放运动等等磨炼后，其社会成员的思想和心理都起了十分复杂的变化，产生了多种多样的社会思潮，其中不乏与“西方至上主义”相对立甚至相对抗的思潮。这个状况，被一些人称作是“文明的冲突”，这种冲突已经影响到了今天的世界局势。目前所谓的“恐怖主义”和“反恐斗争”，就是这种“冲突”的表现之一。

几百年来，主导世界的西方文化大量地传播到其他文明中，随着时间推移，世界已经越来越紧密地联系在一起，这种传播也变得越来越快了。然而，文化交流是双向的，在西方文化快速传播的同时，西方社会也大量地汲取了其他文明的文化，而且这种文化上的交融，每时每刻都在发生着。这些被吸收的“异文化”，经过“消化”、“改造”之后，成了各自文明中新的、属于自己的内容，并从宗教、政治和意识形态等方面反映出来。可以说，今天世界上不同文明之间已经是“你中有我，我中有你”。今日之世界文明，已非昔日历史文献、经典书籍中所描绘的那种“纯粹”的传统文明了。因此，我们必须改变过去概念化的、抽象的、刻板的思维方式，以一种动态的、综合的、多层面的眼光，来看待当今世界上不同文化和文明之间的关系。

六、中华文明的启迪

作为非西方文明主要代表之一的中国，长期以来遭受殖民主义、帝国主义的欺压，为了民族生存，中国人民前仆后继、英勇斗争，终于捍卫了自己的主权和独立。长期的遭受屈辱，不断的奋起抗争，如今昂首屹立在世界上的经历，对中华民族面对全球化时的心态，必然会产生巨大的影响，尤其是当中国的综合国力和国际地位不断提高的时候，我们更应该加强"文化自觉"的反思，使我们能够清醒地认识到自己的状况，摆正在世界上的位置。

"文化自觉"的含义应该包括对自身文明和他人文明的反思，对自身的反思往往有助于理解不同文明之间的关系。因为世界上不论哪种文明，无不由多个族群的不同文化融会而成。尽管我们在这些族群的远古神话里，可以看到他们不约而同地在强调自己文化的"纯正性"，但是严肃的学术研究表明，各种文明几乎无一例外是以"多元一体"这样一个基本形态构建而成的。上个世纪 80 年代末，我总结了多年来研究的心得，提出了"中华民族多元一体格局"的观点，试图阐明中华民族这个由 56 个民族组成的实体形成的过程。

在我们探讨全球化和不同文明之间的关系的时候，中华民族的"多元一体格局"给了我们一些启示。我们知道，古代中国人的眼里，"中国"就是"天下"，也就是被看作是一个"世界"。所以中国人常说的"分久必合，合久必分"，并不是现代西方人所指的一个"民族国家"的"统一"或"分裂"（比如南北朝鲜、东西德国），而是一种"世界"的分崩离析和重归"大一统"。纵观中国几千年的历史，分分合合，纷争不断，但是从"多元"走向"一体"的大趋势是整个历史发展的主线，而且即使是在"统一"的时期，统治者在政治制度、宗教信仰、经济形态等方面，仍然允许在某些地区、某一阶层、某种行业中保持它的特殊性。古代中国这种分散的多中心的局面，究竟是因为怎样的内在机制、怎样的文化基础和思想基础才得以存在？这样“和而不同”的局面有什么优势和劣势？在中国传统文化中，哪些要素在这里边起了什么作用？古代的中国人究竟是怀有怎样的一种人文价值和心态，才能包容四海之内如此众多的族群和观念迥异的不同文化，建立起一个“多元一体格局”的中国！这些都是值得我们深刻思考和努力研究的问题。

中华民族在漫长的“分分合合”的历程中，终于由许许多多分散孤立存在的族群，形成了一个“你来我去、我来你去，我中有你、你中有我，而又各具个性的多元一体”。所以，在中华文明中我们可以处处体会到那种多样和统一的辩证关系。比如早在公元前，号称“诸子百家”的战国时期，出了那么多思想家，创立了那么多学说，后来为什么会“独尊儒术”，能够“统一”？儒家学说中又有什么东西使它成为一种联结各个不同族群、不同地域文化的纽带，从而维系和发展了中华民族的多元一体格局？还有，许许多多的族群在融入以“汉人”为主体的大家庭时，是以一个怎样的机制，使原本属于某一族群的文化，发展成由大家“共享”的文化？我们都知道，不同的宗教信仰之间怎样“友好共处”，是一个比较复杂、棘手的问题，但是在中国历史上也有成功解决的范例。比如古代犹太人在中国的经历，就是一个例子。人们通常认为犹太民族是一个宗教观念非常强烈的群体，但是在中国这样一个相对宽松的传统文化氛围里，在中国的犹太人，逐步融合到中国的社会中，没有发生像在西方社会，犹太人由于受到压制而不断强化民族宗教意识，甚至发生冲突的现象。还有在辽、金、元、清的时候，统治者在不同民族、不同族群的地区，实行不同的行政制度，因地制宜，顺应当地民众的传统文化、信仰和习俗来进行统治。但是，这种“顺应”又都统一在更高一层的“国”的框架之内。

这些例子，说明中华文明的结构和机制，在漫长的岁月中，经过一代代先人在实践中的不断探索、积累、完善，已经形成了一套相当成熟的协调模式。它充分体现了古人高度的政治智慧和中华民族深厚的文化底蕴。时至今日，在我们的生活实践中实施的“民族区域自治”、“一国两制”等政治制度，无不缘于厚重的中华传统文化。

中华文明有着悠久的历史和深厚的内涵，也有与“异文化”交流的丰富经验。我相信，在今后中国越来越广泛、深入地融入到世界的过程中，一定能为重构全球化和不同文明之间的关系做出应有的贡献。

七、跨文化研究的人文属性

人们常常把世界上不同文明之间如何相处的问题，看成是国与国、民族与民族之间政治、军事、综合国力等方面的比较，像是在做一种“力学”关系的分析。这样的分析不能说没有道理，但是不全面，因为文明、文化都是关于“人”的事情，所以要搞清楚还得从“人”入手。

文明、文化都是抽象的概念，它们之间的关系，不同于一般社会群体、社会组织这样的实体之间的关系。但是人们常常有一种倾向，遇到文明、文化之间的问题的时候，会不自觉地把它当作社会实体之间的问题来处理。要知道，文明和文化都具有浓厚情感、心理、习俗、信仰等非理性的特征，它们之间的关系也不是靠简单的逻辑论证、辩论、讲道理就能解决的。我们大约都有过在处理涉及感情、心理、习俗等等这些问题时，讲不清道理的经历。所以，在处理跨文明关系、跨文化交流这样更复杂、更微妙的人文活动时，就要求我们运用一套特殊的方法和原则，最大限度地注意到“人文关怀”和“主体感受”。这是一项涉及历史、文化、传统、习俗、文学、艺术等诸多领域里的，以“人”为中心的系统工程。

在对跨文化的研究中，理解“人”，理解人的生物性、文化性、社会性，人的思想、意识、知识、体验以及个人和群体之间微妙、复杂的辩证关系等等都是至关重要的。因为，人的上述特性通过交流、传播和传承，可以成为群体共有的精神和心理财富，并在这一群体里“保存”下来，达到“不朽”，成为“文化”的一部分。同样的道理，不同文明、不同文化的人们之间，也存在着这种交流、传播和传承。

从总体上说，人类文明的多样性，是各个文明得以“不朽”的最可靠的保证。一种文明、文化，只有融入更为丰富、更为多样的世界文明中，才能保证自己的生存。人们常说，“只有民族的，才是世界的”，这是不错的；反过来说，只有世界的，才是民族的，才能使这个民族的文化长盛不衰，也很有道理。所以，文化上的唯我独尊、固步自封，对其他文明视而不见，都不是文明的生存之道。只有交流、理解、共享、融合，才是世界文明共存共荣的根本出路。不论是“强势文明”还是“弱势文明”，这是唯一的出路。

探讨文明和文化问题，不可避免地要涉及价值观和信仰，而这些又极容易转变成感情和心理因素，然而在科学研究中，一旦掺杂了这些因素，就会产生巨大的阻力，这是我们从事族群、民族、宗教研究的社会科学工作者都遇到过的问题，因此，必须构建一种超越常规的理念。我们不提倡用某一种文明的意识形态、价值观念来解决不同文明之间的问题，因为用一种文明的“标准”去评判另一种文明，不管这种做法“对不对”，实际上会让人感觉到这样做“好不好”。由于不同文明之间人们的认知体系有差别，所以不同文明的人，对同一个问题的看法，常常会变得不是“是”与“非”，而成了“好”与“坏”了。我觉得，不管出于什么动机，强迫别人接受一种本来不属于他们的价值观，这种做法，本身就含有欺压和侮辱人的性质。

不同文明之间的交往，“内容”常常会退居到次要的地位，而“形式”会上升为主要的东西。我说的“形式”，不是科学主义说的那种可以忽略的、外在的、表面化的形式，而是人类学中所指的“仪式”、“象征”，也即是“意义”。它在一种文明、一种文化里起着很重要的作用，甚至是生死攸关的作用。不同文明之间的矛盾，是不能简单地按照经济或功利的原则来解释的。中国古代有“不食周粟”、“苏武牧羊”的故事，这些故事说明，文明、文化的交往绝不是简单的商品交易，一个族群、一种文化，不是物质利益就能收买，也不是强力所能压服的。

当前世界上某些人，常常有意无意地把不同文明、文化之间的关系，直接与国家或民族利益挂钩，这是一种加大，甚至是激化不同文明之间误解和矛盾的做法。这些人在大谈“国家利益”的时候，手里不断挥舞着文明、文化的大旗，把赤裸裸的为“一国谋利益”的做法，装扮成捍卫“某某文明”的“义举”；把具体的国家利益之争，混淆成不同文明之间的争斗。当然，从广义上讲，文化价值也包含在“利益”之中，但它们并不是简单地连接在一起的，这种随意的联系，是不成熟、不理智、不准确、不负责任的表现。犹如我们不能把美国的国家利益，等同于基督教文明的利益；也不能把中国的国家利益，说成是儒家文明的利益。

我们认为，国家利益可以“一事一议”，好像谈生意那样，通过理性的协商来解决。如果把这种事情上升到文明、文化的层次里，就会变成充满感情和心理因素的、非理性的问题。

一个国家不能自命为某一种文明的代表或化身，说成是某文明的卫士；各种政治集团也不该盗用文明、文化的名义，制造民粹运动来为自己的政治利益服务。这种夹杂着经济和政治目的的“国家利益”，会大大歪曲不同文明之间关系的本质，造成恶劣的结果。

八、美美与共

从历史和现实中可以看到，要想处理好不同文明之间的关系，首要的条件应该是各自能够保持一种平和、谦逊的心态，就是中国古人所谓的“君子之风”。

前几年，我提出了“各美其美、美人之美、美美与共、天下大同”的设想，这是我的心愿。要想实现这几句话，还要走很长的路，甚至要付出沉重的代价。比如要做到“各美其美、美人之美”，也就是各种文明教化的人，不仅欣赏本民族的文化，还要发自内心地欣赏异民族的文化，做到不以本民族文化的标准，去评判异民族文化的“优劣”，断定什么是“糟粕”，什么是“精华”。

要达到这样的境界并不容易，比如当今世界上许多发展中国家，历史上大多遭受过西方殖民主义的欺凌，这些国家的民众，由于受一种被扭曲的心理的影响，容易产生两种截然相反的倾向：一种是妄自菲薄，盲目崇拜西方；一种是闭关排外，甚至极端仇视西方。目前，这种仇视西方的状况似乎已经酝酿成一股社会潮流。从另一方面说，作为强势文明的发达国家，容易妄自尊大，热衷于搞“传教”，一股脑地推销自己的“文明”，其实这样做会蒙住自己的耳目，成了不了解世界大势的井底之蛙。在中国的历史上，也出现过“盲目崇拜”和“闭关排外”的现象。希望今天的中国学术界，能够彻底抛弃妄自菲薄、盲目崇拜西方或者妄自尊大、闭关排外的心理。

中华文明经历了几千年，积聚了无数先人的聪明智慧和宝贵经验，我想我们今天尤其需要下大力气学习、研究和总结。面对今天这种“信息爆炸”、形形色色“异文化”纷至沓来的时代，我们需认真思考怎么办？全盘接受、盲目排斥都不是好的办法，我们应该用一种理智的、稳健的，不是轻率的、情绪化的心态来“欣赏”它。要知道，不论哪种文明，都不是完美无缺的，都有精华和糟粕，所以对涌进来的异文化我们既要“理解”，又要有所“选择”。这就是我说的“各美其美、美人之美、美美与共”。

中国历史上有过这样的例子。唐朝的时候，国家昌盛、经济发达、文化繁荣，引起了邻国日本的关注，派人来学习，与唐朝建立了友好关系。他们把唐朝好的东西带回去，丰富了自己的文化。这段历史表明，当时的日本人是很有“鉴赏力”的，善于“美人之美”，因此获得了很多文化资源，达到了“双赢”的结果。

当今地球上的人类，应该比古代人具有更广阔的胸怀、更远大的目光，对于不同文化有更高的鉴赏力，拥有一个与不同文明和睦相处的良好心态。在这方面，我们的先辈留下了许多包含了深刻哲理的宝贵经验。比如孔子说“己所不欲，勿施于人”，强调的是人们“不应该做什么”，而不是要求人们“应该做什么”；又如“修己而不责人”、“退一步海阔天空”等等这样的格言，都包含了克己、忍耐、收敛的意思。这些都是中华民族多元一体格局在形成的漫长岁月中，逐渐发展起来的中国人特有的一套哲学思想。

为了人类能够生活在一个“和而不同”的世界上，从现在起就必须提倡在审美的、人文的层次上，在人们的社会活动中树立起一个“美美与共”的文化心态，这是人们思想观念上的一场深刻大变革，它可能与当前世界上很多人习惯的思维模式和行为方式相抵触。在这场变革中，一定会因为不被理解而引起一些人的非议甚至抵制，特别是当触动到某些集团的利益的时候，可能还会受到猛烈的攻击。但是，当我们看到人类前进的步伐已经迈上全球化、信息化的道路；已经到了一个必须尽快解决全球化和人类不同文明如何相得益彰、共同繁荣的紧要关头，这些抵制和攻击又算得了什么。

九、博采众家之长

当我们探讨和研究不同文明如何相处的时候，必须充分了解和借鉴世界上各种文明，做到博采众长、开阔胸怀、拓宽思路、启迪灵感。中国的社会科学工作者在探讨、研究中华文明的时候，也要认真地理解和研究世界上其他文明的文化，要“美人之美”。

近年来，“欧盟”的统一进程引起了人们的关注。欧洲的社会经济发展，一直在世界上扮演着“领跑者”角色，所以欧盟的统一，可以看做是在全球化背景和现代社会条件下，欧洲不同文明、不同文化的国家，在试图重新协调它们之间的关系，探索如何共处的一个实例。当然，欧洲的“统一”并不就是未来“全球化”的模式，全球化并不是世界“统一”。地球上如此众多信仰不同、风俗各异的民族和国家，情况远比欧洲复杂得多，而且世界各地普遍存在着严峻的经济、政治和军事等诸多问题，绝不是一个“模式”就能解决的。这个尝试和实践之所以引起我们的注意，是因为它能为世界上不同文明之间的交往，提供很多值得学习、借鉴的经验。

从人类学社会学的角度上看，世界上所有文明都蕴含着人类的智慧，每一种文明都值得我们关注、研究，从中汲取营养。比如像印度这样一个历史悠久，民族、宗教关系极其复杂的国家，在他们的传统文化中就包含着极其丰富的处理多民族、多宗教、多文化并存的经验；同样，历史上曾经出现过的强大的国家和各种强势文明，诸如奥斯曼帝国、俄罗斯帝国、奥匈帝国，阿拉伯文明、南美文明、非洲文明等等，这些庞大的多民族的社会实体，无不在解决不同文化之间的交流、沟通和融合方面，为后人积累了丰富的经验和教训。

作为人类学社会学工作者，我们应该以严肃、认真的态度，不带任何偏见地深入研究本民族的历史文化，同时也应该下工夫研究其他国家、民族的历史文化，以扩展我们的视野，增强我们的想象力和创新能力，为当今世界经济迅速“全球化”的同时，建设一个“和而不同”的美好社会贡献力量。

2004 年 8 月

（本文是作者在 2004 年 8 月“北京论坛”上所做的书面发言）

关于“文化自觉”的一些自白

近些年来我常讲“文化自觉”问题，正式采用这个名词是在1997年北京大学举办的第二届社会学人类学高级研讨班上。我提出“文化自觉”这四个字来标明这个研讨班的目的，是想问一问，总结一下我们在这个研讨会上大家在做什么？这四个字正表达了当前思想界对经济全球化的反应，是人们希望了解为什么世界各地在多种文化接触中会引起人类心态发生变化的迫切要求。人类发展到现在已开始要知道我们各民族的文化是哪里来的？是怎样形成的？它的实质是什么？它将把人类带到哪里去？

这个名词确实是我在这个班上作闭幕发言中冒出来的，但是它的思想来源，可以追溯的历史相当长了。大家都了解，20世纪前半叶中国思想的主流一直是围绕着民族认同和文化认同而发展的，以各种方式出现的有关中西文化的长期争论，归根结底只是一个问题，就是在西方文化的强烈冲击下，现代中国人究竟能不能继续保持原有的文化认同？还是必须向西方文化认同？上两代中国的知识分子一生都被困在有关中西文化的争论之中，我们所熟悉的梁漱溟、陈寅恪、钱穆先生都在其内。

我清楚地记得，当我在燕京大学上本科时，曾选修历史系一位外籍教授开的“中国文艺复兴”这门课程。他的教法是把清朝末年，从1860年起，英法联军闯入圆明园，到辛亥革命这段时期里，把他看到的外国作者对中国人的事情和说法的英文材料找出来让我们阅读，以了解这段历史的变化。对这门课我是很用功的，他指定的书和文章我都读了，而且做了笔记。所读的材料，历时约50年，经过四个皇帝，进犯中国的国家从老牌的帝国主义英、法、俄开始，逐渐增加到12国。签订的不平等条约就有十几个之多。这段时间里还发生了太平天国起义、戊戌变法、黄花岗起义等一系列重大事件。在读的材料里有一件事给我印象很深，至今仍然记得，那就是在太平天国宣布起义并定都南京后，有一个曾国藩手下的大将，名叫胡林翼，当时驻守在今安徽的马鞍山，他在江边阅兵时，有一只外国军舰，冲着他沿江而上，看到这艘外国军舰，这位大将竟当场昏厥了过去。后来别人问他为什么，他回答说，对付太平天国我们还有把握，但对付这些外国军舰就没有办法了。这件事生动地反映了当时清政府上层的态度。他们看到了中国的物质技术远远落后于西方，因而惧怕和退缩了。因此引起了以后丧权辱国的灾难性后果。

这说明在中西文化碰头时，他们认输了，这是一个大转折。过去清政府以"天朝上国"自居，视外国使节为"外夷入觐"，乾隆皇帝认为自己国家物产丰盈，并不需要"外夷"的货物，同外夷贸易是一种恩赐；英国使团提出觐见时，他要求英使节行三跪九叩首的大礼。这个皇帝那时还没有认输。

中西文化碰了头，中西文化的比较，就一直是中国知识分子关注的问题，他们围绕着中华民族的命运和中国的社会变迁，争论不休，可以说至今还在继续中。在五四运动以前，大致是19世纪中叶，已有人提出了"西学"的观念，要在技术上学习西方人的长处，以求有所改进，可用"旧学为体、新学为用"即"中学为体、西学为用"的看法来概括。那时，人们对中国原有的一套政治伦理秩序并没有发生大的动摇。到了五四运动，碰到的问题已不是借用一些"西学"可以解决的了，基本上是要以西方现代化来代替中国的旧文化了。所以五四运动又叫新文化运动。不少人用西方启蒙运动以来的一些观念作为推翻和取代传统制度的目标，其中最重要的是民主与科学，在“五四”之后发生过“科学和玄学”及“民主与独裁”的两次重要争辩。随后中国共产党在1921年成立，马克思主义得到不少青年的信仰。中国向何处去是知识界不能回避的问题了。抗战开始，国难当头，民族危机使争论暂时停顿下来，但战后应该建立怎样一种社会文化秩序，仍然是知识界关心的主题。彻底打破现状，重建一个全新的理想社会，无疑对于知识分子具有极大的吸引力。那时主导的思潮是否定传统的，当时即使有人提醒人们应该正视革新和传统的关系，也并不能引起人们的注意。抗战结束后中国知识界的思想情况也随着国内政治局势的变化而迅速发生了变化。新中国成立后，中国大陆发生了翻天覆地的巨变，知识界在马克思主义的指导下走上建设社会主义道路。归结起来看，无论是“戊戌”的维新变法、“五四”的新文化运动和解放后的历次政治运动，都是在破旧立新的口号下，把“传统”和“现代化”对立了起来，把中国的文化传统当做了“现代化”的敌人。“文化大革命”达到了顶点，要把传统的东西统统扫清，使人们认为中国文化这套旧东西都没有用了。

总之，中国文化从传统走向现代的进程中，步履维艰。怎样才能使中国文化的发展摆脱困境，适应于时代潮流，中国知识分子上下求索，提出了各种各样的主张，以探求中国文化的道路。由此涌现出各种流派，有如新儒家就是重要的一家，它主要在哲学一门之内，也涉及到史学，看法未必一致。这方面我不太熟悉，最近看到余英时先生的文章讲到：“新儒家”是指20世纪的思想流派，其事起于境外，特别指1958年元旦张君劢、唐君毅、牟宗三、徐复观四位先生在香港《民主评论》上所发表的一篇宣言——《中国文化与世界——我们对中国学术研究及中国文化与世界文化前途之共同认识》。这些情况以及其后之发展在我当时的处境自然不会了解，同时也不会是大陆知识分子关注的中心问题。现在应该回过头来看一看，做一番研究是有必要的。

这种情况直到改革开放后开始有所反思，我们要搞清楚中国文化的特点是不可能割断历史的，港台的知识界60年代也对此提出了问题，不少人感兴趣的是怎样在"传统"和"现代化"之间找到接榫之处。说明文化不仅仅是"除旧开新"而且也是"推陈出新"或"温故知新"。"现代化"一方面突破了"传统"，另一方面也同时继续并更新了"传统"。

就我个人来说，我受的教育是从清末民初所谓新学开始的，这个新的学校制度是针对旧的科举制度下的私塾制度而兴起的。我的父亲是最后一科的秀才，科举制度在他那一代取消了。改革之后，他被选送到日本去留学，学教育。回来后就搞新学，办了一个中学。我母亲创办了县里第一个蒙养院，我从小就是在这个蒙养院里边长大的，所以我没有进过私塾，没有受过四书五经的教育。连《三字经》、《百家姓》也没有念过。我念的是"人、手、足、刀、尺"，是商务印书馆的小学课本，是新学的东西。不用面壁背书，坐冷板凳，还可以唱歌做游戏。初小后进入私人办的私学，也是由留学生办的新学。接着上了教会办的大学，从东吴转到燕京，又进了清华研究院，并再去英国留学，一生受的教育都是西方文化影响下的"新学"教育。父母主张新学，不要旧的一套，在儿女身上不进行旧式的教育，所以我缺了从小接受国学教育这一段，国学的根子在我身上并不深。中西方文化接触，在我本人并没有感到严重的矛盾。这一点和我的上一代是不同的，他们是受中国文化培养成长的，有着深厚的中国传统文化的根底。由于他们基本上是在中国文化传统的熏陶下成长起来的，因而对中国文化的长处有亲切的体验，甚至有归属感，所以他们的基本立场是"要吸收西方新的文化而不失故我的认同"。如陈寅恪先生讲"一方面吸收输入外来之学说，一方面不忘本来民族之地位"；钱穆先生说"余之所论每若守旧。而余持论之出发点，则实求维新"。像他们这样的学者是无法接受"进步"和"落后"的简单二分法的，他们求新而不肯弃旧，在当时的潮流中不免陷入严重的矛盾之中。

我在70岁时重新开始了社会学人类学的研究，进入了第二次学术生命，当时预计还有10年的工作时间，希望自己在有生之年，还能为中国的人文社会科学发展多做些工作。学习社会人类学的基本态度就是“从实求知”，首先对于自己的乡土文化要有所认识，认识不是为了保守它，重要的是为了改造它，正所谓推陈出新。我在提出“文化自觉”时，并非从东西文化的比较中，看到了中国文化有什么危机，而是在对少数民族的实地研究中首先接触到了这个问题。20世纪80年代末我去内蒙古鄂伦春聚居地区考察，这个民族是个长期在森林中生存的民族，世世代代传下了一套适合于林区环境的文化，以从事狩猎和饲鹿为生。近百年来由于森林的日益衰败，威胁到了这个现在只有几千人的小民族的生存。90年代末我在黑龙江又考察了另一个只有几千人、以渔猎为生的赫哲族，他们也存在同样的问题。中国10万人口以下的“人口较少民族”就有22个，在社会的大变动中他们如何长期生存下去？特别是跨入信息社会后，文化变得那么快，他们就发生了自身文化如何保存下去的问题。我认为他们只有从文化转型上求生路，要善于发挥原有文化的特长，求得民族的生存与发展。可以说文化转型是当前人类共同的问题。所以我说“文化自觉”这个概念可以从小见大，从人口较少的民族看到中华民族以至全人类的共同问题。其意义在于生活在一定文化中的人对其文化有“自知之明”，明白它的来历、形成的过程、所具有的特色和它的发展的趋向，自知之明是为了加强对文化转型的自主能力，取得决定适应新环境、新时代文化选择的自主地位。

实际上在经济全球一体化后，中华文化该怎么办是社会发展提出的现实问题，也是谈论文化自觉首先要面临的问题。我回想起在上世纪末与台湾人类学家李亦园教授关于中国文化与新世纪的社会人类学的对话。

我提出了一些自己在思考的问题，并且认为研究文化的人应该注意和答复这些问题，比如我们常常讲有中国特色的社会主义，那是指马克思主义与中国实践相结合的结果，所以在马克思主义进入中国后变成了毛泽东思想，后来又发展成了邓小平理论，这背后一定有中国文化的特点在起作用，可是这些文化特点是什么，怎么在起作用，我们都说不清楚。我们交谈时涉及几个实例，一是谈到重视家庭的思想，注重家庭的重要作用。在改革开放后实行家庭联产承包责任制，农村的生产力一下子解放出来了。以后在农村工业化中，又看到了真正有活力的是家庭工业。同时让我进一步想到中国社会的生长能力在什么地方，中国文化的特点之一我想是在世代之间联系的认识上。一个人不觉得自己多么重要，要紧的是光宗耀祖，是传宗接代，养育出色的孩子。二是"一国两制"的实践不光具有政治上的意义，而且还表现在不同的东西能不能相容共处的问题上，所以它还有文化的意义。这就是说中国文化骨子里还有这个东西可以把不同的东西凝合在一起，可以出现对立面的统一。三是"多元一体"的思想也是中国式文化的表现，包含了各美其美和美人之美，要能够从别人和自己不同的东西中发现出美的地方，才能真正地美人之美，形成一个发自内心的、感情深处的认识和欣赏，而不是为了一个短期的目的或一个什么利益。只有这样才能相互容纳，产生凝聚力，做到民族间和国家间的"和而不同"的和平共处，共存共荣的结合。四是能想到人家，不光想到自己，这是中国人际关系当中一条很重要的东西，老吾老以及人之老，幼吾幼以及人之幼，设身处地，推己及人，我说的差序格局就出来了。这不是虚拟的东西，是切切实实发生在中国老百姓日常生活里的真情实事，是从中国悠久的文化里边培养出来的精髓，"文化大革命"对这一套破坏得太厉害，把这些东西都否定了，我看这是不能否定的，实际上也否定不了。

我们现在对中国文化的本质还不能说已经从理论上认识得很清楚，但是大体上说它确实是从中国人历来讲究的"正心、诚意、修身、齐家、治国、平天下"的儒家所指出的方向发展出来的。这里边一层一层都是几千年积聚下来经验性的东西，如果能用到现实的事情当中去，看来还是会发生积极作用的。我们中国文化里边有许多我们特有的东西，可以解决很多现实问题，疑难问题。现在是我们怎样把这些特点用现代语言更明确地表达出来，让大家懂得，变成一个普遍的信息和共识。

长期以来在西方文化浪潮的冲击下，特别在“文革”时期，“传统”被冲刷得太厉害了。由此所造成的危害及其严重性还没有被人们所真正认识，同时能够把有深厚中国文化根底的老一代学者的学术遗产继承下来的队伍还没有形成，因此我深深感到知识界的责任重大。我前面谈到由于自知国学根底不深，需要补课，近年来读了陈寅恪、梁漱溟、钱穆等先生的著作，很有收获。启发我对中国文化精神更深入的理解，对中西文化比较更深刻的研究。

同时自己感到对世界大潮流有些“隔膜”，虽然改革开放后我们已经重新“放眼看世界”，我也多次出国进行学术交流，但开始看到的主要是西方在新技术方面的迅速发展，有如我在《访美掠影》一书中描述的计算机信息技术等。但是到20世纪90年代苏联解体，冷战结束，世界格局发生了重大变化，西方舆论“自鸣得意”，我对亨廷顿的“文明冲突论”虽有批判，但对于中西文化中深层次的问题并不敏感。正如我前面所讲自己“行行重行行”，力争紧跟国内社会经济发展，提出“文化自觉”的看法，也是从少数民族地区的发展问题中看到的。

去年美国的“9·11”事件对我有很大的震动。在我看来这是对西方文化的又一个严重警告，而且事件后事态的发展使我很失望，这种“恐怖对恐怖”的做法，让我看到西方文化的价值观里太轻视了文化精神的领域，不以科学的态度，实事求是的精神去处理文化关系，这是很值得深刻反思的。因此也让我想从理论上进一步搞清一些问题，如个人与文化的关系，文化的社会性和历史性问题等，以利推动中西文化比较研究的深入。

今年5月我在南京大学建立100周年的纪念会上，发表了《文化论中人与自然关系的再认识》的讲话，进行了这方面的探讨。我们这些人，从生物基础上看是和其他动物一样的，他的生命实际上同样有一定的限期，即所谓有生必有死，生和死两端之间是他的生命期。但由于人们聚群而居，在群体中又凭其共同认识，相互模仿别人的生活手段以维持他的生命，这时他已从生物人变成了社会人。每个生物人都在幼年逐步变成社会人而继续生活下去的，只有作为一个社会人，生物人的生命才得以绵延直至死亡。我们一般说人的生命是指生物人而言的，一般所说人的生活是指社会人的一生而言的。生活维持生命的继续，从生到死是一个生物必经的过程。但是生活却是从生物机体遗传下来的机能通过有向别人学习的能力而得到的生活方式。一个人从哺乳期到死亡的一切思想和行动，都是从同一群体的别人那里学习得来的，所学会的那一套生活方式和所利用的器具都是在他学习之前就已经固定和存在的，这一切是由同群人所提供的。这一切统统包括在我所说的人文世界之内，它们是具体的文化内容。当一个生物人离开母体后，就开始在社会中依靠着前人创造的人文世界获得生活。现存的人文世界是人从生物人变成社会人的场合。这个人文世界应当说和人之初并存的，而且是历代社会人共同的集体创作，社会人一点一滴地在生活中积累经验，而从互相学习中成为群体公有的生活依靠、公共的资产。孔子说“学而时习之”就是指模仿别人而不断实践。这是人从作为生物个体变成社会成员的过程。

人文世界拆开来看，每一个成分都是社会中的个人凭其天生的资质创造出来的，日积月累，一代代人在与自然打交道中形成的。这些创新一旦为群众所接受，就进入人文世界的内涵，不再属于任何的个体了。这就是我们应当深入理解的文化社会性。

文化是人为的，但这里只指文化原件的初创阶段，它是依靠被吸收在群体中的人们所共同接受才能在群体中维持下去。一群社会人互相学习利用那些人文世界的设施包括物质的和精神的，或说包括它的硬件和软件进行生活。生物人逃不掉生死大关，但属于社会人的生活用具和行为方式即文化的零部件却可以不跟着个别生物人的生死而存亡。文化的社会性利用社会继替的差序格局，即生物人生命的参差不齐，使它可以超脱生物体生死的定律，而有其自己存亡兴废的历史规律。这是人文世界即文化的历史性。

强调重新更深入地认识文化的社会性和历史性，可以帮助我们加深对文化的认识。我已注意到文化价值观方面存在着东西文化的差别，中华文化的传统在出发点上和西方文化就有分歧。前一辈的学者，所谓新儒家，已经碰到了这个问题，他们用历史学的方法，做了具体而细致的研究工作，钻研得很深，提出了他们自己独到的见解。我们真要懂得中国文化的特点，并能与西方文化做比较，必须回到历史研究里边去，下大工夫，把上一代学者已有的成就继承下来，切实做到把中国文化里边好的东西提炼出来，应用到现实中去。在和西方世界保持接触，进行交流的过程中，把我们文化中好的东西讲清楚使其变成世界性的东西，首先是本土化，然后是全球化。这个任务是十分艰巨的，现在能够做这件事的学者队伍还需要培养，从现在起在几十年里培养这样一批人是一件当前很重要的事情。当务之急是要在我们的知识界造成一种良好的风气，补上"放眼世界"这一课，关注世界大潮流的发展变化。我自己年纪大了，实际上不能进一步去观察，也没有条件深入研究了。但我认为经济全球化后文化接触中的大波动必然会到来，迟早要发生的，我们要有准备地迎接这场世界性文化大论争。因此我们一方面要承认我们中国文化里边有好东西，进一步用现代科学的方法研究我们的历史，以完成我们"文化自觉"的使命，努力创造现代的中华文化；另一方面要了解和认识这世界上其他人的文化，学会解决处理文化接触的问题，为全人类的明天做出贡献。

2002 年 8 月 6 日

（本文是作者在中华炎黄文化研究会创办的"二十一世纪中华文化世界论坛"第二次国际学术研讨会上的书面发言）

“文化自觉”与中国学者的历史责任①

10年前教育部让我在“21世纪婴幼儿教育与发展国际会议”上讲话。从那时候起我就在思考如何着手从小培养出适合于在21世纪世界里生活的人。人造下了世界，人还必须同时造就能在世界里生活的人，这就是我们教育和培养人的工作，这是我们的历史责任。

我在这次国际会议上讲话的题目是《从小培养二十一世纪的人》。在这篇讲话稿中，我开始探讨21世纪将是个什么样的世界，提出了21世纪要解决的主要问题之一是：各种不同文化的人，也就是怀着不同价值观念的人，怎样能在这个经济上越来越息息相关的世界上和平共处？人类在21世纪怎样才能和平地一起住在这个小小的地球上？为此，我们在精神文化领域里需要建立起一套促进相互理解、宽容和共存的教育体系，我称这个体系为跨文化交流（Cross-Cultural Communication）。这个体系包括了21世纪人共同生存的根本规则，显然将联系到人对人、人对社会、人对自然等基本关系。接着在北京大学举办的三次“社会文化人类学高级研讨班”上以及三次国际学术会议上我又相继发表了相关内容的多篇文章，如《从马林诺斯基老师学习文化论的体会》、《反思·对话·文化自觉》、《读马老师遗著〈文化动态论〉书后》、《孔林片思》、《人的研究在中国》、《人文价值再思考》、《中华文化在新世纪面临的挑战》、《中国文化与新世纪的社会学人类学——费孝通、李亦园对话录》等等。

① 本文是《重建社会学与人类学的回顾和体会》一文的第四节。

通过学术对话和反复的思考，我提出了一个“文化自觉”的看法，以表达当前思想界对经济全球化的一种反应。当前世界各地多种文化的接触引起了人类心态的诸多反应，这些反应提出了这样的迫切要求，即人们要求知道：我们为什么这样生活？这样生活有什么意义？这样生活会为我们带来什么结果？也就是人类发展到现在已开始要知道我们各个文化是哪里来的？怎样形成的？它的实质是什么？它将把人类带到哪里去？这些冒出来的问题就是我提出的“文化自觉”的要求。

文化自觉是当今世界一种时代的要求，并不是哪一个人的主观空想。有意于研究社会学、人类学的学者，对当前人类的困惑自然也会特别敏感，对当前新形势提出的急迫问题自然会特别关注，所以我到了耄耋之年，在即将跨入 21 世纪时，还要呼吁文化自觉，希望大家能致力于对自己社会和文化的反思，用实证主义的态度、实事求是的精神来认识我们各自的历史和文化。

文化自觉只是指生活在一定文化中的人对其文化有“自知之明”，明白它的来历、形成过程、所具有的特色和它发展的趋向，不带任何“文化回归”的意思，不是要复旧，同时也不主张“全盘西化”或“坚守传统”。自知之明是为了增强对文化转型的自主能力，取得为适应新环境、新时代而进行文化选择时的自主地位。达到文化自觉是一个艰巨的任务，要做到这一点，需要一个很长的过程，首先要认识自己的文化，理解所接触的多种文化，才有条件在这个正在形成中的多元文化的世界里确立自己的位置，经过自主的适应，和其他文化一起，取长补短，共同建立一个有共同认可的基本秩序和一套与各种文化能和平共处，各抒所长，联手发展的共处守则。

10 年前在我 80 岁生日那天，在东京和老朋友欢叙会上，我曾展望人类学的前途，说了下面一句话：“各美其美、美人之美、美美与共、天下大同。”这句话也就是今天我提出的文化自觉历程的概括。“各美其美”就是不同文化中的不同人群对自己传统的欣赏。这是处于分散、孤立状态中的人群所必然具有的文化心理状态。“美人之美”就是要求合作共存时必须具备的对不同文化的相互态度。“美美与共”就是在“天下大同”的世界里，不同人群在人文价值上取得共识以促使不同的人文类型和平共处和发展。总而言之，这一文化价值的动态观念就是力图创造出一个跨文化界限的研讨，让不同文化在对话、沟通中取长补短，达到我们的老话“和而不同”的世界文化一体。

中国人口这么多，历史这么悠久，文化里有着重视人文世界的根子。它应当在世界的思想之林有所表现。我们不要忘记历史，在 50 个以上的世纪这么长的时间里，我们中国人没有停止过文化的创造和发展，有实践，有经验，我们应当好好地去总结，去认识几百代中国人的经历，为 21 世纪和下个千年做出贡献。

历史上，中华文化的包容性是一以贯之的，但是，这种包容性并非在任何时代都能得到充分的体现。事实上，它的充分体现总是与某些历史时期相联系的。根据常识，已知道的是春秋战国时期、两汉时期、隋唐时期，它们都是中华文化包容性得以充分体现的辉煌时期。这可以给我们一个有益的启示：文化特色的发扬，离不开强盛的国力。如果我们有理由认为，中华民族在新世纪中又将进入一个强盛时期，我们就应该意识到，生活在新世纪的中国人正面临着一个充分发扬中华文化特色的历史机遇的到来。

历史发展到一定时期，总是需要找到一个地方和一群人来发扬一种新风气。我想，当前需要的新风气就是文化自觉。最近一个时期的很多迹象都提示我们，现在世界上的各民族都开始要求自己认识自己的文化，提出了一系列的问题。人文社会科学负有答复这些问题的重大责任。现在自然科学发展很快，人对人类本身的生物学研究已经达到绘制基因图谱的地步，科技研究的空间发展已经从地球扩大到了太空。以人文社会科学来说，就要看我们如何跟上时代，认真地各自认识自己的文化了。我感到，目前正在兴起的文化自觉这股风已经在许多国家中酝酿和展开。我们中国要抓住这个历史机遇，参与和推动这股新风气。从文艺复兴到 19 世纪，西方出现过“人的自觉”，写下了人类文化发展的重要篇章。看来21世纪我们将开始出现“人类文化的自觉”了。在新一页人类文化发展史上，应该有中华民族实现文化自觉的恢弘篇章，在世界上起一个带头的作用。

在这样一个历史时期，充分注意、深入阐发中华文化的包容性将是富有建设性的题目，也可以作为我们实现文化自觉的一个入口。一个充分体现出这一特点、富于时代色彩而又影响广泛的史实，是众所周知的“一国两制”。我认为，“一国两制”的顺利实现不光具有政治上的意义，由于它本身是一个不同的社会制度能不能相容相处的问题，所以它还有文化上的意义。这是和“冷战意识”相对照的历史性创新。这是20世纪末叶发生的一场具有重大意义的实验，它为新世纪中人类对不同文化可以保持的明智态度做出了重要提示。在很多情况下，资本主义和社会主义是对立的，左右分明，互不相容，对峙几十年的冷战时代成了20世纪突出的历史事件。可是这种矛盾在中国，它们可以并存。“一国两制”，也许就是中国文化特点中的包容性的继续发展。窥斑而知豹，可以帮助人们建立信心，在世界文化的发展过程中，不同的制度在一定条件下具有和平共处的可能性，可以出现对立面的统一，出现“和而不同”的局面。香港回归以来的这段中国历史又可以进一步证明，不同的社会制度不仅能和平共处，而且在实践中越来越显示出它的互补性，具体地发挥出互相促进的作用。

在“一国两制”的设想从无到有，从设想到现实的过程中，中华文化的包容性所出自的本质性东西究竟是怎样在发挥作用，现在我们还没有从理论上说得很清楚。我们相信中华文化中还有许多特有的东西，可以解决当今人类面临的很多现实问题，甚至可以解决很大的难题。这是可以相信的，不然哪里会有曾绵延了5000多年的巨大活力。现在的问题是，我们怎么把这些特点发掘出来，表达出来，这也是我们实现文化自觉的具体课题。

上面所提到的中华文化的包容性和中国古代先哲提倡“和而不同”的文化观有密切关系。“和而不同”就是“多元互补”。“多元互补"是中华文化融合力的表现，也是中华文化得以连绵延续不断发展的原因之一。我在《中华民族的多元一体格局》一文中，提出了中华民族形成过程中的"多元一体"理论，得到了学界同人的广泛认可和支持。在中华文化的发展过程中，多元的文化形态在相互接触中相互影响、相互吸收、相互融合，共同形成中华民族"和而不同"的传统文化。中国人从本民族文化的历史发展中深切地体会到，文化形态是多种多样的，丰富多彩的，不同的文化之间是可以相互沟通、相互交融的。推而广之，世界各国的不同文化也应该相互尊重、相互沟通，这对各个不同文化的进一步发展也是有利的。

更进一步，我们可以看到，中华文化对待其他文化、其他民族的态度也有它的特点。中华文化自古以来就讲王道而远霸道，主张以理服人，反对以力服人。"以力服人者霸，以德服人者王"。以德服人就是用仁爱之心来处理自己与别人的关系。心中有我，也有别人。《论语》从古流传至今，仍然被大家自觉地尊为圣贤之书，说明大家衷心赞同孔子提出的正确处理人与人之间关系的主张，说明这些主张在今天的社会里还可以发挥积极的作用。在人际关系中"推己及人"，懂得"己所不欲，勿施于人"，自觉地"老吾老以及人之老，幼吾幼以及人之幼"，由此出发，才能在群体生活里建立起一种互相尊重、互相容忍、互相有利的合作关系，实现共同的发展。以德凝聚成的群体才是牢固的，所以说"以德服人者王"。我想，在人类即将进入21世纪的时候，中华文化的这种历史经验可以为世界形成新的和平秩序提供值得思考的启示。

作为中华民族的成员，我们有责任先从认识自己的文化开始，在认真了解、理解、研究传统文化的基础上参加现代中华文化的创造，为新世纪人类全球的文化建设积极准备条件。

1999年9月30日

从反思到文化自觉和交流

学术反思是这几年来我为自己定下的一个工作内容，就是要求自己对过去发表过的学术思想回头多想想，我的思想是怎样来的，为什么这样想，现在看来是否还有点道理，是否要修正，甚至改动。这可以说是我个人的“文化自觉”。学术反思是对个人而说的，文化自觉是学术反思的扩大和发展。从个人扩大到自己所属的文化，从个人的学术发展扩大到一门学科的演变。学术反思是个人要求了解自己的思想，文化自觉是要了解孕育自己思想的文化。因为要取得文化自觉到进行文化对话，以达到文化交流，大概不得不从学者本人的学术反思开始。学术反思到文化自觉，我认为是一脉相通的。

我这篇文字，其实不仅是我个人的学术反思，思想的再思考，也是对我所学到的社会人类学的反思，对社会人类学这门学科还可以说是一种文化自觉的尝试。

我觉得，人类学也好，社会学也好，从一开始，就是要认识文化，认识社会。这个认识过程的起点，是在认识自己。我这个人作为一个生物体，是在既定的文化里边长起来的，一切离不开自己所属的文化。但是尽管如此，要了解自己所处的文化，这个事情并不容易。我记得 1979 年我访问芝加哥的时候，已经提出 Cross-Cultural Communication 这件事，主张进行文化之间的交流。跨文化交流的基础，就是得从认识自己开始。我一生所做的事情，就是希望能认识自己。搞了这么多年，写了不少文章，也只能说是认识自己的开始。文化，我叫它是个人造的人文世界。这个人文世界是我们的祖先和我们自己造出来的。造得怎么样呢？我们自己生活在里边，可是并不清楚这个问题，从来也没有人对我们讲过。我现在老了，想要看一看，自己从小学来的这一套文化，究竟是个什么东西。它的内容是什么样的，怎么去分析它，怎么去理解它，看它在我们生活上发生了些什么作用，又怎样发生变化，它是怎么变动的，为什么变动，动到哪儿去……这些问题，我认为就是人类学者、社会学者要去观察和研究的题目。也就是说，要用我们现在所掌握的认识客观事物的科学方法，直接去看、去观察、去分析社会生活里的事实、秩序、格局和基本规律。这既是在认识社会、认识世界，也是在认识自己。这样得来的认识才能运用来满足我们生活的要求。

昨天晚上，我得到一本北大出版社刚刚出版的我自己写的书，书名叫《从实求知录》，是我最近几年发表的学术反思文章的结集。为什么叫《从实求知录》呢？意思是书里边记录了我从实际中得到知识的经过。我这些年来所得到的知识很少，也不见得都正确，但是我确实是从实际生活当中得到的。这本书就是讲我这一个人求知的经过，从中也可以看出我的思想在 60 年里的发展脉络和发展的过程。

从 1995 年开始，我觉得自己有点老了。以前我没有感到自己是个老人，这是老实话，就像孔子说的，“不知老之将至”。1995 年以后，做事情有点力不从心了，感觉到有个“老”字来了。讲话的时间一长就讲不动了，走路要人扶着了，一样一样地表现了出来。总的感觉是力不从心。心里边还想着做这个做那个，可是实际上做不来了。我这个生物体和在人文世界里形成的精神要求合不到一块儿了。感觉到自己老了之后，我就在考虑一个问题。我虽然老了，可还没有死。从老到死还有一段时间，叫“老而未死”。老而未死这段时间里边，我应当做些什么事情呢？中国人有个说法，叫“身后之事”，我也开始考虑身后之事了。从前写《生育制度》的时候，我发挥过一个观点，认为社会同人一样，都有新陈代谢，英文里边叫做 metabolism。我为此专门创制了一个名词，叫“社会继替”。社会自身的发展，要求人口不断地再生产。新的进去，老的退出来。退出来的过程中，有一个老而未死的阶段。在这个阶段上，他会想一个问题，即个体受到生物体的限制，不能再活下去了。这是上帝决定的。中国人叫“命”。天命如此。到这个时候，人会感觉到，有个东西在自己死后还会继续延长下去，这就是人文世界。想到这一点，会产生一种感觉，想再做点事情，留点影响给身后的世界。

我在1995年之后，开始考虑这个身后之事。想到的具体要做的事情，是写我的反思文章。站在现在的位置上，回头去看去想自己思想的来路和过程，看看这套想法是怎么来的。我想自己大概还有几年的时间，能用来回头看看自己写过点什么，为什么这么写，写得对不对，自己做点反思，进行自我批判。也就是要自己看自己。后来我又写过一篇文章，题目是《我看人看我》，意思是看看人家是怎么看我的，看看我写的文章起了点什么作用。这事情很有趣味。大家到了我这个年龄，可以试一试。自己看自己，批评自己，再看别人怎么看自己、批评自己，不仅有趣，而且可以有启发。通过这样的思考，可以对问题看得深一点。

我怎么去进行反思的呢？一个办法，是在我的老师身上做文章。思想有它的来源的。我学的这套东西哪儿来的呢？我的思想哪儿来的呢？应该说是从我的老师那儿来的。我的几个老师当中，第一个影响我的是吴文藻先生，第二个是潘光旦先生，然后是三个外国人，一是Park，二是Shirokogorov，三是Malinowski。作为学生，我从这些老师身上得到些什么呢？关于吴文藻先生，我写了一篇文章，叫《开风气，育人才》。他在中国提出来了两个重要思想，一个是社会学中国化，一个是把人类学和社会学结合起来，运用人类学的方法发展中国的社会学，从实际调查中出思想，出理论。潘先生对我影响比较重要的思想是“两个世界”，一是人同物的关系的世界，一是人同人的关系的世界。我在潘先生思想的基础上提出了“人文世界”这个概念。我这个概念是从潘先生的思想里边来的。

对人文世界怎么理解呢？这个话要说得远了，意思也深了。太史公司马迁写《史记》，是承父命。他的父亲要他做的事情，总起来讲是两句话：一是究天人之际，二是通古今之变。“天人之际”是什么意思呢？可以有不同的理解。我的理解是，天是指自然世界，人是从自然界里边发展出来的，天人之际就是人在这个自然世界里边处的地位。人是自然世界的一部分，不是天外来客。人逃不出这个客观的自然世界，但是人有能力可以利用这个自然世界来创造一个人文世界，用人文世界来利用自然以取得人的生存和发展。这使人既是自然世界的一部分，又是自然世界的对立面。Malinowski 的一个关键思想是，文化是人造的东西，是为了人的需要而造的。在自然界里边，从没有生命的状态里出现了生命，又从生命里边出现了文化。这个过程到现在还没有完，还在进化，还在发展。连起来看，就是历史。要弄清楚这一套，就需要究天人之际，通古今之变。这也可以说是中国人历来做学问的基本内容。人的知识，大概就是从这一“究”一“通”当中来的。根据我的理解，人类学、社会学的目标，也可以表述为“究天人之际，通古今之变”。这个话，古人早就说清楚了，但是我们到现在还没有通，还不大明白。

我现在确实感到时间不多了，力不从心了。Raushenbush 写的《派克传》传的最后一章题目是“So Little Time”。时间之少，生命之短，到老才体会得真切。现在我真是觉得整天想问题都来不及，更不用说把问题想明白再写出来。

我在反思的时候，先回到自己老师那里。这一来，我发现自己对几个老师的东西都没有吃透。要真正理解上一辈人并不容易。最近我在看什么书呢？讲讲也许很有意思。我在看几本传记。陈寅恪、顾颉刚、傅斯年，还有钱穆，这些人的传记很吸引我。他们是我的上一辈人。我想看看他们一生关切的是什么问题，他们这代人是怎么过来的，这里边很有意思。顾颉刚是我的同乡，尽管相差一代，他所处的文化背景，和我的还有很大相同之处，所以他讲的话我很熟悉。从传记里边看到他的很多苦衷，我很能体会其中的原因。我看这些人的传记，是想争取多懂得他们一点，也是想多懂得自己一点。

在我的老师里边，中国的老师，只是差了一代，理解他们就不大容易了。外国老师理解起来就更不容易。Shirokogorov 写了很多东西，我也看过不少，可是到现在我还不能说自己懂得这位老师。我跟他学体质人类学，他对我影响很大。这种影响从当时一直持续到现在。十年前，我提出了“中华民族多元一体格局”，觉得是自己的发明，还很神气。现在一看，Shirokogorov 早就讲了。今天我把这个话说明，这是 Shirokogorov 影响我的学术思想的一个例证。

我从去年暑假开始，看 Malinowski 的一本书，*The Dynamics of Culture Change*。我好好读了一遍。我应当说明，这是 My teacher in my eyes，只是我眼中的老师和他的想法，是我的理解。这本书对我的影响很大。我从这本书里边看到了 Malinowski 学术思想的具体变化和发展。他最早成名的著作和他早年的文化理论，是从他参与 Trobriand 土人的实际生活里边出来的。Trobriand 那个地方，有点像中国的陶渊明在《桃花源记》中描写的那个样子，是个孤立的、封闭的、静态的文化。Malinowski 确实是很深入地理解了 Trobriand 岛民的日常生活和情感，从中看出来了文化表格，即文化的结构，写出了《文化论》。后来他到了伦敦，做了教授，就不同了，他不再到 Trobriand 去了。他要考虑下一步怎么办，人类学往哪儿去。他后来接触到了非洲殖民地上土人的情况，看到当地的原有文化快要被西方殖民主义破坏尽了，他心里不舒服，对殖民主义这一套很反感。他希望还能保留住原来的本土文化。Malinowski 当时的心情，可能跟我在 1957 年时候的想法有点类似，想凭借自己的知识去改造天下，像唐吉诃德。他热心于应用社会学，想改造殖民主义，为殖民地的人民做点好事。这与总的形势是冲突的，成了个不可能实现的梦。想靠书生去改变它也是劳而无功的。但是在这一段经历当中，Malinowski 却看到了一个正在发生文化巨变的社会，看到了文化变迁的现实，这使他后来写出了《文化动态论》。这是人类学历史上的一个很大的转折，从静态的分析转向了动态的研究。他把这个转折作为一个人类学的大题目，认为新的人类学必须以对变动中的文化的研究作为自己的主题。他明确地提出了这个主题。可是人生有限，他没有机会由自己来完成这么一个主题的转折了。

Malinowski 的学术思想，始终没有离开他所接触到的实际。实际是静态的，他的思想也是静态的。实际发生变化，他的思想也发生变化，他的理论也发生变化。我们看书不能不看人，要看是谁写的，什么时候写的，为什么这么写的，为什么有这套思想。弄清楚这些，才能理解作者，懂得作者。Malinowski 在人类学上的贡献，就是实现了从书本到实地调查，从静态研究到动态研究，并倡导从对野蛮人的研究转向对文明世界的研究。

今天的人类学、社会学的主题又是什么呢？这是我们大家都很关心的问题。我想，要回答这个问题，必须先看清楚我们现在处在一个什么样的大环境里边，看清楚全人类的文化是在怎么变化，这样才能看到我们努力的方向。也就是说，先要定好位，才好往前走。这里边的意思，还是我反复强调的一条，不能脱离实际，要坚持从实求知。当前最大的实际，就是人类社会从 20 世纪向 21 世纪过渡时期的文化变迁。

1989 年，我参加过一个国际儿童教育方面的学术会议。我在会上说，在儿童教育方面，当前要做的最重要的事情，就是为他们准备一个能适应 21 世纪人类生活的脑筋。21 世纪会是个什么局面呢？这个话要从 20 世纪说起。我曾经用过一个比喻性的说法，说 20 世纪是一个世界性的战国世纪。意思是这样一个格局中有一个前景，就是一个个分裂的文化集团会联合起来，形成一个文化共同体，一个多元一体的国际社会。我觉得人类的文化现在正处在世界文化统一体形成的前夕。要形成一个统一体，而又尚未形成。要成而未成的这样一个时期，就表现出了“战国”的特点。这个特点里边有一个方向，就是多元一体的世界文化的出现。我们要看清楚这个方向，向这个方向努力，为它准备条件。如果不是这样，而是老在那儿打来打去，不知道什么时候什么人发了昏，扔个原子弹，毁灭整个人类社会，即使人类没有全部毁灭，文化也得重新再从头创造一遍。我们要避免人类历史的重新来一遍，大家得想办法先能共同生存下去，和平共处。再进一步，能相互合作，促进一个和平的共同文化的出现。这个文化既有多元的一面，又有统一的一面。

我虽然是看不到这一天了，但是可以想像天下大同的景象，而且还想通过现在做的事情来影响这个鼓舞人心的前景。所以，我还在想身后之事。不能说我快死了，看不到那一天了，就跟我没什么关系了。中国人不这么想问题的。我虽然快死了，文化还存在，人类还存在，地球上的人还得活下去。活下去就会碰到这个问题，就得想办法解决这个问题。我们有责任为后来的人们想想问题，做点准备。怎么准备呢？要形成一个世界文化统一体，首先要知道世界上有多少个文化集团，每个文化集团是什么样子，和平共处的关键在什么地方。思考这些问题时，可以回到 Malinowski 那里去。他在《文化动态论》中得出一个值得我们发挥的结论：人类必须有一个共同的一致的利益，文化才能从交流而融合。这个结论很重要，是他从非洲殖民地上看出来的。换句话说，殖民主义不可能解决文化共存的问题。我们中国人讲，以力服人为之霸，以理服人为之王。霸道统一了天下，也不能持久，王道才能使天下归心，进入大同。维持霸道的局面，可能最后会导致原子战争，大家同归于尽。我希望避免同归于尽，实现天下大同。所以我在 80 岁生日那天提出这样的四句话：各美其美，美人之美，美美与共，天下大同。

1998 年 6 月 15 日于北京大学

对文化的历史性和社会性的思考

两年前召开第七届“现代化与中国文化研讨会”时，我说那可能是最后一次参加这个系列的会议了。这次召开第八届会议，证实我的那个预测并非准确。不过，坐在大家面前，我今天感觉依旧：个人生命的短暂与文化传承的久远令我这个即将谢幕的老人觉得时间迫切；能在这样的学术盛会上述说一点自己的体会，也许是使个人短暂的生命得以融会于久远文化的好方式。

与会的同人都能了解这个研讨会的渊源。我在回顾初次聚会至今的这 20 年时，更觉“逝者如斯”的压力。转眼即逝的时间，使求知者深感需要的时间是永远不足的。以我自己一生学术工作的全部来说，我所面对、所思考并为之奔波的，可以用这个学术研讨会那看似简单的题目来表达。从上个世纪 30 年代算起到今天，我已经耗费了六七十年的光阴来追求的，就是在“现代化与中国文化”这个课题的领域里做了一点工作，提出了一些问题。不能说取得了什么成果，我只能说，自己在个人的学术生命中，做了自己力所能及的事。过去这 10 多年来，我逐渐从 80 多岁变成了 90 多岁。我常想到应当在还活着、还能进行脑力劳动的日子里，赶紧把过去已经写下的东西多看看，反思反思，结结账。从 1993 年开始一连写了好几篇比较长的文章，都属于“算旧账”的回顾与反思。请允许我在这里再次将自己过去所做的思考，继续做这个自认为必要的工作。

从我这代人的老师辈开始，现代化与我们自己的文化之间的关系，一直受到包括我在内的中国知识分子的密切关注。21 世纪初期的两三年时间里，这一关系，以新的形式重新在世界上产生了重大影响。为了迎接这个新的世纪，展望文化研究的重要意义，几年前我提出了“文化自觉”的说法，认为中国知识分子应主动承担起认识自己的文化及其定位、认识不同的文化及展开跨文化对话的任务。去年，在南京大学创立 100 周年纪念会议上，我就《文化论中人与自然关系的再认识》这个题目谈到了自己在这方面的一点思考。在那篇文章中，我讲到不同文化对处理自然与人之间关系提出的不同看法。有鉴于西方文化中“天人对立”的世界观对现代世界的影响，我触及了有关当代世界里文化价值观应当调整的问题，认为要消除这个时代所给人们带来的文化矛盾，就有必要深入看到西方“天人对立”世界观的局限性，而要做到这一点，我们又有必要避免与“天人对立论”关系至深的个人中心的方法论，从历史性和社会性上来探索和理解中国文化的特色。在今天这个场合，我愿意不揣粗陋地把自己对问题的想法再度提出来供大家讨论。

一

一个世纪以来，研究非西方文化的西方人类学家，已经关注到亚洲、非洲、拉丁美洲、太平洋地区文化的历史性与社会性了。而且，文化的历史性与社会性在中国文化中体现得特别浓厚。中国地大人多，地处山海之间，有辽阔的平原，从早期的渔猎社会发展到农业社会，乡土性特别浓厚。过去人们认为，黄河流域是为中国乡土社会的形成提供了最早的土壤。我去看过浙江的河姆渡，考古学家说这个遗址代表了长江三角洲文化，已有 7000 多年的历史，而太湖周围的良渚文化也有 5000 年的历史，看来都已相当发达。特别是以农业为主，耕种已用犁，种的是稻谷，会纺织。考古学研究证明，南方地区的这两个文化类型，有了一定的经济基础，是已定居了的乡土文化，衣食住行的基本条件已经达到一定水平了。可见，浓厚的乡土性，广泛存在于中国南北方辽阔的大地上。

乡土社会的经济基础稳定，以农业为主，自给自足，生活方式也有自己的一套，所以延续了几千年，多少代人生活在稳定的历史继承性中。这种特殊的历史性，也表现在我们文化的精神方面，自孔子时代起，倡导人文关怀，不关心人死后的灵魂归属，而关心现世生活。这不是说，中国人不在“死活”之间寻找关联性，而是说，我们不像西方人那样把死人与活人分离开来，放在分离的时间和空间里，而试图在二者之间找到与现世生活有关的连续性。

中国文化的注重历史性，要从亲属制度说起。中国是一个有祖宗和有子孙的社会，个人是上下、前后联系的一环。我在写《生育制度》时，已强调了这个特点，我曾有意指出，中国文化的特点之一正在于这种将个人纳入到祖先与后代的历史连续体之中的做法。那个时代，在比较中西文化中获得显著成就的梁漱溟先生，已从宏观的角度探讨祖先崇拜与基督教一神信仰之间的差异及其社会效应。已故的人类学同人许烺光在《祖荫之下》这本书里，用来自民族志的资料论说了中国人生活中祭祀祖先仪式中香火延续的观念及它代表的亲属制度的历史性。这些论述让人想到，过去的中国人，为什么不需要宗教。他们用祖宗和子孙的世代相传、香火不断的那种独特的人生观为信仰，代替了宗教。对我们中国人来说，生命是时间里的一个过客，在时间和空间里有一段属于个人的份额。但它并非是个人性的。个人首先是一个生物体，但更重要的是与文化有关系的三个不朽，即所谓立德、立功和立言。也就是说，文化是人创造的，人不是简单的生物体，因为没有他创造的文化，也就没有人自己。从一定意义上讲，人得以不朽，是因为他能立德、立功、立言，从被社会承认、对社会做出贡献、对社会关注的问题做出自己的阐述，而得到超越个人生物体的生命。

在中国文化中，文化在这个特殊意义上具有的历史性，又紧密地与文化的社会性相联系。人生在一个集体中，一个所谓的“社会结构”中。出生后要在社会中从幼到成年，变成社会人。所谓“进入社会”，就是接受一套已先于他存在的文化体系。人生出来就被纳入集体的社会中。人要共同生活，人与人要相互认识，要心心相印。这共同的一套就是这个社会的文化内容。如果已有的文化内容不能适应客观的变动，文化里就要出现新的东西。生物人的成为社会人，是靠“学而时习之”，靠模仿，对模仿不满足后，就要创造，个人的创造为社会接受后，改变为集体的东西，就超越了个人，成为集体的和不朽的文化。在中国文化里，文化本身是变的，不可能永远复制上一代的老框框。文化是流动和扩大的，有变化和创新的。个人是一个文化的载体，但也是在文化的不断创新中成为的变体。个人与个人可以有心灵沟通，这种沟通产生的效果，不单是两个个人之间的关系，而是个人进入集体创造成为社会的共识，个人进入社会创造文化的过程。

像“天人合一”一样，个人生物体—集体—共识（包括语言、意义、反应），即人—社会—文化，在中国文化里是重要的连续体，而非各自区分的主体与客体。中国传统文化里强调一个重要的道理，即文化只是作为一个环节，本身要维持，也要创新。文化也可以说是出于一个个人生死的“差序格局”。人不会同时死，各人的生死是先后参差不齐的，但活着的与死去的有共同的文化联系。个人在一生中的立德、立功、立言，是非个人的，但却是出于个人作用而进入了文化体和社会体，因而不朽。文化如果不为社会所接受就留不下来，文化的沟通、传播靠语言，进而靠文字，语言也有规律，忘记了可以破译出来，得到复兴和再生。像考古学家做的工作，就是这种文化的破译和再生。文化有自己的历史，本身有历史的继承性，是有着自身的发展规律，体现在一般所说的“民族精神”上。强调历史，是希望通过个人的关怀来实现文化的关怀。祖宗和子孙之间是一个文化流，人的繁殖指的不仅是生物体的繁殖，也是文化的继替。

二

中国人从实践中获得对人在文化继替中获得社会性的看法，因而长期以来也成为中国人实践的内核。文献说“予以四教”，就是说孔子在四个方面展开他的教学工作，包括：文、行、忠、信。“文”指历代文献，“行”指社会生活的实践，“忠”指对他人的忠诚，“信”指与人交际的信实。孔子说自己好古，“古”对他来说却不只是历史学意义上的史实考证，而是象征一个文明秩序的理想。在实践的一个层次上，这种文明秩序，具体表现在文、行、忠、信这四个人的教化的方面上，这四个字基本上也就体现了我说的文化的历史性与社会性。

孔子是一个伟大的思想家，他总结的，恰是这个在上古时代逐渐成型了的文化意义体系。在更高的一个层次上，文明秩序又特别表现为“礼”。“礼”这种东西，不等同于一般讲的法律和规则，它以“和为贵”，就是以做事的恰到好处为上。但“礼”并不是不讲规则，它本身是一种通过生活实践来造就的秩序，所以有“礼节”，就是做事的恰到好处的方式。“礼”当然是对个人自由的一种干预。可是，传统的中国人受到“礼”的节制，并没有像西方人那样觉得不愉快，而是想“小大由之”，通过大事小事对“礼节”的遵循，来成就以“义”为中心的君子社会。所以，以“礼”为中心的文化论，主张“克己”，就是抑制自己。孔子说，“一日克己复礼，天下归仁焉”。

从秦汉到清末，中国文化对于生活的阐释，一样深刻地影响到中国人的政治活动和社会治理。在上古时期，有“礼不下庶人”之说，那时的“礼的秩序”被看成是社会中的上层享受的文明程度。随着历史的发展，一代代知识分子对“礼”的这种社会局限性进行的反思，到宋明时期已将它改造成为一种可以“化人文”于天下的文明秩序了。生活在晚古时期的中国人定能知道，“礼”、“仁”等概念代表的那种文化论，已是赋予我们人和生活意义的观念，作为一种深潜在中国人日常生活中的文化，早已积淀成人们司空见惯了的生活方式了。生活在这种生活方式的我们，如果没有暂时将自身纳入与其他文化的比较中去看待问题，对于这个生活方式中蕴涵的文化意义，恐怕不会有那么清晰的认识。

三

人们时常将现代化与传统文化当成相互矛盾的两方来看。其实，“文化自觉”正是在追求现代化的 100 多年的历史中开始产生的。

过去的 100 多年里，世界发生了重大的变化，在变化的世界中，我们面临原来很少遇到的问题。我在上次研讨会时说，经过“三级两跳”，中国社会从乡土社会进入工业化社会，再从工业社会进入信息社会。所谓“信息社会”，包含着人与人在“信息”间关系的根本变化。以电子产品为媒体，来传递和沟通信息、逐步改组工业生产、商业贸易，甚至组织政府的治理工作和全部社会生活，带来了对传统人文世界的猛烈冲击。从工业化到“信息化”，都先发起在西方，与自然科学和技术的发展有着密切的关系。从 19 世纪到现在，过去我们所说的“现代化”这种现象和过程对整个世界的影响是巨大的。许多来自西方的人类学家承认，现代西方文明代表一种强大的历史断裂性，作为一种不断否定历史和生活的社会性的力量，作为一种被人类学家称作“热的”、“动态的”社会模式，冲击了许许多多像中国传统文化这种注重在历史的连续性中创造文化的“冷的”、“持续的”社会模式。

文化研究里提出的这种对世界人文秩序新变化的形容，应该说还是贴切的，它也能解释“热”与“冷”社会之间在相互比较中产生的自我认识。我这代人开始学习人类学和社会学时，西方知识界已经开始出现了一种站在西方的“他者”立场上来反省西方现代文明的做法。我自己的老师之一马林诺斯基就曾写了不少论著，阐述他自己的文化论，基本上就是将不同的文化放在它们自己的生活世界里考察，否定19世纪古典人类学将非西方文化当成“落后文化”的做法。

马老师的文化论虽然也有它自己的局限性，但是却从一个值得我们继续思考的角度，提出了对世界范围内“主流的”西方现代文化的反省。产生于西方学院氛围内的功能论，难以彻底摆脱西方认识论的限制。马老师说，所有的文化都是满足人的需要的工具。这一论说，遭到了后来的人类学家的批评。批评者认为，这是工具主义文化论，意思是说，马老师采取的解释方式，正好符合西方文化的人与物、目的与工具的区分框架。如果说马老师的论著存在这样的问题，我也认为，这是在不自觉中造成的。他的本意，是要指出，影响、冲击、改变着整个世界的西方文化，不能简单地将自己当成惟一具有实际意义的文化形态，而人类学家的使命，就在于指出非西方文化中那些表面上与征服自然的目的距离甚远的形式，也是从当地的生活中陶冶出来的合理做法。可见，虽然有人指责马老师具有极端“反历史”倾向，但是他所反对的历史不是我上面说的历史继承性，而是在他的人类学出现以前大量的西方中心主义的“台阶式”历史观。从他的论著里，我看到一种对非西方人文世界的历史和现实作用的尊重。

马老师代表的一代人类学家，开创了西方“文化科学”的新时代，今天人们一般用“现代社会人类学派”这个概念来称呼那种具有鲜明的反对西方中心论态度的文化学派。这些年来，我在补课时重新阅读了一些书籍，写了不少札记，看到了西方人类学在过去数十年中逐步寻求文化良知是一种可贵的努力。然而，在这以前，情况却有所不同。

请允许我把时间推得比 20 世纪初期更早一些，来看看此前西方人对中国文化的评论。必须承认，在欧洲启蒙运动时期，欣赏中国文化，试图在中国文化中寻找欧洲文化革新的道路的知识分子是有的。可是，我们不能忘记，从 18 世纪开始，随着中西文化接触的增多，随着西方世界性扩张进程的展开，西方对东方的蔑视态度也变本加厉。在明代，来自欧洲的传教士要在中国文化的土壤上落脚，还要特别注意学习儒士的礼仪。即使是到了英国马尔噶尼使团在清初访问中国时，还要接受清朝皇帝的要求，屈膝表示“来朝”，并将自己纳入中国朝廷的“宾礼”来“朝贡”。到后来，西方人的这种“文化虚心”，随着他们的军事和经济实力的增强而锐减。罗马教廷从 18 世纪到 19 世纪一直怀疑中国人的“礼”是否符合文明社会的规则，在教廷内外展开频繁的“中国礼仪之争”，讨论中国祭祀祖先的礼仪是否符合教堂的规则。到了 19 世纪中叶以后，生物进化论在西方社会思想中逐步获得了支配地位。不少西方知识分子用生物学家在生物进化的历史研究中得出的结论，来给西方与非西方作文化的历史定位。这时，中国被列入“古代亚细亚社会形态”来研究，我们的文明被变成西方人认识人类的古代史的例证。在西方中国观的演变过程中，中国文化作为一个对象是变幻不定的，但演变有一个值得注意的轨迹：它从一个被基督教争论的“风俗体”，转变成了被社会科学家关注的长期停滞在“古代亚细亚社会形态”中的国度。

涉及到中国的西方式东方学、世界史和社会科学研究，有些具有更多的人文学倾向，有些深受自然科学概念的影响，但它们的总体趋势是迫使中国文化面对一个被物和工具支配着的世界。从清末开始，维新运动在中国历史上冒了头。起初，引进西方文化，让我们的国人看到物和工具的重要性，是一个重要的步骤。那时比较流行的句子是“中学为体，西学为用”，士大夫还是“犹抱琵琶半遮面”地对待能补充中国文化的“用”。但思想的门户一旦打开，西方文化就势如破竹地冲破了重重障碍，到 20 世纪的前 20 年，逐步以德先生（民主）和赛先生（科学）的形象，在中国知识界得到广泛的接受以至推崇。

在上个世纪的上半叶，对中西文化的比较是中国知识分子热衷讨论的话题。有关中西文化的关系，出现了“全盘西化”、“文化守成论”及“折中论”等观点。但随着新学的推广，现代文化逐步在中国大地扎下了根。

四

我受的教育就是从当时的新制度里开始的，上的是所谓的“洋学堂”，它是针对科举制度下的私塾制度而设立的，是从西方国家经过日本传入的，它使我这一代人从童年起就接受学校教育，参与同代人的集体生活，读的课本也不再用旧的，如《论语》、《孟子》这样的经典著作。我从上世纪 30 年代投身到学术领域里，进入社会人类学这门学科，特别留意自己的传统文化的走向，立志追随老师吴文藻先生，以引进西方社会人类学方法来创建中国社会学为志向，具体说就是用近代西方社会人类学的实证主义方法，注重从看得见、摸得着的客观存在的事物中探究文化的实质。

以我个人受到的教育而言，具有重引进西方文化的家学传统，后来学习西方式的社会人类学和社会学，积累成一种“务实求新”的习惯，采用的实证主义方法论，说到底反映了西方文化中对生物性的个人的重视。我从马林诺斯基老师那里学来的文化论，重视衣食住行的整个生活体系的研究，强调人力改造自然世界从而得来人文世界。这个文化论中所谓的“文化”，就是“人为，为人”四个字，指文化是人创造出来为人服务的设施，而这里的“人”特别指看得见、摸得着的个人。在上个世纪前期，中国文化需要改革和发展，这是人类发展的规律所决定的，而且是在中国对外关系的摸索历史中逐步产生出来的。那时开始的文化变革的潮流，要“务实求新”，重实际和创新，在文化价值论上补充了传统文化只重人不重物的缺憾，同时，与其他的潮流一道，特别强调“己”——个人的自由度。

到今天我仍然相信，“务实求新”应是现代知识分子保持的志业。倘若从事社会科学研究的人不能从实际生活的参与中去观察，并从中延伸出自己的看法，对人类知识的积累有所贡献，那么，他的研究意义何在，我们就很难判断了。然而，“务实求新”者，却不能抛弃他本应重视的观察和认识方式的反思。就“人为，为人”的文化论来说，我看到它在抵制19世纪西方社会进化论的同时，舍弃了达尔文重视的人是自然世界的一部分的想法，将人与自然简单对立起来进行二分法的处理，用功利主义的态度将人与物完全区分开来，且将人定义为个人生物体而非历史和社会的存在。令人深感遗憾的是，这样一种缺乏人的文化历史性和社会性的观念，随着“全球化”步伐的迈进，已经扩散到世界各地，成为一种被认为是普遍的生活信念。

我个人对于“全球化”这个概念并不反感。人类终归是共同享有一个地球的，未来挑战人类的可能不是人类自己，而是太空。况且，“全球化”这个概念包含一个与以往的帝国主义支配不同的主张，它欢迎不同的文化来参与制订其趋势、影响其发展。然而，我们不能就此简单地认为，“全球化”是过去十几年二十年里才兴起的，也不能简单地相信，这一潮流必将推出一个国家、民族、文化之间“美美与共”的“天下大同”局面。

“全球化”实际延续了自19世纪就已经开始的、广泛的世界性文化接触，而且接触中的各方力量仍是不平衡的。更重要的是，过去的100多年里发生的许多事件，本来应当引起处于优势的文化的自我反思，但那些实际上应让全世界的人们惊觉的事件，实际却没有引起各方的充分关注。同样遗憾的是，虽然在频繁的文化接触过程中，不同文化之间的差异，已在旅游业和一般的文化产业中得到尊重，整个世界的主流中，“天人合一论”的影响也越来越普遍而深入，但是在今天世界上那些“以暴易暴”的做法，还是在起着它们的作用，备受具有“征服世界”野心的势力的青睐。在这样一个曾经被我形容为“世界性的战国时代”的20世纪，人被从狭小的社区中“解放”出来直接面对逐步强大的现代国家，这是从一种制约进入另一种制约的过程。我看，在21世纪里，人被从国家中“解放”出来而面对整个世界，也不能说是一个大飞跃。

地球上势力的不平衡，仍然还是人类在未来的漫长岁月里必须承受的负担。更值得关注的是，那种以“已”为中心来看待人，以“天人对立论”来看待世界的看法正在得到“全球化”。在这样一个时代，人文学和社会科学面对着一个新的挑战：怎样为确立文化关系的“礼的秩序”做出贡献？我仍然相信社会科学要“务实求新”，也相信在回答这个问题时，“务实求新”的追求能得到充分的表现。

五

这些年来，在重读旧著和补课学习的过程中，我意识到西方学科发展历程中存在着值得我们思考的问题。最近出版了一本我写的，书名为《师承·补课·治学》的书中有一篇文章，讲到派克老师如何成为社会学家和美国社会学是如何发展起来的。派克摸索追求社会学的“科学化”，研究人同人的关系问题，这是第一次世界大战后的事情。美国对人与自然界的物的科学认识要早一步，物理、化学、生物科学，尤其是生物科学很发达，而那时人类学与社会学分不开，要研究人，再研究社会，再研究文化，文化的问题是人与物如何相处中发生出来的。大部分优秀的西方社会科学家认为，研究人不能将人的生物性、自然面与他的社会性和文化性割裂开来。然而，由于西方认识论长期坚持“天人对立”的看法，因此造成自然科学与社会科学的分离状态。于是，对面临着的问题，派克曾多次表示，社会学缺乏对于“符号”和“心灵”的研究，就不能成为科学。为什么当时的社会学缺乏派克有志于研究的那些东西呢？根本原因还是“天人对立”的看法在起作用。“天人对立论”造成人文社会科学发展的知识门类的割裂状态。新一代的社会理论家已经意识到，19 世纪以来，被割裂了的人文社会科学知识与西方国家的内部治理及国际政治有着密切关系，它的两个重要特点，一个是知识的学科化，一个是理论的“西方中心论”。他们还看到，要想克服人文社会科学自我局限和“西方中心论”，需要大大地依赖于综合性的文化论和复杂理论的发展。

在西方社会科学发展的历史过程中，自然科学从研究物当中提出的概念，长期以来支配着社会科学的研究。最早的西方社会学，被称作“Social Physics”，意思就是所谓的“社会物理学”，就是要运用物理学的办法来研究人文世界。像今天仍被广泛采用的“结构”一词，就与物理学有着密切关系。从 19 世纪以来，生物学也不断地在人的研究中占据了主要地位。在人类学中，体质人类学的研究对生物学以至遗传学原理的搬用，是广为人知的。在社会和文化的研究中，像“社会肌体”、“文化肌体”等概念也曾充斥西方学界的论述。我不反对自然科学原理在社会科学研究中的运用，我的意思无非是说，在西方社会科学研究里，这样长久地用研究物的办法来研究人，有它的文化的历史基础。我说过，“物尽其用”是西方文化的关键词。听起来“物尽其用”这句话给我们一种特别的人本主义的感觉，因为其中的主体是人，客体是物。实际上，正是在这样的主客分离的关系中，西方认识论片面地强调了人与自然的对立。如果说马林诺斯基老师的文化论有什么问题，那么，问题也正是在将人与服务于人的物（工具）对立起来。

随着西方文化对世界影响的增强，在日益现代化的今天，以“天人对立”的世界观来认识人及其生活，对人的生存方式产生着越来越大的影响。与此同时，在人类进入 21 世纪时，世界碰到了文化融合问题，不同的文化要碰头了。在文化的碰头会上，不同的文化如何保留自己的特点同时开拓与其他文化相处之道，这个问题需要引起更广泛的关注。在过去 100 年的历史进程中，我们对自己文化的认识和把握，不能说不存在问题。在现代化的过程中，失去对自己文化的信心，并因此对时势做出与民族利益相矛盾的判断与选择，是必须引起我们关注的大问题。这个仍然属于文化研究范围的大问题，在东西文化接触后就出现了，是在清朝末年中国与西方文化接触后明确地提出来的。

六

在新的世纪里，许多切合实际的问题提出来了，但是需要更多的人关注和研究。我希望新的一代人能继续接好接力棒，这不是一代人的事情，而是需要两三代人的努力。从孔子到秦汉以来，我们忘了“物”，从清末开始，却逐步出现“见物不见人”的趋势。在 21 世纪里，时代需要一种重视人与物结合的人文思想。在过去的 10 年里，我花了一些精力来思考这个问题，提出了一点一己之见，在这里再次提出，希望得到大家的讨论。

1993 年我在第四届“现代化与中国文化研讨会”上发表了《个人·群体·社会》一文，以我一生的学术经历对这个问题做了理论上的反思。我列举了对“社会”的两种不同看法：一种是把社会看作众多个人的集合，活生生的生物人是构成群体的实体，一切群体所创制的行为规范，以及其他所谓“文化”等一切人为的东西都是服务于个人的手段；另一种看法却认为群体固然是由个人聚合而成，但是形成了群体的个人，已不仅是一个个生物体，或称一群生物人，而且还是一个有组织的群体里的社会成员，或称社会人。生物人是社会的载体，而社会本身才是实体。

后面这种把社会看成是比生物群体高一层次的实体和前面那种只把社会看成是个人在群体中学得生活手段，理论上说是两种不同的看法。我在生活和研究实践中接触到了这两种看法，并且在不同时期有过不同的体验和认识，但一直没有机会做系统的思考。1993 年那次“自我思考”相当于自己一生学术研究思想的阶段性总结。我在文章最后谈到了对潘光旦先生“中和位育”的新人文思想的归纳，表明了我现在的看法。这我在上面已经谈到。当时这一认识使我进一步强调社区研究必须提高一步，不仅要看到“社会结构”，而且还要看到群体中活生生的人，也就是我指出的心态研究。同时我想到我们中国世世代代这么多人群住在这块土地上，经历了这么长的历史，在人和人“中和位育”的故训指导下应当有着丰富的经验，这些经验不仅保留在前人留下的文章里，而且还应当保存在当前人的相处的现实生活中，应当好好地发掘和总结。

1995 年我在北京大学社会学人类学研究所主办的“社会文化人类学高级研讨班”上发表了《从马林诺斯基老师学习文化论》的讲稿，在讲稿里我着重指出马老师的《文化论》中我认为比较重要的观点。把文化看成是一个由人类自己对自然世界加工创造出来为人类继续生活和繁殖的人文世界，是马老师文化论中的一个基本见解。人是自然的产物。人这个自然的产物通过对其他自然产物的加工，制造成了个人文世界。这个加过工的世界虽然和原来未加过工的自然面貌有所不同，但仍是自然的一部分。我觉得马老师对文化的基本看法实质上是和达尔文的生物进化论一脉相承。其重要之点就在把文化和自然的“缺环”连接上了。这就是把文化作为物质、社会和精神结合一体的基本看法。把人文世界拉回到自然世界，成了个能实证的实体。我在文中也谈到这个文化论的观点在我们东方早就有了。

与马老师齐名的人类学大师拉德克利夫 - 布朗曾说，社会学的老祖应当是中国的荀子，他提醒我们，在我国的传统文化里有着重视人文世界的根子。这位自称为社会学家的人类学家认为，人文世界中最大的创造是社会，而这一点在古老的中国传统里头已经得到充分的论证。从一方面看，拉德克利夫 - 布朗在引用荀子的论述中，让社会人类学进一步接近了我这里说的文化的社会性。但是从另一方面看，他本人时常引用“结构”这个概念来形容社会，也不自觉地沿用了“社会物理学”的做法，只是在后来论述“礼仪”时，更多地采纳了中国文化的观点，但不够系统。

西方文化从重视自然世界的这一方向发生了技术革命，称霸了 300 多年。人文世界必须要依托自然世界，那是不错的。但是，只看见自然世界而看不到人文世界是危险的。为了说明这个观点，1997 年我在北京大学社会学人类学研究所主办的“第二届社会文化人类学高级研讨班”上提出了“文化自觉”的看法。我感到“文化自觉”是当今世界共同的时代要求，它并不是哪一个个人的主观空想。有志于研究社会和文化的学者对当前形势提出的急迫问题自然会特别关注，所以我到了耄耋之年，还要呼吁“文化自觉”，希望能引起大家的重视，用实证的态度，实事求是的精神来认识我们有悠久历史的文化。不重视历史的后果在人类进入 21 世纪时已经得到教训。

文化自觉是指生活在一定文化中的人对其文化有“自知之明”，明白它的来历、形成过程、所具有的特色和它的发展趋向，不带任何“文化回归”的意思，不是要“复旧”，同时也不主张“全盘西化”或“全盘他化”。自知之明是为了加强对文化转型的自主能力，取得决定适应新环境、新时代对文化选择的自主地位。文化自觉是一个艰巨的过程，首先要认识自己的文化，理解所接触到的多种文化，才有条件在这个正在形成中的多元文化的世界里确立自己的位置，经过自主的适应，和其他文化一起，取长补短，共同建立一个有共同认可的基本秩序和一套与各种文化能和平共处、各抒所长、联手发展的条件。

“文化自觉”这个概念，表达我的一个愿望，是我一直想认识的中国文化的特点。要认识和把握自己文化的特点，就要考察我们文化中的“天人观”的独特性及其对世界上不同文化的和平共处可能做出的贡献。去年我在南京大学百年校庆时发表《文化论中人与自然关系的再认识》一文，说到东西方的“天人观”存在着重大分歧。西方的“天人对立论”在当今世界上与利己主义的文化价值观结合，对全球的大众生活产生了深刻影响。从以往的历史看，这种观点曾在西方文化取得世界文化领先地位的事业中立过功，在许多非西方民族的现代化建设中也曾起到推动作用。但是到了目前，我担心它走上了另外一个方向，如导致生态问题和文化关系的紧张等。我个人认为西方文化在强调人利用自然这一点上是有别于东方文化的，这个差别同时也折射出中国“天人合一”传统精神的重要性。我没有上过私塾，后来对东方文化也缺乏基本的训练。90 岁以后才开始补课，其中列入补习范围的有中国文化史。这门艰深的学问对我来说十分陌生。我在开始注意到它之前将近半个世纪里，采纳的学术研究方法是西方实证主义的社区调查方法。上世纪 90 年代开始“反思”，逐步发现来自社会人类学功能学派文化论的民族志方法，使我认识到我没有达到马林诺斯基老师对我提出的“文明社会的人类学”的期望。为了补上“文明”这一课，我补读了一些社会学理论，也初步涉猎了文化史论著，注意到我故乡邻县无锡出生的钱穆先生的著作，特别是他对儒学和东西方文化差异的论述，觉得这些著作对我关于“文化自觉”的思考有许多帮助。

我的意思不是说，人类学和社会学的研究者都要像我那样到这把年纪才补学文化史。但是我确实在这当中看到了西方社会科学长期采纳的“天人对立论”所缺乏的因素。中国文化传统里尤其推重“太极”之说，意思大致就是指“天人合一”的终极状态，是二合为一的基本公式。我们一向反对无止境地用“物尽其用”的态度来看待人与自然的关系，而主张像潘光旦先生论述的“中和位育”那样在自然、历史和社会中找到适合人的位子。中国文化中的这种“中庸之道”，追求一而二、二而一，哲学上虽难于到家，实际与儒家的“大同”论也能融会贯通。我一直相信，这一有别于西方“天人对立论”的观点，会有助于“全球化”时代文化的多元化，有助于防止人类在文化冲撞中同归于尽。

人文社会科学的发展，在今后二三十年要面对一个新的时代。在全世界范围内，尊重人文社会科学的成就和科学地位，对自然科学和技术的研究成果及影响进行人文社会科学的考察成为潮流。这些年来，一系列世界性的事件表明，自然科学如何服务于人类，这个问题需要人文社会科学家的思考。并不是说我们不要自然科学，我的意思无非是说，在21世纪里，那种曾经产生广泛影响的、西方中心的“天人对立论”，有必要也有可能得到纠正，而在这个反思的过程中，中国文化的研究者也要承担起自己的新责任。

2003年11月

（本文是作者在第八届“现代化与中国文化研讨会”上的讲话）

中华民族的多元一体格局

我想以这次香港中文大学邀请我发表 Tanner 讲演的机会，提出我多年来常在探索中的关于中华民族多元一体格局的问题向各位学者请教。请容许我坦率地说我对这个格局的认识是不够成熟的，所以这篇讲演只能说是我对这问题研究的起点，并没有构成一个完整的见解。

为了避免对一些根本概念作冗长的说明，我将把中华民族这个词用来指现在中国疆域里具有民族认同的 11 亿人民。它所包括的 50 多个民族单位是多元，中华民族是一体，它们虽则都称“民族”，但层次不同。我用国家疆域来做中华民族的范围并不是很恰当的，因为国家和民族是两个不同的又有联系的概念。我这样划定是出于方便和避免牵涉到现实的政治争论。同时从宏观上看，这两个范围基本上或大体上可以说是一致的。

中华民族作为一个自觉的民族实体，是近百年来中国和西方列强对抗中出现的，但作为一个自在的民族实体则是几千年的历史过程所形成的。我这篇论文将回溯中华民族多元一体格局的形成过程。它的主流是由许许多多分散孤立存在的民族单位，经过接触、混杂、联结和融合，同时也有分裂和消亡，形成一个你来我去、我来你去，我中有你、你中有我，而又各具个性的多元统一体。这也许是世界各地民族形成的共同过程。中华民族这个多元一体格局的形成还有它的特色：在相当早的时期，距今 3000 年前，在黄河中游出现了一个由若干民族集团汇集和逐步融合的核心，被称为华夏，像滚雪球一般地越滚越大，把周围的异族吸收进入了这个核心。它在拥有黄河和长江中下游的东亚平原之后，被其他民族称为汉族。汉族继续不断吸收其他民族的成分而日益壮大，而且渗入其他民族的聚居区，构成起着凝聚和联系作用的网络，奠定了以这个疆域内许多民族联合成的不可分割的统一体的基础，成为一个自在的民族实体，经过民族自觉而称为中华民族。

这是一幅丰富多彩的历史长卷，有时空两个坐标，用文字来叙述时有时难于兼顾，所以在地域上不免有顾此失彼、方位错乱，时间上不免有前后交差、顺序倒置的缺点。让这篇论文作为我在这个学术领域里的一次大胆的尝试吧。

一、中华民族的生存空间

任何民族的生息繁殖都有其具体的生存空间。中华民族的家园坐落在亚洲东部，西起帕米尔高原，东到太平洋西岸诸岛，北有广漠，东南是海，西南是山的这一片广阔的大陆上。这片大陆四周有自然屏障，内部有结构完整的体系，形成一个地理单元。这个地区在古代居民的概念里是人类得以生息的、惟一的一块土地，因而称之为天下，又以为四面环海所以称四海之内。这种概念固然已经过时，但是不会过时的却是这一片地理上自成单元的土地一直是中华民族的生存空间。

民族格局似乎总是反映着地理的生态结构，中华民族不是例外。他们所聚居的这片大地是一块从西向东倾侧的斜坡，高度逐级下降。西部是海拔 4000 米以上的号称世界屋脊的青藏高原，东接横断山脉，地势下降到海拔1000～2000米的云贵高原、黄土高原和内蒙古高原，其间有塔里木及四川等盆地。再往东是海拔千米以下的丘陵地带和海拔200米以下的平原。

东西落差如此显著的三级梯阶，南北跨度又达30个纬度，温度和湿度的差距自然形成了不同的生态环境，给人文发展以严峻的桎梏和丰润的机会。中华民族就是在这个自然框架里形成的。

二、多元的起源

生存在这片土地上的人最早的情况是怎样的？这个问题涉及到了中华民族的来源。任何民族都有一套关于民族来源的说法，而这套说法又常是用来支持民族认同的感情，因而和历史上存在的客观事实可以出现差错。关于中华民族的起源过去长期存在着多元论和一元论、本土说和外来说的争论，直到本世纪50年代，特别是70年代以来，由于中国考古学的发展，我们才有条件对中华民族的早期历史作出比较科学的认识。

在中华大地上已陆续发现了人类从直立人（猿人）、早期智人（古人）、晚期智人（新人）各进化阶段的人体化石，可以建立较完整的序列。说明了中国这片大陆应是人类起源的中心之一。

这些时代的人体化石又分布极广，年代最早的元谋人（距今约170万年）是在云南发现的。其他猿人的化石已在陕西蓝田县、北京周口店、湖北郧县及郧西县、安徽和县有所发现。生活在10万～4万年以前的古人化石，已在陕西大荔县、山西襄汾县丁村、山西阳高县许家窑、辽宁营口金牛山、湖北长阳县、安徽巢县及广东曲江县马坝等处发现。生活在距今4万～1万年以前的新人化石已在北京周口店山顶洞、山西朔县峙峪、内蒙古乌审旗、辽宁建平县、吉林延边州安图县、黑龙江哈尔滨市、广西柳江县、贵州兴义县、云南丽江县、台湾台南县左镇有所发现。我列举这许多地名目的是要指出在人类进入文化初期，中华大地上北到黑龙江，西南到云南，东到台湾都已有早期人类的活动，他们并留下了石器。很难想像在这种原始时代，分居在四面八方的人是出于同一来源，而且可以肯定的是，这些长期分隔在各地的人群必须各自发展他们的文化以适应如此不同的自然环境。这些实物证据可以否定有关中华民族起源的一元论和外来说，而肯定多元论和本土说。

即使以上的论断还不够有说服力的话，考古学上有关新石器时代的丰富资料更有力地表明中华大地上当时已出现地方性的多种文化区。如果我们认为同一民族集团的人大体上总得有一定的文化上的一致性，那么我们可以推定早在公元前 6000 年前，中华大地上已存在了分别聚居在不同地区的许多集团。新石器时期各地不同的文化区可以作为我们认识中华民族多元一体格局的起点。

三、新石器文化多元交融和汇集

近年来，我国各省区发现新石器文化遗址总共有 7000 多处，年代从公元前 6000 年起延续到公元前 2000 年。根据考古学界的整理和研究，对各地文化区的内涵、演进、交融和汇聚，已有比较明确的轮廓，尽管有不少专题还有争论。我在这里不可能详细介绍这方面的研究成果，只能就中原地区的有关资料择要一述。

新石器时期黄河中游和下游存在东西相对的两个文化区：

黄河中游新石器文化的序列是前仰韶文化（公元前 6000～前

5400年）—仰韶文化（公元前5000～前3000年）—河南龙山文化（公元前2900～前2000年）。继河南龙山文化的可能是夏文化。因仰韶文化以彩绘陶器著名，曾被称为彩陶文化。仰韶文化分布以渭、汾、洛诸黄河支流域的中原地区为中心，北达长城沿线，南抵湖北西北部，东至河南东部，西达甘青接壤地区。但在河南龙山文化兴起前它在黄河中游地区已经衰落了。

黄河下游则另有一序列的文化和黄河中游的文化不同。它们是青莲岗文化（公元前5400～前4000年）—大汶口文化（公元前4300～前2500年）—山东龙山文化（公元前2500～前2000年）—岳石文化（公元前1900～前1500年）。继岳石文化的可能是商文化。龙山文化以光亮黑陶著名，曾被称为黑陶文化。

公元前3000年当仰韶文化在黄河中游地区突然衰落时，黄河下游的文化即向西扩张，继仰韶文化出现的是河南龙山文化。虽则考古学者认为河南和山东的龙山文化具有地区性的区别，但中游地区在文化上受到下游文化的汇聚和交融是明显的。

长江中下游在新石器时代同样存在着相对的两个文化区。长江下游的文化区是以太湖平原为中心，南达杭州湾，西至苏皖接壤地区。其文化序列大体是河姆渡文化（公元前5000～前4400年）—马家浜·崧泽文化（公元前4300～前3300年）—良渚文化（公元前3300～前2200年）。良渚文化大体和河南龙山文化年代相当，文化特征也与山东龙山文化有密切的联系。

长江中游新石器文化以江汉平原为中心，南包洞庭湖平原，西尽三峡，北抵河南南部，其文化序列分歧意见较多，大体上是大溪文化（公元前4400～前3300年）—屈家岭文化（公元前3000～前2000年）—青龙泉文化（公元前2400年），因其受中原龙山文化的影响亦称湖北龙山文化。长江中游和下游相同的是在后期原有文化都各自受黄河下游龙山文化的渗入，而处于劣势地位。

关于新石器时代北方的燕辽文化区，黄河上游文化区及华南文化区留待下面讲到这些地区时再说。

上面所述新石器时代中原两河流域中下游这个在生态条件上基本一致的地区的考古发现，已可以说明中华民族的先人在文明曙光时期，从公元前 5000 年～前 2000 年之间的 3000 年中还是分散聚居在各地区，分别创造他们具有特色的文化。这是中华民族格局中多元的起点。

在这多元格局中，同时也在接触中出现了竞争机制，相互吸收比自己优秀的文化而不失其原有的个性。例如，在黄河中游兴起的仰韶文化，曾一度向西渗入黄河上游的文化区，但当其接触到了比它优秀的黄河下游山东龙山文化，就出现了取代仰韶文化的河南龙山文化。考古学者在龙山文化前加上各个地方的名称表示它们依然是从当地原有文化中生长出来的，实际上说明了当时各族团间文化交流的过程，从多元之上增加了一体的格局。

四、凝聚核心汉族的出现

中国最早的文字史料现在可以确认的是商代的甲骨文，而相传由孔子编选的《尚书》还记载一些夏商文件和上古传说。早年的史书中，把上古史编成三皇五帝的历史系统。这些文字史料已有部分可以和考古资料相印证，使我们对新石器时代末期到铜器时代的历史能有较可靠的知识，特别是 80 年代初期发掘的河南登封王城岗夏代遗址一般认为即是夏王朝初期的“阳城”遗址，夏代历史已从神话传说的迷雾中得以落实。商代历史有甲骨文为据，周代历史有钟鼎文为据，相应的后世的文字记载都可得而考。而夏、商、周三代正是汉族前身华夏这个民族集团从多元形成一体的历史过程。

河南夏代“阳城”遗址所发现的文物显示了它是继承了新石器时代河南龙山文化发展到了铜器时代。从黄河中下游遗留的文物中也可以看到这些地区都早已发展了农业生产，这和夏禹治水的传说（河南龙山文化的中晚期）可以联系起来，表明了这地区早期居民当时生产力的发达水平。我们还记得河南的龙山文化正是在仰韶文化的基础上吸收了山东的龙山文化而兴起的。所以可以说华夏文化就是以黄河中下游不同文化的结合而开始的。

传说的历史中在禹之前还有尧、舜和神话性的始祖黄帝。留下的传说大多是关于他们向四围被称为蛮夷戎狄的族团的征伐。黄帝曾击败过蚩尤和炎帝，地点据说都在今河北省境内。据《史记》所载，舜又把反对他的氏族部落放逐到蛮夷戎狄中去改变后者的风俗，也可以说就是中原居民和文化的扩张。到禹时，如《左传》所载：“禹会诸侯于涂山，执玉帛者万国。”《禹贡》将这时的地域总称为“九州”，大体包括了黄河中下游和长江下游的地区，奠定了日益壮大的华夏族的核心。

继夏而兴起的是商。商原是东夷之人，而且是游牧起家的。后来迁泰山，再向西到达河南东部，发展了农业，使用畜力耕种。农、牧结合的经济使它强大起来，起初臣属于夏，后来取得了统治九州的权力，建立商朝，分全国为中东南西北五土。《诗经·商颂》有：“邦畿千里，维民所止，肇域彼四海。”商代疆域包括今河南、山东、河北、辽宁、山西、陕西、安徽以及江苏、浙江的一部分，可能还有江西、湖南及内蒙古的某些地方。

继商的是周。周人来自西方，传说的始祖是姜嫄，有人认为即西戎的一部分羌人，最初活动在渭水上游，受商封称周。它继承了商的天下，又把势力扩大到长江中游。《诗经·北山》称：“溥天之下，莫非王土，率土之滨，莫非王臣。”它实行宗法制度，分封宗室，控制所属地方；推行井田，改进农业，提高生产力。西周时松散联盟性质的统一体维持了约300年，后来列国诸侯割据兼并，进入东周的春秋战国时代。这时的统一体之内，各地区的文化还是保持着它们的特点。直到战国时期，荀子还说："居楚而楚，居越而越，居夏而夏。"夏是指中原一带的一个核心，不论哪个地方的人，到了越就得从越，到了楚就得从楚，可见楚和越和夏还有明显的差别。

无可否认的是，在春秋战国的500多年里，各地人口的流动，各族文化的交流，各国的互相争雄，出现了中国历史上的一个文化高峰。这500年也是汉族作为一个民族实体的育成时期，到秦灭六国，统一天下，而告一段落。

汉作为一个族名是汉代和其后中原的人和四周外族人接触中产生的。民族名称的一般规律是从"他称"转为"自称"。生活在一个共同社区之内的人，如果不和外界接触不会自觉地认同。民族是一个具有共同生活方式的人们共同体，必须和"非我族类"的外人接触才发生民族的认同，也就是所谓民族意识，所以有一个从自在到自觉的过程。秦人或汉人自认为秦人或汉人都是出于别人对他们称作秦人或汉人。必须指出，民族的得名必须先有民族实体的存在，并不是得了名才成为一个民族实体的。

汉族这个名称不能早于汉代，但其形成则必须早于汉代。有人说：汉人成为族称起于南北朝初期，可能是符合事实的，因为魏晋之后正是北方诸族纷纷入主中原的十六国分裂时期，也正是汉人和非汉诸族接触和混杂的时候。汉人这个名称也成了当时流行的指中原原有居民的称呼了。

当时中原原有的居民在外来的人看来是一种"族类"而以同一名称来相呼，说明了这时候汉人已经事实上形成了一个民族实体。上面从华夏人开始所追溯的2000多年的历史正是这个民族诞生前的孕育过程。

汉族的形成是中华民族形成中的一个重要阶段，在多元一体格局中产生了一个凝聚的核心。

五、地区性的多元统一

秦始皇结束战国时代地方割据的局面在中国历史上是一件划时代的大事，因为从此统一的格局成了历史的主流。当然所统一的范围在秦代还只限于中原，就是黄河长江中下游的平原农业地区，而且这个统一的格局也是经过长时期逐步形成的。在春秋战国时代各地方的经济都有所发展，他们修筑道路，发展贸易。战国时的列国通过争雄称霸已把中原这片土地四通八达地基本上构成了一个整体。秦始皇在这基础上做了几件重要的事，就是车同轨，书同文，立郡县和确立度量衡的标准，在经济、政治和文化上为统一体立下制度化的规范。

车同轨和度量衡的标准化是经济统一的必要措施。传统的方块字采用视觉符号把语和文分离，书同文就是把各国的通用符号统一于一个标准，也就是把信息系统统一了起来，在多元语言上罩上一种统一的共同文字。这个信息工具至今还具有生命力。废封建、立郡县，建立了中央集权的政体，这个政体延续至今已有2000多年的历史。关于中原地区的统一我不再多说。在这里要指出的，这只是形成中华民族多元一体格局的又一步。第一步是华夏族团的形成，第二步是汉族的形成，也可以说是从华夏核心扩大而成汉族核心。

我说秦代的统一还只是中华民族这个民族实体形成的一个步骤，因为当时秦所统一的只是中原地区，在中华民族的生存空间里只占一小部分，在三级地形中只是海拔最低的一级，而且还不是全部，中原的周围还有许多不同的族团也正在逐步分区域地向由分而合的统一路上迈进。让我先讲北方的情况。

到目前为止，我国考古学的工作主要还是集中在中原地区。因此我们对中原周围地区的上古历史相对地说还是知道得很少。陈连开教授提出过一个值得重视的观点，我的另一位同事谷苞教授经过几十年在西北的实地考察，也提出了同一观点，他们都认为和秦汉时代中原地区实现统一的同时，北方游牧区也出现了在匈奴人统治下的大一统局面。他们更指出，南北两个统一体的汇合才是中华民族作为一个民族实体进一步的完成。我同意这个观点。

南北两大区域的分别统一是有其生态上的基础的。首先统一的中原地区是黄河长江中下游的平原地区，从新石器时代起就发生了农业文化。黄河中下游的新石器遗址中已找到粟的遗存，长江中下游的新石器遗址中已找到稻的遗存。从夏代以降修水利是统治者的主要工作，说明了灌溉在农业上的重要地位。小农经济一直到目前还是汉族的生活基础，至今还没有摆脱汉族传说性的祖先神农氏的阴影。

这一片平原上的宜耕土地在北方却与蒙古高原的草地和戈壁相接，在西方却与黄土高原和青藏高原相连。这些高原除了一部分黄土地带和一些盆地外都不宜耕种，而适于牧业。农业和牧业的区别各自发生了相适应的文化，这是中原和北方分别成为两个统一体的自然条件。

划分农、牧两区的地理界线大体上就是从战国时开始建筑直到现在还存在的长城。这条战国秦汉时开始修成的长城是农业民族用来抵御畜牧民族入侵的防线。农民占于守势而牧民处于攻势。这也是决定于两种经济的不同性质。农业是离不开土地的，特别是发展了灌溉农业，水利的建设更加强了农民不能抛井离乡的粘着性。农民人口增长则开荒辟地，以一点为中心逐步扩大，由家而乡，紧紧牢守故土，难得背离，除非天灾人祸才发生远距离移动。

牧业则相反。在游牧经济中，牲口靠在地面上自然生长的草得到食料，牲口在草地上移动，牧民靠牲口得到皮、毛、肉、乳等生活资料，就得跟牲口在草地上移动，此即所谓“逐水草而居”。当然游牧经济里牲口和人的移动也是有规律的，但一般牧民不能长期在一个地方定居，必须随着季节的变化，在广阔的草原上转移。牧民有马匹做行动的工具，所以他们的行动也比较迅速，集散也比较容易。一旦逢遭灾荒，北方草原上的牧民就会成群结队，南下就食农区。当双方的经济和人口发展到一定程度，农、牧矛盾就会尖锐起来，牧民成为当时生活在农区的人的严重威胁。对这种威胁，个体小农是无法抗拒的，于是不能不依附于可以保卫他们的武力，以及可以动员和组织集体力量来建筑防御工程的权力。这也是促成中央集权政体的一个历史因素。长城表现了这一个历史过程。

牧区经济的发展同样需要有权力来调处牧场的矛盾，需要能组织武力进行自卫或外出夺取粮食、财物和人口。我们对于北方草原上民族的早期历史知道得很少。当在汉代的史书中看到有关匈奴人较详细的记载时，他们已经是北方的强大力量，拥有长城之外东起大兴安岭，西到祁连山和天山这广大地区，就是这里所说北方的统一体。到汉初已形成“南有大汉，北有强胡”的局面。

实际的历史过程不可能这样简单。考古学者从 30 年代起已陆续在长城外的内蒙古赤峰（昭乌达盟）发现了新石器时代的红山文化，这地区的先民已过着以定居农业为主，兼有畜牧渔猎的经济生活，近年又发现了距今 5000 年前的祭坛和“女神庙”。出土的玉器与殷商玉器同出一系。铜器的发现更使我们感到对东北地区早期文化的认识不足，而且正是这个东北平原和大兴安岭及燕山山脉接触地带，在中国历史上孕育了许多后来入主中原的民族。关于这方面的情况，下面再提。

中原和北方两大区域的并峙，实际上并非对立，尽管历史里记载着连续不断的所谓劫掠和战争。这些固然是事实，但不见于记载经济性相互依存的交流和交易却是更重要的一面。

把游牧民族看成可以单独靠牧业生存的观点是不全面的。牧民并不是单纯以乳肉为食，以毛皮为衣。由于他们在游牧经济中不能定居，他们所需的粮食、纺织品、金属工具和茶及酒等饮料，除了他们在大小绿洲里建立一些农业基地和手工业据点外，主要是取给于农区。一个渠道是由中原政权的馈赠与互市，另一个渠道是民间贸易。

贸易是双方面的，互通有无。农区在耕种及运输上需要大量的畜力，军队里需要马匹，这些绝不能由农区自给。同时农民也需牛羊肉食和皮毛原料。在农区对牧区的供应中，丝织物和茶常是重要项目。因而后来把农牧区之间的贸易简称为“马绢互市”和“茶马贸易”。在北方牧区的战国后期及汉代墓葬中，发现很多来自中原地区的产品，甚至钱币。

在日益密切的相互依存和往来接触中，靠近农区的那一部分匈奴牧民于公元 1 世纪已逐步和附近的汉族农民杂居混合，进入半农半牧的经济。公元前 1 世纪中叶这些匈奴人在汉武帝的强大压力下南北分裂后被称为南匈奴的，他们后来并没有跟北匈奴远走中亚，而留原地，即今内蒙古境内，并且逐渐进入关内和汉人杂居混合。

在战国到秦这一段历史时期里，农、牧两大统一体之争留下了长城这一道巨大的工程，这是表示了早期牧攻农守的形势。但是当农业地区出现的统一体壮大后，从汉武帝开始就采取了反守为攻的战略。这个战略上的改变导致了汉族向西的大扩张，就是在甘肃西部设置河西四郡：敦煌、酒泉、武威、张掖，移入 28 万人，主要是汉族。

河西四郡是黄土高原通向天山南北的走廊。这个地区的平原地带降水量是很少的，但是祁连山山区降水量较多，而且有积雪融化下流，供水较足可以灌溉农田。这是汉族能大量移入开荒种田的经济基础。这条走廊原来是乌孙和月氏的牧场，匈奴把他们赶走后占领其地，并和羌人联合起来，在西方包围了汉族。汉武帝于公元前 122 年迫降该地区的匈奴，置四郡移汉人实边，把这个包围圈打出了一个缺口，即所谓“隔绝羌胡”。这条走廊也给汉代开辟西域铺下通道。后来汉代又利用这条通道，联合天山以南盆地里的被匈奴欺压掠夺的农业小国和被匈奴放逐到中亚的乌孙，形成了对匈奴的反包围，并且击败匈奴。

从蒙古高原经天山北路直到中亚细亚是一片大草原，这对游牧民族来说是可以驰骋无阻的广场。游骑飘忽，有来有去。牧场的争持，你占我走，你走我占，所以这个地区的民族是时聚时散的。哪个部落强大了就统治其他部落，而且以其名称这广大草原上的牧民。所以在史书上所见的是一连串在北方草原上兴起的族名：匈奴之后有鲜卑、柔然、突厥、铁勒、回鹘等等。他们有时占领整个大草原，有时只占其中的一部分，最后是蒙古人，其势力直达西亚。

曾在这片草原上崛起的民族，许多还有其后裔留在这个地区，但又多和其他民族结合，其杂其混、其分其合，构成很复杂的历史过程，我们在此毋庸细述。大体上说，新疆现有民族中有五个少数民族所说的语言属于突厥语族。他们是维吾尔、哈萨克、乌孜别克、塔塔尔、柯尔克孜。他们都是早期就在这片大草原上活动过的民族的后裔。

六、中原地区民族大混杂、大融合

汉族形成之后就成为了一个具有凝聚力的核心，开始向四周围的各族辐射，把他们吸收成汉族的一部分。紧接汉魏在西晋末年黄河流域及巴蜀盆地出现了“十六国”，实际上有20多个地方政权，大多是非汉民族建立的。在这大约一个半世纪（公元304～439年）里正是这个地区民族大杂居、大融合的一个比较明显的时期，是汉族从多元形成一体的一幕台前的表演，而这场表演的准备时期早在汉代开始，匈奴人的“归附”即是其中的一幕。

在这些地方政权中，匈奴人建立的有3个，氐人建立的有4个，羯人建立的有1个，鲜卑人建立的有7个，羌人建立的有1个，汉人建立的有3个。它们所占的地区遍及今陕西、山西、河北、河南、甘肃、宁夏及四川、山东、江苏、安徽、辽宁、青海、内蒙古等省区的一部分。实际上是中原地区的全部都曾波及。

北方及西方非汉民族在上述地区建立地方政权表明有大量的非汉人进入了这个地区，由于混而未合，所以这时“汉”作为民族标记的名称也就流行，而且由于汉人的政治地位较低，“汉人”也成为带有歧视的称呼，但是进入华北地区的非汉人，一旦改牧为农，经济实力最终还是要在社会地位上起作用。在这个时期就开始有关于“胡人改汉姓”的记载，到了统一华北的北魏还发生了改复姓为单姓的诏命，也就是要胡人改从汉姓。有人统计《魏书》“官氏表”中126个胡姓中已有60个不见于官书。杂居民族间的通婚相当普遍，甚至发生在社会上层。非汉族的政治地位又不易持久，你上我下，我去你来，结果都分别吸收在汉人之中。汉族的壮大并不是单纯靠人口的自然增长，更重要的是靠吸收进入农业地区的非汉人，所以说是像滚雪球那样越滚越大。

经过南北朝的分裂局面，更扩大了的中原地区重又在隋、唐两代统一了起来。唐代的统治阶级中就有不少是各族的混血。建国时，汉化鲜卑贵族的支持起了举足轻重的作用，因之他们在统治集团中一直处于重要地位。有人统计，唐朝宰相369人中，胡人出身的有36人，占1/10。《唐书》还特辟专章为番将立传。沙陀人在唐末颇为跋扈，在继唐而起的五代中后唐、后晋、后汉三朝都是沙陀人建立的，以中兴唐朝出名的庄宗本身就是出自沙陀人。所以有唐一代名义上是汉族统治，实际上是各族参与的政权。从唐到宋之间的近500年的时间里，中原地区实际上是一个以汉族为核心的民族熔炉。许多非汉族被当地汉人所融合而成为汉人。当然融合的过程是复杂的，但结果许多历史有记载的如鲜卑、氐、羯等族名逐渐在现实生活中消失了。

唐代不能不说是中华文化的一个高峰。它的特色也许就是在它的开放性和开拓性。这和民族成分的大混杂和大融合是密切相关的。

七、北方民族不断给汉族输入新的血液

如果北宋可以说经过了五代的分裂局面，中原又恢复了统一，它的力量究竟是微弱的。它的北方，今内蒙古巴林左旗，在公元 916 年兴起了一个强大的民族契丹，作为中国的一个王朝称辽，它的疆域从黑龙江出海口到今蒙古人民共和国中部，南面从今天津，经河北霸县到山西雁门关一线与北宋对峙。统治了 210 年才为另一北方民族女真所灭。发源于白山黑水的女真人，公元 1115 年立国称金，1125 年灭辽，接着灭北宋，先后在今北京和开封建都，疆域包括辽的故土并向西扩张到陕西、甘肃与西夏接界，向南扩张达秦岭和淮河与南宋接界。宋只有 300 年的历史，这期间给中原北部这个地区混杂居住的许多民族成分有一个消化和融合的阶段，并为汉族向南扩张积聚了力量。这是后话。

这里应当讲一讲大兴安岭以东的松辽平原。这个平原和广大草原之间当时存在着一个大兴安岭的屏障，广阔的森林可能挡住了游牧民族的东进。看来有一些游牧民族可以溯源于这个森林里的狩猎民族。

最近我到大兴安岭林区实地观察，在呼盟阿里河镇西北 10 公里见到林区里的一个山洞，称嘎仙洞，洞里还保留着公元 443 年北魏太武帝拓跋焘遣使树立的用以纪念他祖先的石刻祝文。这表明鲜卑族早

期曾居住在大兴安岭的森林里。鲜卑族后来从山区西南迁到呼伦池的草原上，然后继续向西南迁，徙居阴山河套之间，形成鲜卑拓跋部，其中一部分进入青海，大部分则在 4 世纪初活动在今内蒙古和山西大同地区。公元 386 年建立魏国，439 年统一中原北部地区。

建辽国的契丹人原是活动在辽河上游的游牧民族，曾臣服于唐，916 年阿保机称帝。建国前后都有大批汉人迁入，农业和手工业得到发展。但被金灭后，契丹人多与汉人及女真人相融合。

建立金国的女真人也是在松辽平原上兴起的，他们走上与契丹人由弱到强，由强而亡的同样道路。当他们占有中原北部地区后，曾把所征服的地区的居民用汉人、燕人、南人等名称和女真人相区别，但是后来也有许多女真人开始改用汉姓，见于《金史》记载的有 31 姓，而且他们的改姓并非出于诏令，而是民间的自愿。尽管改用汉姓并不表示他们已完全成了汉人，只能表明他们已不再抗拒汉化了。

不论是契丹人还是女真人，尽管在中原北部政治上取得优势，但都没有统一中国。北方民族囊括中国全部版图成为统一的政权是从蒙古人建立的元朝开始。其后还有女真人的后裔满人建立的清朝。元朝统治了 97 年（公元 1271～1368 年），清朝统治了近 260 年（公元 1644～1911 年）。蒙古人和满人是非汉民族，而且至今还是有人口百万以上的少数民族，但是在他们的统治时代，汉族还是在壮大，当他们的王朝灭亡后，大量的蒙古人和满人融合在汉族之中。

元代蒙古人统治下的人分四等：蒙古、色目、汉人和南人。这时的女真人、契丹人、高丽人都被包括在汉人之中，与汉人的待遇是一致的。又据《元史》记载："女直（即女真）、契丹同汉人。若女直、契丹生西北不通汉语者，同蒙古人；女直（其下当遗"契丹"二字）生长汉地，同汉人。"[1] 看来女真人和契丹人中已有分化，或融合于汉族，或融合于蒙古族。元代把汉族分化为汉人和南人两类，以宋、金

① 《元史·世祖》纪十。

疆域为边界。凡是先被蒙古人征服的原属金的区域里的汉人仍称汉人，后来征服了南宋，曾属南宋的人称南人或宋人、新附人或蛮子。看来其中也包括长江以南的各非汉民族。这样也加强了这些非汉民族和汉族的融合。

继蒙古人之后统治中国的是汉族，称明朝，初期曾下令恢复“唐代衣冠”，禁止胡服胡语胡姓。用行政命令来改变民族风俗习惯和语言都是徒劳的。据《明实录》引用公元1442年的一奏折中有当时“鞑装”盛过唐服的话。但是民间交流却起作用。明末清初的顾炎武在他的《日知录》里关于当时民族混杂的情况曾说：“华宗上姓与毡裘之种相乱，惜乎当日之君子徒诵‘以夏变夷’之言，而无类族辨物之道。”又说：“今代山东氏族其出于金、元之裔者多矣。”这表明在当时的社会上层各族间的通婚已经通行，而且大量的汉化了。

蒙古人融合于汉族的具体例子见于梁漱溟先生最近出版的《问答录》。他说：“我家祖先与元朝皇帝同宗室，姓‘也先贴木耳’，蒙古族。元亡，末代皇帝顺帝携皇室亲属逃回北方，即现在的蒙古，而我们这一家未走，留在河南汝阳，改汉姓梁……说到种族血统，自元亡以后经过明、清两代，历时五百余年，不但旁人早不晓得我们是蒙古族，即自家人如不是有家谱记载也无从知道了。但几百年来与汉族通婚，不断融合两种不同的血统，自然是具有中间的气质的。”[①] 在看到这段话之前，我从来不知道梁先生的祖先是蒙古人，他并没有报过蒙古族，而安于自认及被认为汉族，但是有意思的是他这500年前的血统渊源还看成是他的“中间气质”的根源。可见民族意识是很深的。解放之后，原来已报汉族而后来改报蒙古族的人数还是不少的。

这里可以提一下，由于蒙古人先统一了北方地区，后来才西征中亚，然后回师从甘肃，经四川，入云南，沿长江而下，灭亡南宋。在这一场战争中却在中华民族的格局中增添了一个重要的少数民族，即

① 《问答录》第2页。

回族。1982 年普查人数达 722 万，在少数民族中仅次于壮族，而且是其中分布最广的民族。主要聚居于宁夏和甘肃，并在青海、河南、山东、云南等省及全国各大城市有大小不等的聚居区。

大约在 7 世纪中叶，从海路有大批阿拉伯和波斯的穆斯林商人在广州、泉州、杭州、扬州等沿海商埠定居，当时称番客。13 世纪初叶蒙古人西征，中亚信仰伊斯兰教各国被征服后，大批商人、工匠签发为远征军，称“探马赤军”，后随军进入中国征伐南宋，其中有汉人称他们为“回回军”的。回族就是在番客和回回军基础上大量和汉族通婚后，形成包括所有在中国各省信仰伊斯兰教的人。除了随蒙古军队在大城市落户的中亚商人和工匠外，还有大量中亚军人分驻各防区，主要在甘肃、云南，奉命屯垦，“上马则备战斗，下马则屯聚牧养”①，定居了下来。他们在元代列入色目人中享有较高的政治和社会地位。明代他们在政府和军队中还保持了较高地位。其时在甘青宁一带人口众多，曾有“回七汉三”的说法。在云南大理一带其人数也很多。但由于后来清代的民族仇杀使西北和云南的回族人口大为减少。

由于这个民族具有商业传统，早在唐代丝绸之路上的来往商人，番客就占重要地位。回族形成后，在黄土高原上，北和蒙古、西和青藏牧区接壤地区，即甘青宁黄河上游走廊地带，依靠农牧产品贸易，即所谓“茶马贸易”，善于从商的回族得以发展，所以现在最大的回族聚居区还是在宁夏回族自治区和甘肃的临夏回族自治州。

回族现在通用汉语。海上和从中亚移入的穆斯林什么时候和怎样失去他们原来的语言已经难说。有人认为商人和军队中妇女较稀少，所以为了繁衍种族，势必和当地妇女通婚，由母传子，改变了民族语言。经商也应当是他们必须掌握当地语言的一个原因，何况回回一般是小聚居、大分散的格局和汉人杂居。在语言和生活各方面和汉族趋同是很自然的社会结果。但是他们坚持伊斯兰教信仰，用以在汉族的

① 《元史 · 兵志》。

汪洋大海中保持和加强自己的民族意识。他们一般的习惯是回族可以娶汉族妇女，嫁后须信仰伊斯兰教。回族妇女不嫁汉人，除非汉人改信伊斯兰教，成为回族成员。

清代满族并没有轶出过去进入中原的北方民族的老路。这是大家记忆犹新的历史，可以不必在此多说。我在解放前的确没有听到过语言学家罗常培、文学家老舍是满族，他们都是在解放之后才公开他们的民族成分的。当然，我们这些汉人和他们相处时并不会感到我们之间有什么民族差别。在没有公开他们的民族成分之前，他们都知道自己是满族。这又说明了在一体的格局中多元还是顽强地存在。

北方诸非汉民族在历史长河里一次又一次大规模地进入中原农业地区而不断地为汉族输入了新的血液，使汉族壮大起来，同时又为后来的中华民族增加了新的多元因素。这些对中华民族多元一体格局的形成都起了重要的作用。我在本文中只能作出上面简单的叙述，指出它的梗概而已。

八、汉族同样充实了其他民族

在我国古代民族中，除了月氏、乌孙、匈奴、突厥等民族的大部或部分迁居他国外，绝大多数的民族都长期在中华大地上居住，他们之间的交流和融合是经常的。上节里我着重讲了在不同时期汉族曾融合进了为数众多的其他民族成分。在这一节里，我要略述汉族融合到其他民族里去的情况。

汉族被融合入其他民族主要有两种情况：一种是被迫的，有如被匈奴、西羌、突厥掳掠去的，有如被中原统治者派遣去边区屯垦的士兵、贫民或罪犯；另一种是由于天灾人祸自愿流亡去的。这两种人为数都很多，有人估计“匈奴有奴隶约30万，约占匈奴人口的1/7或1/5”[①]，有人估计“匈奴有奴隶50多万，占匈奴人口的1/3”[②]，这些奴隶主要是汉人，也有西胡、丁零等族。永初三年（公元109年）南匈奴曾一次“还所钞汉民男女及羌所掠转买入匈奴中者合万余人”[③]。

西汉时，侯应曾列举十条理由反对罢边塞、毁长城，其中的第七条是：“边人奴婢愁苦，欲亡者多……时有亡出塞者。”可见当时时有汉人自愿逃亡匈奴游牧区。东汉末年，仅逃亡到乌桓地区的汉人就有10万多户。西晋亡后，中原板荡，汉族人民逃亡辽西、河西、西域和南方的人很多。据《晋书·慕容廆传》：“时二京倾覆，幽冀沦陷，廆刑政修明，虚怀引纳，流亡士庶众多襁负归之。廆乃立郡以统流人，冀州人为冀阳郡，豫州人为周郡，青州人为营丘郡，并州人为唐国郡。”流人之多可以想见。

移入其他民族地区的汉人很多就和当地民族通婚，并且为了适应当地社会生活和自然环境，也会在生活方式、风俗习惯等方面发生改变，过若干代后，就融合于当地民族了，比如，在公元399年在吐鲁番盆地及邻近地区建立的麹氏高昌国原是一个以汉人为主体建立的国家。这些汉人是汉魏屯田士兵和晋代逃亡到这地区的人的后裔。正是《魏书·高昌传》所说的“彼之氓庶，是汉魏遗黎，自晋化不纲，因难播越，世积已久”。当时这个高昌国的人胡化已深，如《北史·西域传·高昌传》所说：“服饰，丈夫以胡法，妇人裙襦，头上作髻。其风俗政令与华夏略同……文字亦同华夏，兼同胡书，有《毛诗》、《论语》、《孝经》……虽习诵之，而皆为胡语。”麹氏高昌国存在了141年，曾先后臣属于北方游牧民族柔然、高车及突厥。公元640年为唐朝所征服，设西州。公元866年回鹘占领西州，从此长期受回鹘统

① 《匈奴史论文选集》第12页，第10页。

② 同上。

③ 《后汉书·南匈奴传》。

治，当地汉人的后裔就融合于维吾尔族了。同时生活在天山以南各个绿洲操焉耆—龟兹语（吐火罗语）和于阗语的属于印欧语系诸民族也先后融合于维吾尔族。

又比如：在战国时，楚国的庄跞曾率数千农民迁居于云南滇池地区，自称滇王。其后，汉晋时期均曾派汉人进入云南，但明朝以前迁入云南的汉人大都融合于当地各民族了。迁居于大理洱海地区的汉人成了白族中的一个重要部分。

我们过去对于历史上民族之间互相渗透和融合研究得不够，特别是对汉人融合于其他民族的事实注意不够，因而很容易得到一种片面性的印象，似乎汉族较杂而其他民族较纯。其实所有的民族都是不断有人被其他民族所吸收，同时也不断吸收其他民族的人。至于有人认为经济文化水平较低的民族必然会融合于经济文化较高的民族，也是有片面性的，因为历史上确有经济文化水平较高的汉人融合于四周的其他经济文化较低的民族。民族间相互渗透和融合过程还是应当实事求是地进行具体分析。我在这里特地加上这一节，目的就是要指出，在看到汉族在形成和发展过程中大量吸收了其他各民族的成分时，不应忽视汉族也不断给其他民族输出新的血液。从生物基础，或所谓“血统”上讲，可以说中华民族这个一体中经常在发生混合、交杂的作用，没有哪一个民族在血统上可说是“纯种”。

九、汉族的南向扩展

早在春秋战国时代，作为汉族前身的华夏族，其势力已经东到海滨，南及长江中下游，西抵黄土高原。这个核心的扩展对周围的其他民族，即当时所谓夷蛮戎狄，采取了两种策略，一是包进来“以夏变夷”，一是逐出去，赶到更远的地方。匈奴分南北两部，北匈奴走了，南匈奴同化了，是具体的例子。北匈奴沿着直通中亚和东欧的大草原走出了后来中华民族的范围，其他民族能走出这个范围的不多。很可能早期居住在山东半岛上的“东夷”，有部分渡海出走，或绕道东北进入今朝鲜半岛和日本群岛。但绝大多数的非汉民族不受融合的只有走到汉族所不愿去居住的地方，大多是不宜耕种的草原和山区。有些一直坚持到今天，在中华民族的一体中保留了他们的民族特点，构成多元的格局。

这个过程如果要作历史的回顾，一直可以推到三皇五帝的传说时代。被认为是汉族祖先的黄帝，就曾在黄河北岸和炎帝和蚩尤作过战。炎帝后来被加入了汉族祖先之列，所以现在通常认为中华民族是“炎黄子孙”，蚩尤在传说中却一直被排斥在“非我族类”之中。但是他所率领的“三苗”却还有人望名构史地和现在的苗族联系了起来。这固然是牵强的推测，但蚩尤之后有一部分被留在汉族之外却可能是事实。

从考古的资料来说，如上所述，长江中下游在新石器时代和黄河中下游一样存在着东西不同的文化区。从山东中南部到徐淮平原的青莲岗—大汶口文化（公元前 5300～前 2400 年）是有近 3000 年历史的相当发达的农业文化，这使人联系到史书上所称的东夷。在东夷中无疑还包含着不同的族团。东夷是殷商的先人，当他们被西方来的羌人之后的周人击败后，一部分和周人一起融合进入了华夏族团，也有一部分是被驱逐出走他方。这一部分中可能有上面说到过出海的和绕道东北去朝鲜半岛和日本群岛的人，但大部分却走向南方。

我这个假说的根据是我在 30 年代对朝鲜族人体类型的分析。在我的硕士论文里，我曾在朝鲜人体质资料中看到有大量和江苏沿海居民相同的 B 型，即圆头体矮的类型。这种类型又见于广西大瑶山瑶人的体质测量资料中。如果这些资料的分析是可信的活，就容易作出把这三个地方的人在历史上联系起来的推想。由于我自己的体质类型分析的研究工作中断已久，资料又都遗失，只能凭记忆作出上述的提示。[①]

我这种推论受到我的一位老师潘光旦教授的支持。他根据文字史料和在福建畲民地区的实地观察，曾提出过一种见解，凭我的记忆简述如下：

我们可以从徐、舒、畲一系列的地名和族名中推想出一条民族迁移的路线。很可能在春秋战国时代的东夷中靠西南的一支的族名就是徐。他们生活在黄河和淮河之间，现在还留下徐州这个地名。据《新中国的考古发现和研究》徐国在西周时期曾是一个较强的国家，春秋时仍然不衰，公元前512年被楚灭亡。近年在江西西北部接连出土春秋中期徐国铜器，应该不是偶然，或许与徐人的迁徙有关。[②] 从这一时期的文献中可以看到这块地区居民被称作舒。潘先生认为畲字和徐是同音，徐人和舒人可能即是畲人的先人。他又以瑶畲都有盘瓠传说，这个传说联系到了徐偃王的记载，认为过山榜有它的历史根据，只是后来加以神话化罢了。这一批人，后来向长江流域移动，进入南岭山脉的那一部分可能就是瑶。从南岭山脉向东，在江西、福建、浙江的山区里和汉族结合的那一部分可能是畲，另外有一部分曾定居在洞庭湖的一带，后来进入湘西和贵州山区的可能就是苗。潘先生把苗和瑶联系了起来，是因为他们在语言上同属一个系统，称苗瑶语族，表明他们可能是从一个来源分化出来的。

如果东夷中靠西的那部分经过2000年的流动，现在还留着一些后裔，保留了他们的民族特点，成为瑶、苗和畲，那么东夷中靠东的那一部分又怎样了呢？这一部分可能联系上苏北青莲岗文化直到长江下游的河姆渡—良渚文化，也就是春秋战国时期吴、越人的活动地

① 关于瑶族的体质及推论，作者已有修正和补充，见《费孝通文集》第13卷，《从史禄国老师学体质人类学》。

② 《新中国的考古发现和研究》，第317页。

区。这地区在三国时期经常使得统治这地区的孙氏政权头痛的是山区里到处都有的越人。这些不能不使我联想到这一系列新石器时代的文化就是吴越文化的底子。

浙江南部直到广东沿海考古资料还不够完整。但是广东石硖文化的发现，使考古学者得出一种见解，它和赣江流域、长江中下游甚至远达山东沿海等地诸原始文化，不断发生直接、间接的交往和相互影响，并且越到后来联系越广越远，而断定这沿海地区始终是紧密相联的。[①]这些线索使我产生一种设想，这种相联不仅是民族间的交往，而且有相近的种类的底子，就是说，从山东到广东的整个沿海地带曾经是古代越人或粤人活动的区域。三国时吴国有山越，其先浙南有瓯越，福建有闽越，广东在汉代建有南越（粤）国，其西到广西还有骆越，都以越或粤名其人，可以认为是一个系统的人。

许多民族学者把古代的越人联系到现在分布在西南各省壮侗语族民族，直到东南亚，如广西的壮族，贵州的布依族、侗族、水族，云南的傣族。如果这个历史联系是可信的活，则可以把他们联上历史上沿海的越人。现在沿海的越人已经都融合成了汉族，而这个越人系统至今还保住了西南一隅，主要居住在山区的盆地里从事农业，这些地区的山腰和山上却住有苗瑶和其他山地小民族。这样一个分布颇广，人数又众的越人系统究竟怎样形成的历史，我们还没有具体材料来予以说明。

以上是长江下游、沿海和带到一点西南边境上的情况。现在让我们看一看长江中游的情况。

从新石器时代江汉平原的大溪—屈家岭—青龙泉文化之后，从地区上说，接下去就是楚文化了。春秋战国时代的楚国还保留着相当强烈的地方色彩。著名的屈原《楚辞》还是“书楚语，作楚声，记楚地，名楚物”。楚在中原人眼中还是南蛮，连楚建国后五代孙熊渠自己还

① 《新中国的考古发现和研究》，第166页。

说："我蛮夷也，不与中国之号谥。"在楚国统治下有许多小邦。有人计算达 60 个之多，也就是说它曾是一个与中原华夏并峙的多元统一体。它的地域很广。《淮南子》里有言："昔者楚人地南卷沅湘，北绕颍泗，西包巴蜀，东裹郯邳，颍汝以为洫，江汉以为池……中分天下。"楚还派人西进云南，占有滇池地区。

楚是一个农业经济发达，文化高超的国家。但是秦灭楚后，楚汉相争事实上还是存在，项羽是在四面楚歌之中，无面目见江东父老而自杀的。楚汉合并在统一体中也是经过一个相当长的过程的。

早在秦代，汉人已越南岭进入珠江流域。广西桂林还有秦渠留做见证。但是汉族文化越岭入粤尚在汉代，当时的南越王事实上还是一个强大的地方政权。但是南岭山脉以南地区要成为以汉人为主的聚居区，还需要近千年的时间。从海南岛的民族结构可以看得到这地区的历史层积。最早在该岛居住的是黎人，语言属壮侗语系，自成一语支，表示和同一语族的其他语支早已分开。由此可以推测在沿海还是越人居住的时代，有一部分已越海居住到了这岛上。继着黎人迁入的是另一部分壮侗语系的人定居在海岛北部，称临高人，语言和今壮人相同，至今自认是汉人。其后，大约在明代，又有说瑶语的人移入，他们被人称为苗人，至今也自称苗人。按我上述的推测，他们是向南走得最远的瑶人了。其后到了宋元才有大量汉人移入，主要是在该岛的沿海地区。

十、中国西部的民族流动

让我们回到中华大地的西部，至今是少数民族聚居的地方，即黄土高原、青藏高原和云贵高原，加上天山南北的新疆。这个广大地区考古资料比中原及沿海地区为少，远古的历史还不太清楚。但是已经知道的是在中国找到最早的猿人遗骨化石是在云贵高原（云南元谋县），加上上面已说过的旧石器及新石器的遗留，可以断定在这些西部高原上很早已有人类居住。

从史书的文字记载中，早期在中原之西居住的人统称戎。贴近中原，今宁夏、甘肃这一条黄河上游的走廊地带，正处在农业和牧业两大地区的中间，这里的早期居民称作羌人，牧羊人的意思。羌人可能是中原的人对西方牧民的统称，包括上百个部落，还有许多不同的名称，古书上羌氐常常连称。它们是否同一来源也难确定，可能在语言上属于同一系统。《后汉书》说他们是“出自三苗”，就是被黄帝从华北逐去西北的这些部落。商代甲骨文中有羌字，当时活动在今甘肃、陕西一带。羌人和周人部落有姻亲关系，所以周人自谓出于姜嫄。在周代统治集团中羌人占重要地位，后来成为华夏族的重要组成部分。

从历史上看，作为一个保持着民族特点的集团来说，羌人和中原一直维持着密切关系，是甘陕一带夷夏之间的强大集团。其中党项羌在公元1038～1227年间曾建立过西夏国，最盛时包括今宁夏、陕北和甘肃、青海、内蒙古的一部分，与辽、金先后成为与宋代鼎峙的地方政权，从事农牧业，有自己的类似汉文的方块文字。自从西夏政权被蒙古人击溃后，羌人的下落在汉文的史料中就不常出现了。可能大多数已和当地汉人及其他民族融合。至今仍自认是羌人的有约100万人(1964年普查时只有约50万人)，聚居在四川北部，有一个羌族自治县。

羌人在中华民族形成过程中起的作用似乎和汉人刚好相反。汉族是以接纳为主而日益壮大的，羌族却以供应为主，壮大了别的民族。很多民族包括汉族在内从羌人中得到血液。

让我从西端的藏族说起。据汉文史籍记载，藏族属于两汉时西羌人一支。西藏有“发羌”，发古音读bod，即今藏族自称。发羌是当时青藏高原上许多部落之一，而且和甘青诸羌人部落有来往。藏语族有三个语支，即藏语、嘉戎语、门巴语。有些语言学者把羌语、普米语、珞巴语都归入藏语支，也有把嘉戎语归入羌语支。一说西夏语实际是嘉戎语，即羌语。这说明在藏语和羌语间存在着密切关系。嘉戎语主要分布在四川的阿坝藏族自治州，说嘉戎语的人都被认为是藏族。

藏语本身还分三种差距较大的方言：卫藏方言主要分布在西藏自治区大部分地方，康方言主要分布在四川的甘孜、云南的迪庆及青海的玉树等藏族自治州；安多方言分布在甘肃的甘南、青海的一些藏族自治州。藏族的复杂性反映了这个民族的多元格局。即使不把羌人作为藏族的主要来源，羌人在藏族形成过程中的重要作用也是无可怀疑的。

藏族在历史上是一个强大的民族，它不仅统一过青藏高原，而且北面到达帕米尔高原，占领过新疆南部，东面到达过唐代的首都长安和四川的成都平原，南面的滇北和当时的南诏国对峙。在他们的强大时期，当地各族人民受到他们的控制。这些人也就被称为藏人。现在阿坝地区还有一种被称为“黑番人”，有些学者认为他们是古代氐人的后裔。在六江流域的走廊里还发现出门说藏语，回家说另一种语言的藏人。这些显而易见的是融而未合的例子。

如果语言的系统能给我们一些民族间历史关系的线索，汉语和藏语的近亲关系也支持了我在上面所提到的羌人是汉藏之间的联结环节的假设。从这个线索再推一步，我们又看到了和藏语近亲的彝语。而彝语的来源有许多学者也认为是羌语。胡庆钧教授在《中国大百科全书》彝族条目里是这样说的：“约在 4000～5000 年以前，羌人早期南下支系与当地土著部落融合为僰（濮）。僰系‘羌之别种’……公元 4 世纪初，羌人无弋爰剑之后自甘、宁、青一带河湟地区南下，到岷山以东，至金沙江畔，发展为武都、广汉、越巂诸羌……是羌人南下的较晚支系。”

彝族在 1982 年人口普查时有 545 万人，如果加上彝语系统的哈尼、纳西、傈僳、拉祜、基诺等族，将有755万人。在少数民族中仅次于壮族，超过了回族。彝族所居住的横断山脉，山谷纵横，构成无数被高山阻隔的小区域，其间交通不便，实际上属于同一族类的许多小集团，分别各自有他们的自称，也被他族看成不同的民族单位。现在说彝语的人已被认为是属于不同名称的五个民族。即是包括在彝族范围之内的人，也还有诺苏、纳苏、罗武、米撒泼、撒尼、阿西等不同自称。

当蒙古军队进攻南宋，道出四川、云南、贵州时，彝语系统的各集团大多联合起来进行抵抗，出现了一个统一的名称：罗罗。这个名称在民间一直沿用到解放时。但因为被认为是一种歧视的辱称所以被废止了，而采用彝这个名称。

彝族在云贵高原长期在各地掌握过地方权力。元明两代均利用彝族本族的统治者作为臣属于中央政权的土司，是一种间接统治的方式。清代通过"改土归流"，进行直接统治，部分交通方便的地区，由于大量的汉人移入，在公元1746年有人记载在东川、乌蒙等地已经是"汉土民夷，比屋而居……与内地气象无异"。

彝族的社会发展是很不平衡的，即使在解放前夕，在城镇上还自认是彝族的社会上层和汉人往来中表面上已辨不出有什么差别，而且在地方政治和经济上还掌握着实权。但在偏僻的山区如四川的凉山，却还保持着其特有的奴隶制度，并成为独立的"小王国"，不受区外权力的控制。

从客观上看，云贵高原的民族格局中实际上存在着六种民族集团。一是在南部及西南边境上多属壮侗语族的民族，主要是傣族。他们是早就住在这地方的土著，还是由东方沿海地区移入这山区的人，现在还难说。二是从北方迁入的彝语系统的民族。三是早在这地区居住的土著民族。按考古学上的遗留来看，这是一块人类的发源地，不大能想像没有遗留人种。但是现存的知识，还不能明确他们和现在的民族有什么关系。但可能大多已淘汰，或是和外来的移民同化了。有人认为现有的仡佬族和仫佬族，散居于贵州、广西一带，系旧称僚人的后裔，可能是这地区较早的居民。四是早在春秋战国时代已开始从中原来的移民，见之于历史的最早有楚国的庄跻带兵进入滇池地区。到汉代从四川进入云贵高原的交通已经开辟，《史记》的作者司马迁就到过云南，滇池附近还发现了汉代的金印。明代及以后大批汉人移入云贵各省是有史可稽的。五是以上各种人的混血。白族可能是其中之一。六是一些跨境的说南亚语系的民族，如佤、德昂、布朗等族，很可能是从境外移入的。

为了提供西南部分更完整的面貌，还得简单说一说处在青藏高原、黄土高原及云贵高原之间的那个四川盆地。这个盆地适于农业，很早就有蜀人和巴人在此生息。根据现有的历史知识说，早在商代的甲骨文中已见到“蜀”字，那是四川盆地的古国。在周人伐商的战争中已有蜀人的参预。蜀人主要活动地区在四川西部。建立过地方政权，后来被秦所灭，而且据说置蜀郡后中原有大量移民入蜀，蜀人也就并入了汉族。

巴人的来源历史上没有明确记载，传说是廪君之后，起源于“武落钟离山”，有人考证在今湖北境内。他们的活动地区是在四川东部、陕西南部、湖北和湖南西部。西周初期在汉水流域建立巴国，被秦灭后，巴人作为一个民族集团也就湮没无闻了。50 年代潘光旦教授考察湘西土家族，认为是巴人的后裔。土家族在中华人民共和国初期，并没有被列入少数民族中，因为当时被认为是汉族的一部分。他们在生活和语言上和汉人已极相近。但是自从承认他们是一个民族单位后，湘、鄂、黔接壤地区很多过去自报汉族的，申请改正为土家族。1964 年人口普查时自报土家族的只有 52 万人，1982 年普查时达 280 万人，在 18 年中增长了 5 倍。这说明有许多已长期被吸收入汉族中的非汉民族，在意识上还留有融而未合的痕迹。

十一、中华民族格局形成的几个特点

以上我把中华民族多元一体格局形成的过程择要勾画出一个草图。中华民族在近百年和西方列强的对抗中成为自觉的民族实体，但是作为一个自在的民族实体是经过上述的历史过程逐步形成的。说到这里，我可以把从这个格局里看到的几个应注意的特点简述如下：

（一）中华民族多元一体格局存在着一个凝聚的核心。它在文明曙光时期，即从新石器时期发展到青铜器时期，已经在黄河中游形成它的前身华夏族团，在夏、商、周三代从东方和西方吸收新的成分，经春秋战国的逐步融合，到秦统一了黄河和长江两大流域的平原地带。汉继秦业，在多元的基础上统一成为汉族。汉族的名称一般认为到其后的南北朝时期才流行。经过2000多年的时间向四方扩展，融合了众多其他民族的人，到目前人数已超过9.34亿（1982年），占中华民族总人口的93.3%。其他55个少数民族人口总数是6720万，占6.7%。

汉族主要聚居在农业地区，除了西北和西南外，可以说凡是宜耕的平原几乎全是汉族的聚居区。同时在少数民族地区的交通要道和商业据点一般都有汉人长期定居。这样汉人就大量深入到少数民族聚居地区，形成一个点线结合，东密西疏的网络，这个网络正是多元一体格局的骨架。

（二）同时值得重视的是，少数民族聚居地区占全国面积一半以上，主要是高原、山地和草场，所以少数民族中有很大一部分人从事牧业，和汉族主要从事农业形成不同的经济类型。中国的五大牧区均在少数民族地区，从事游牧业的人都是少数民族。

我们所谓少数民族聚居地区这个概念是指有少数民族聚居在内的地区，所以并不排斥有汉族居住在内，甚至在人数上可以占多数。少数民族占当地人口10%以上的有8个省（区）：内蒙古（15.5%）、贵州（26%）、云南（31.7%）、宁夏（31.9%）、广西（38.3%）、青海

(39.4%)、新疆(59.6%)、西藏(95.1%),其中占一半以上的只有两个民族自治区。在这些地区,有些是汉族的大小聚居区和少数民族的聚居区马赛克式地穿插分布;有些是汉人占谷地,少数民族占山地;有些是汉人占集镇,少数民族占村寨;在少数民族的村寨里也常有杂居在内的汉户。所以要在县一级的区域里,除了西藏和新疆外,找到一个纯粹是少数民族的聚居区是很不容易的,即在乡一级的区域里也不是常见的。在这种杂居得很密的情形下,汉族固然也有被当地民族吸收的,但主要还是汉族依靠这深入到各少数民族地区的这个队伍,发挥它的凝聚力,巩固了各民族的团结,形成一体。

(三)从语言上说,只有个别民族,如回族,已经用汉语作为自己民族的共同语言外,少数民族可以说都有自己的语言。有些民族,如满族,在日常生活中还经常用满语通话的已经很少,认得满文的普通老百姓则更少了,他们都用汉语汉文来表达自己的思想,杰出的,有我在上面提到的语言学家罗常培和文学家老舍。还有些民族自称有自己的民族语言,但经研究其实已经使用汉语方言,如畲族。有自己语言的民族中有10个民族有自己的文字,但群众里用文字的则只有几个民族,如藏文、蒙文、维文、傣文、朝鲜文等,有些虽有文字,但识字的人很少。少数民族中和汉人接触多的大多已学会汉语。我50年代初到广西和贵州访问少数民族时,当地各族的男子大多能和我用当地汉语方言通话。但是他们和同族的人通话时则用自己的语言。80年代我去内蒙古访问,就遇到有不会汉语的蒙族,也有不会蒙语只会汉语的蒙族。在不同少数民族间通话的媒介也多种多样,有以汉语交谈,有各用自己语言交谈,也有用对方的语言交谈,也有用当地通用的某一种少数民族语言交谈。这方面还缺乏具体的调查。但一般来说,汉语已逐渐成为共同的通用语言。解放后,人民政府的政策是各民族都有使用自己语言文字的权利,并列入宪法。

(四)导致民族融合的具体条件是复杂的。看来主要是出于社会和经济的需要，虽则政治的原因也不应当忽视。即在几十年前的民国时代，在贵州还发生强迫苗族改装剪发的事，但是这种直接政治干预的效果是不大也不好的，因为政治上的歧视、压迫反而会增强被歧视被压迫的人的反抗心理和民族意识，拉开民族之间的距离。从历史上看，历代王朝，甚至地方政权，都有一套对付民族关系的观念和政策。固然有些少数民族统治者，如北魏的鲜卑族，入主了汉族地区后奖励和甚至用行政手段命令他们自己的民族和汉族同化，但大多数的少数民族王朝是力求压低汉族的地位和保持其民族的特点。结果都显然和他们的愿望相反。政治的优势并不就是民族在社会上和经济上的优势。满族是最近也是最明显的例子。

在历史上，秦以后中国在政治上统一的时期占2/3，分裂的时期占1/3，但是从民族这方面说，汉族在整个过程中像雪球一样越滚越大，而且在国家分裂时期也总是民族间进行杂居、混合和融化的时期，不断给汉族以新的血液而壮大起来。

如果要寻找一个汉族凝聚力的来源，我认为汉族的农业经济是一个主要因素。看来任何一个游牧民族只要进入平原，落入精耕细作的农业社会里，迟早就会服服帖帖地、主动地融入汉族之中。

重复提一下，现在那些少数民族聚居的地方，大都是汉人不习惯的高原和看不上眼的草原、山沟和干旱地区，以及一时达不到的遥远的地方，也就是“以农为本”的汉族不能发挥他们优势的地区。这些地区只要汉族停留在农业时代对他们是不发生吸引力的。在农业上具备发展机会的地方，汉族几乎大都占有了，甚至到后来还要去开垦那些不适宜农业的草原，以致破坏牧场，引起农牧矛盾和民族矛盾。这一切能不能作为农业经济是汉族得到壮大的主要条件的根据呢？看来正是汉族的两腿已深深地插入了泥土，当时代改变，人类已进入工业文明的时候，汉族要从泥土里拔出这两条腿也就显然十分吃力了。

（五）组成中华民族的成员是众多的，所以说它是个多元的结构。

成员之间大小悬殊，汉族经过 2000 年的壮大，已经有 9.34 亿人，是当今世界上人数最多的民族。其他 55 个民族人口总共 6720 万，其中还包括“未识别”的大约 80 万人，所以把他们称作少数民族。其中超过 100 万人口的一共 15 个民族，最大的是壮族（1300 万人），人数不到 100 万而超过 50 万人口的有 3 个民族，人数在 50 万以下 10 万以上的有 10 个，10 万以下 1 万以上的有 15 个，1 万以下 5000 以上的有 1 个，5000 以下的有 7 个，其中在 2000 人以下的有 3 个，人数最少的是珞巴族（1066 人）。高山族因缺乏台湾部分的统计，没有列入计算。

各民族人口从 1964 年普查到 1982 年普查均有增长，少数民族总人口增长 68.42%，平均年增长率 2.9%，高于汉族（分别为 43.82% 及 2.0%）。增长最多的是土家族，18 年中增长 4.4 倍。这很明显，并不是出于自然增长，而是由于在这几十年中大批以前报作汉族的改报了土家族。这种情形，在其他少数民族同样发生。汉族原是有许多非汉民族融合进来的。如果推溯其祖先所属的民族来规定自己的民族，那就可以有大量人口从汉族中划出去。当然问题是在怎样来规定“所属民族”的标准了。

同样的难题出现在所谓“未识别”的民族，意思是这些人的民族成分还不明确。这类人总数约有 80 万。其中包括两类，一类是不能确定是汉人或不是汉人；一类是他们属于哪个少数民族没有确定。这种辨别工作我们称为“民族识别”。这并不是指个人而言，而是指：一些集团自称不是汉族，但是历史资料证明是早期移入偏僻地区的汉人，因种种原因不愿归入汉族。又有一些集团是从某些非汉族中分裂出来，不愿接受原来民族的名称。这些人就归入“未识别民族”的总类里。这说明，民族并不是长期稳定的人们共同体，而是在历史过程中经常有变动的民族实体。在这里我不能从理论上多加发挥了。

（六）中华民族成为一体的过程是逐步完成的。看来先是各地区分别有它的凝聚中心，而各自形成了初级的统一体。比如在新石器时期在黄河中下游都有不同的文化区，这些文化区逐步融合出现汉族的前身华夏的初级统一体，当时长城外牧区还是一个以匈奴为主的统一体和华夏及后来的汉族相对峙。经过多次北方民族进入中原地区及中原地区的汉族向四方扩散，才逐步汇合了长城内外的农牧两大统一体。又经过各民族流动、混杂、分合的过程，汉族形成了特大的核心，但还是主要聚居在平原和盆地等适宜发展农业的地区。同时，汉族通过屯垦移民和通商在各非汉民族地区形成一个点线结合的网络，把东亚这一片土地上的各民族串联在一起，形成了中华民族自在的民族实体，并取得大一统的格局。这个自在的民族实体在共同抵抗西方列强的压力下形成了一个休戚与共的自觉的民族实体。这个实体的格局是包含着多元的统一体。所以中华民族还包含着 50 多个民族。虽则中华民族和它所包含的 50 多个民族都称为“民族”，但在层次上是不同的。而且在所有承认的 50 多个民族中，很多本身还各自包含更低一层次的“民族集团”。所以可以说，在中华民族的统一体之中存在着多层次的多元格局。各个层次的多元关系又存在着分分合合的动态和分而未裂、融而未合的多种情状。这就提供了民族学研究者富有吸引力的研究对象和课题。

十二、瞻望前途

放眼未来，中华民族的格局会不会变？它的内涵会不会变？这些问题只能作猜测性的推想。

首先应当指出，中华民族在进入 21 世纪以前已产生了两个重大的质变。第一，过去几千年来的民族不平等的关系已经不仅在法律上予以否定，而且事实上也作出了重大的改变。自从1949年新中国成立以后，民族平等已成为了根本性的政策，而且明确地写入了宪法。为实现民族平等制定了民族区域自治法。凡是少数民族聚居的地方都实行区域自治，建立自治地方的自治机关，由各少数民族自己管理自己民族的事务。少数民族的语言和风俗习惯要受到其他民族的尊重，改革与否由各族人民自己决定。少数民族由于历史原因一般说来经济文化过去缺乏发展的条件，所以国家制定一系列对少数民族的优惠政策。这些政策的落实，使很多过去隐瞒自己民族成分的人敢于和乐于公开要求承认他们是少数民族了。

第二，中国开始走上工业化和现代化的道路。开放和改革成了基本国策，闭关锁国的局面已一去不能复返，从“以农立国”转变到工业化的过程中，对各民族的发展提出了新的问题。如果我以上的叙述和分析是符合历史事实的话，依靠农业上的优势而得到壮大起来的汉族首先遭到了必须改变经济结构的挑战。在他们聚居的地方原本多是在适宜于发展农业的地区。这些地区工业所需的原料是比较贫乏的，而过去对汉族缺乏吸引力，一向是少数民族聚居的地方却正是工业原料丰富的地区。同时，工业的发展需要科技和文化知识，而在这方面少数民族一般说来低于汉人的水平。要由少数民族自己利用本地区的资源去发展本地区的工业是有很大困难的。这些具体情况会怎样影响民族的格局呢?

如果我们要坚持在中华民族里各民族平等和共同繁荣的原则，那就必须有民族间互助团结的具体措施。这正是我们当前必须探索的课题。

如果我们放任各民族在不同的起点上自由竞争，结果是可以预见到的，那就是水平较低的民族走上淘汰、灭亡的道路，也就是说多元一体中的多元一方面会逐步萎缩。我们是反对走这条路的，所以正在依“先进帮后进”的原则办事，先进的民族从经济、文化各方面支持各后进的民族的发展。国家对少数民族地区不仅给优惠政策，而且要给切实的帮助，现在我们正在这样做。

第三，还可以提出一个问题：少数民族的现代化是否意味着更大程度的汉化？如果是这样，各民族共同繁荣是否指向更大的趋同，而同样削弱多元一体格局中多元这一头呢？这固然是存在的一种可能性，但是，我是这样想的：一个社会越是富裕，这个社会里的成员发展其个性的机会也越多；相反，一个社会越是贫困，其成员可以选择的生存方式也越有限。如果这个规律同样可以用到民族领域里的话，经济越发展，亦即越是现代化，各民族间凭各自的优势去发展民族特点的机会也越大。在工业化的过程中，各民族人民生活中共同的东西必然会越来越多，比如为了信息的交流，必须有共同的通用语言，但这并不妨碍各民族用自己的语言文字发展有自己民族风格的文学。通用的语言可以帮助各民族间的互相学习、互相影响而促进自己文学的发展。又比如，各民族都有其相适应的生态条件。藏族能在海拔很高的高原劳动和生活，他们就可以发挥这项特点成为发展这地区的主力，并通过和其他地区的其他民族互通有无来提高各民族的经济水平。我想到这些情况，使我相信只要我们能及早注意这个问题，我们是有办法迎接这个挑战的。在现代化的过程中，通过发挥各民族团结互助的精神达到共同繁荣的目的，继续在多元一体的格局中发展到更高的层次。在这层次里，用个比喻来说，中华民族将是一个百花争艳的大园圃。我愿意用这个前景鼓励自己和结束这篇论文。

1988 年 8 月 22 日

（本文是作者 1988 年应邀在香港中文大学主办的"特纳演讲"[Tanner Lecture] 上所做主题发言）

参考书目

1. 中国社会科学研究院考古研究所:《新中国的考古发现和研究》, 文物出版社 1984 年版。
2. 陈连开:《关于中华民族的含义和起源的初步探讨》,《民族论坛》1987 年第 3 期;《中华新石器文化的多元区域性发展及其汇聚与辐射》,《北方民族》1988 年第 1 期;《我国少数民族对祖国历史的贡献》, 北京书目文献出版社 1983 年版。
3. 徐杰舜:《汉民族历史和文化新探》, 广西人民出版社 1985 年版。
4. 贾敬颜:《汉人考》,《中国社会科学》1985 年第 6 期。
5. 谷苞:《论正确阐明古代匈奴游牧社会的历史地位》,《民族学研究》1985 年第 3 期;《论中华民族的共同性》,《新疆社会科学》1985 年第 6 期;《再论中华民族的共同性》,《新疆社会科学》1986 年第 1 期;《论西汉政府设置河西四郡的历史意义》,《新疆社会科学》1984 年第 2 期。
6. 国家民委民族问题五种丛书编委会《中国少数民族》编写组:《中国少数民族》, 人民出版社 1981 年版。
7. 国家民委财经司:《民族工作统计提要(1949～1986)》, 1987 年版。
8.《中国大百科全书·民族卷》, 中国大百科全书出版社 1986 年版。
9. 费孝通:《民族研究文集》, 民族出版社 1988 年版。

中华文化在新世纪面临的挑战

我觉得很荣幸能参加这次“中华文化与21世纪国际学术研讨会”，因为这个研讨会对我来说是一个极好的学习机会。我自从参加中华炎黄文化研究会以来，一直觉得自己对我们常说的中华炎黄文化，也就是现在所说的中华文化，缺乏深刻的认识，一直想找机会向学者专家们请教学习。我衷心支持和愿意积极参加这次“国际学术研讨会”，因为我相信这个研讨会不仅能满足我个人急迫的学习上的要求，而且更重要的是为了适应我们的中华文化进一步发展的实际需要。

每一个人，都依赖他所受之于前人的文化取得生存的物质和精神基础，并生活在人和人组成的社会中。人类历史发展到最近几个世纪，发生了激速的变动。社会和世界日新月异，个人赖以生存和生活的文化也必须适应这些动态。当前世界上各个文化都面临改革的选择，事关存亡绝续，历经着和面临着不断的挑战，我们中华文化并非例外。

在我看来，中华文化在新世纪面临的一个推陈出新、继续发展的迫切课题，是我们作为炎黄子孙、中华民族这一代的成员，首先要实事求是地认识我们受之于历代祖先的中华文化。人贵有自知之明，一个文化也不能没有实事求是的自觉意识。获得“文化自觉”能力的途径离不开对中华文化全部历史及其世界背景的认识，在20世纪向21世纪过渡的关口提出这个课题，着重加深对我们亲身经历的这段中国和世界历史的认识也许更具现实意义。

一

文化自觉，意思是生活在既定文化中的人对其文化有“自知之明”，明白它的来历、形成的过程、所具有的特色和它发展的趋向。自知之明是为了加强对文化转型的自主能力，取得决定适应新环境、新时代文化选择的自主地位。

经过将近20年来对中国改革开放过程的追踪观察，我从中国经济和社会发生的深刻变革中意识到，中国正在走上小平同志所说的有中国特色的社会主义道路，通过四个现代化，开创出人类历史上追求发展、繁荣、文明、富强的新天地。可以说，20世纪最后20年中国经济的持续高速发展，使中华文化焕发出了自从鸦片战争以来未曾有过的强大生机。这种生机的生成时间恰逢新旧两个世纪的交接，为中华民族加强文化转型的自主能力、取得新时代文化选择的自主地位、在世界新文化的生成过程中发挥更大的作用提供了物质条件和精神自信。

历史上，中华文化的包容性是一以贯之的。但是，这种包容性并非在任何时代都能得到充分的体现。事实上，它的充分体现总是与某些历史时期相联系。根据常识可以知道，春秋战国时期、两汉时期、盛唐时期，都是中华文化的包容性得以充分体现的辉煌时期。这可以给我们一个有益的启示，文化特色的发扬，离不开强盛的国力。如果我们有理由认为，中华民族在新世纪中又将进入一个强盛时期，我们就应该意识到，生活在新世纪中的中国人正面临着一个充分发扬中华文化特色的历史机遇的到来。

历史发展到一定的时期，总是需要找到一个地方和一群人来发扬一种新风气。我想，当前需要的新风气就是文化自觉。最近一个时期的很多迹象都提示我们，现在世界上的各个民族都开始要求自己认识自己的文化，提出了一系列的问题：为什么我们这样生活？这样生活有什么意义？究竟应该确定什么样的生活方式和发展目标？怎样实现这样的生活方式和发展目标？人文科学负有答复这一系列问题的重大责任。现在自然科学发展很快，人对人类本身的生物学研究已经达到绘制基因图谱的地步，科技研究的空间发展已经从地球扩大到了太空。以人文科学来说就要看我们如何跟上时代，认真地各自认识自己的文化了。我感到，目前正在兴起的文化自觉这股风气已经在许多先进国家中酝酿和展开。我们中国要抓住这个历史机遇，参与和推动这股新风气。从文艺复兴到 19 世纪，西方出现过“人的自觉”，写下了人类文化发展的重要篇章。看来 21 世纪将开始出现“人类文化的自觉”了。在新一页人类文化发展史上，应该有中华民族实现文化自觉的恢弘篇章。

二

即将过去的 20 世纪的历史事实，会对新世纪中的文化自觉风气发生重要影响。我出生于 1910 年，基本上可说是和 20 世纪一起走了过来。作为一个以社会人类学为职志、一生关注社会文化变迁的学者，我的切身经历和感受，也许可以认为是对这段历史的一点印证。

“地球越来越小了”——这是我一生经历中最深刻的感觉。七八十年前，我心目中的外婆家相当遥远，要在运河上坐一条手摇的小木船走上一整天。一早上船，船上用餐，到外婆家已近黄昏。实际距离多远呢？ 15 公里。现在通了公路，中间不阻塞，十多分钟就可以到达。距离的概念已经用时间来计算了。这是一个具体例子，说明现代化在人和人的关系上表现得最深刻的就是距离缩短了，接触加多了，范围扩大了，往来频繁了。全人类就这样被疏疏密密地编织在了一起，出现了一个全球性的世界大社会。

再一个给我深刻感受的经历是战争。20 世纪的前一半时间里，发生了两次被称为“世界大战”的重大事件。20 世纪之前，世界规模的战争是没有过的。进入 20 世纪之后，居住在这个地球上的人们已经联系得休戚相关，如此密切，甚至可以在世界规模上用枪炮来对话了。战争固然出于对抗，对抗却也是一种难解难分的联系。利益上的你争我夺，决不会发生在互不相关的绝缘体之间。对抗不仅表示了联系，并且也总是以加强联系为终结而终于导致联合。

联想到中国历史上也有过群雄争霸的战国时期，我曾经把 20 世纪的人类历史比喻为世界范围的战国时期。也许这个比喻不太恰当，但是其中包含着的一个暗示我认为还是值得注意的，这就是：当今世界正在发生全球性的从分到合的运动过程。在第二次世界大战期间，已经有人提出了 One World 的概念，不妨翻译成“世界一体”。中国历史上 2000 多年前出现的群雄争霸，导致了秦朝的大一统局面，形成了当前中国统一体的核心。从这点上来看 20 世纪，我领会到，在世界大战中提出的“世界一体”绝非偶然，它也许是合乎逻辑地指出，群雄争霸的 20 世纪已为人类向全球性大社会的方向发展做出了先导，准备了条件。

在这样一个历史时期，充分注意、深入阐发中华文化的包容性特点将是富有建设性的题目，也可以作为我们实现文化自觉的一个入口。一个充分体现出这一特点、富于时代色彩而又影响广泛的史实，是众所周知的“一国两制”。我认为，“一国两制”的顺利实现不光具有政治上的意义，由于它本身是一个不同的社会制度能不能相容相处的问题，所以它还有文化上的意义。这是 20 世纪末叶发生的一场具有重大意义的实验，它为新世纪中人类对不同文化可以抱持的明智态度做了重要提示。在很多情况下，资本主义和社会主义是对立的，左右分明，互不相容，对峙几十年的冷战时代成了 20 世纪突出的历史事件。可是这种矛盾在中国，它们却可以并存。“一国两制”，也许就是中国文化特点中的包容性的继续发展。窥斑而知豹，可以帮助人们建立信心，在世界文化的发展过程中，不同的制度具有和平共处的可能性，可以出现对立面的统一。香港回归以来的这段中国历史又可以进一步证明，不同的社会制度不仅能和平共处，而且在实践中越来越显示出它的互补性，具体地发挥出了互相促进的作用。经过历史的考验，也可能逐步发展成持续繁荣发展的长期的制度。

三

在“一国两制”的设想从无到有，从设想到现实的过程中，中华文化的包容性所出自的本质性的东西究竟是怎样在发挥作用，现在我们还没有从理论上说得很清楚。我们相信中华文化中还有许多特有的东西，可以解决当今人类面临的很多现实问题，甚至可以解决很难的难题，这是可以相信的，不然哪里会有曾绵延了5000年的巨大活力。现在的问题是我们怎么把这些特点发掘出来，表达出来，这也就是我们实现文化自觉的具体课题。

上面所提到的中华文化的包容性和中国古代先哲提倡“和而不同”的文化观有密切的关系。“和而不同”就是“多元互补”。“多元互补”是中华文化融合力的表现，也是中华文化得以连绵延续不断发展的原因之一。我在《中华民族的多元一体格局》一文中，提出了中华民族形成过程中的“多元一体”理论，得到了学界同人的广泛认同。在中华文化的发展过程中，多元的文化形态在相互接触中相互影响、相互吸收、相互融合，共同形成中华民族“和而不同”的传统文化。中国人从本民族文化的历史发展中深切地体会到，文化形态是多种多样的，丰富多彩的，不同的文化之间是可以相互沟通、相互交融的。推而广之，世界各国的不同文化也应该相互尊重、相互沟通，这对各个不同文化的进一步发展也是有利的。

更进一步，我们可以看到，中华文化对待其他文化、其他民族的态度也有她的特点。中华文化自古以来就讲王道而远霸道，主张以理服人，反对以力服人。“以力服人者霸，以德服人者王”。以德服人就是用仁爱之心来处理自己与别人的关系。心中有我，也有别人。《论语》从古流传到今，仍然被大家自觉地尊为圣贤之书，说明大家衷心赞同孔子提出的正确处理人与人之间关系的主张，说明这些主张在今天的社会里还可以发挥积极的作用。在人际关系中“推己及人”，懂得“己所不欲，勿施于人”，自觉地“老吾老以及人之老，幼吾幼以及人之幼”，由此出发，才能在群体生活里，建立起一种互相尊重、互相容忍、互相有利的合作关系，实现共同的发展。以德凝聚成的群体才是牢固的，所以说“以德服人者王”。我想，在人类即将进入21世纪的时候，中华文化的这种历史经验可以为世界形成新的和平秩序提供值得思考的启示。

但是，相对于我所期望的文化自觉应该达到的境界而言，我以上的表述还是远远不够的，也是不能令我满意的。这只是从一般的认识水平做出的表达，离科学的表达还有相当的距离。通过我个人这么多年的经历，我深深体会到，我们生活在具有悠久历史的中华文化中，而对中华文化本身至今还缺乏实事求是的系统知识。我们的社会生活还处在“由之”的状态，没有达到“知之”的境界。同时，我们的生活本身已经进入一个世界性的文化转型期，难免使人陷入困惑的境地。这确实是中华文化即将进入21世纪时面临的一个无以回避的挑战。我们还需要以科学的态度、实事求是的精神、实证主义的方法来真正认识和理解具有悠久历史的中华文化。

我们对历史上传下来的世界上的各种文化是一视同仁的。孔子一向主张“有教无类”，看到自己在中原不能行其道，曾想乘桴浮于海，甚至表示愿意移居九夷之中，这些都说明他没有文化中心主义的思想和态度。这一点，也是中华文化传下来的一个好传统。在今天提出并且实践“文化自觉”的迫切课题时，我们要发扬这个好传统，一视同仁地看待包括中华文化在内的世界上的各种文化。我们相信，人类传下来的每一种文化都具有对人类的发展起积极作用的一面，同时也会都有它消极的一面。我们应当在梳理和理解人类文化古今之变的过程中，对每一种文化都采取存其精华、去其糟粕的选择态度。我们主张对各个已有文化适应新环境的过程中，应强调选择上的自主地位，但反对任何文化中心主义的思想和态度。为了使得各种文化在适应全球一体化的同时能发挥其选择上的自主性，我们认为首先各种文化应当有充分的自觉性，都应该有“自知之明”。所以我们提出，当前要提倡文化自觉。

文化自觉是一个艰巨的过程。首先要认识自己的文化，根据其对新环境的适应力决定取舍。其次是理解所接触的文化，取其精华，吸收融会。各种文化都实现了自觉之后，这个文化多元的世界才有条件在相互接触中、自主地相互融合中出现一个具有共同认可前提的基本秩序，形成一套各种文化和平共处、各舒所长、联手发展的共同守则。

作为中华民族的成员，我们有责任先从认识自己的文化开始，在认真了解、理解、研究传统文化的基础上参加现代中华新文化的创造，为新世纪的文化建设积极准备条件。

1998 年 9 月 1 日于西山

（本文是作者于 1998 年在香港“中华文化与 21 世纪国际学术研讨会”上所做发言）

更高层次的文化走向

今天借这个机会和大家见见面，谈谈天。我多年来一直在研究中国的农村，现在回过头看，一生做过的事，仅仅就是要为老百姓增加点财富。改革开放以来，通过到各地考察，我看到我国的东部地区经济比较发达，到中部出现了一个台阶，经济下来了。东部沿海地区的农民人均年收入是大约5000元，而在江西这样的中部地区，农民人均年收入只有2000元左右，两地相差一半。怎样能把中部地区发展起来呢？我认为京九铁路通车，为中部地区的发展提供了一个好机会。大家常说：要想富，先修路。但是有很多例子告诉我们，修了路不一定能富，就像电影《少林寺》里的和尚说的“酒肉穿肠过”那样。意思是说，京九路虽然通车了，如何能不仅仅是酒肉穿肠过，而把“营养”留下来？我想应该沿京九线加快发展起一批中等城市，由这些中等城市带动周边农村的发展。所以从去年开始，像穿糖葫芦那样，我访问了京九沿线的一串城市，有河北的衡水，山东的菏泽，江西的南昌、九江等。今年到了赣州，从赣州转到京广线上的株洲。20年前，株洲还是个只有7000人口的地方，但现在已经发展成拥有100万人口的中等城市了，发展得真快啊！在那里我想起了景德镇，因为株洲在湖南相当于景德镇在江西的地位。株洲的发展是得益于引进高科技。景德镇是一个历史悠久的文化名城，要发展也得靠走“传统+科技”的道路。

说到传统，大家就会想到景德镇这个有名的瓷都。过去我总认为中华文化的起源主要是在黄河以北，但是许多考古成果都证明，我国的南方也是一个古代文化发展的中心。最近我参观了长沙的马王堆，看到了大批出土的竹简，内容虽然还没有全部翻译出来，但是已经能看出当时的吴文化已经很发达了。吴文化在中国文化中的地位，我们一直没有讲透。黄河流域是中国文化的一个重要发源地，这不成问题，但是长江流域是中国文化的另一个重要发源地，却还没有得到更好的证明。我相信当这批竹简上的内容被研究清楚后，人们对中国历史的认识，会有一个新的发展。这些年来，从发掘出的7000年前的河姆渡文化遗址和太湖地区良渚文化遗址中，可以看出长江流域很早就已经发展起来了；甚至还有人说吴越的水稻文化，不仅影响了几千年中国文化历史的发展，而且通过海上的传播，促进了早期的日本文化的发展。

江西在历史上曾经是吴国统治的地盘，受吴文化的影响，这种文化渊源，可以延续到今天。比如江浙一带受吴文化的影响，形成了传统的丝绸文化，浙江还成为瓷器的故乡，越窑的瓷器在当时就很出名，后来衰落了，瓷器的中心转移到了江西。丝绸和瓷器都是中国最有名的手工艺产品，不仅在历史上，而且直到今天还在继续发展着，和当地的经济紧密相联。我认为中国的传统文化应该有两个来源，一个来自北方，一个来自南方，它们互相补充、互相影响。这也是我的中国文化发展多元一体理论的根据。

今天会议的主题是传统手工艺百年回顾。我对手工艺的发展历史没有专门研究过，所以只能讲讲手工艺的“今天”和“明天”。缩小一点，就只讲瓷都景德镇的今天和明天。

我对手工艺和瓷器一直有所偏爱。解放初期，我在清华大学当副教务长时，对北京的手工艺品很感兴趣，曾经想搞一个有关北京景泰蓝的研究课题。后来因为我调到民族事务委员会去搞少数民族工作，这个课题就搁下了。但是，在对少数民族地区做调查时，我们收集了一批少数民族文物，也就是少数民族的工艺品。今天景德镇的瓷器又把我吸引住了。

据我了解，现在景德镇的陶瓷，有一部分又由家庭，也就是由个体户生产了。对个体经济可不能小看它，因为从理论上讲，中国社会中最基本的组织、最活跃的细胞就是家庭，在我们东方文化里，“家”、“家族”是可以发挥很大作用的。其实手工艺品的生产就是家庭经济的一部分，家庭生产是很重要的方式。如果我们善于利用家庭这个因素，把它的积极性调动起来，那么我们的生产就可能会有一个大的发展。

我在山东认识了一位企业家朋友，他是由挑着货郎担，到农村挨家挨户卖碗卖杯起的家，后来生意越做越大，全村都做这个买卖，现在已经发展成了一个大企业，带动了当地经济的发展。当然他卖的是老百姓日常用的瓷器，这说明我们搞瓷器的人，不仅要搞艺术陶瓷，也要注意搞日用陶瓷，要生产农民需要的东西。因为农村是一个最大的市场，要看准这个市场，占领这个市场。虽然目前农民的收入还比较低，但是等他们的收入提高以后，也会需要艺术水平高的艺术陶瓷。

我们回顾近百年来的手工艺历史，要把眼光看得开一点、远一点，要超越百年以来的框框，才能有新的想法、新的认识，进入新的时代。回顾是为了超越、为了创新。但是创新不根据旧的东西是很难做到的，这就又回到刚才我讲的“传统＋科技”的问题上，怎样在传统的基础上结合新的技术、新的科学思想，把手工艺提高一步。听说景德镇的陶瓷业，已经应用了不少新的科学技术，希望能再接再厉，更进一步。

最后讲讲我对中国手工艺未来的看法。苏州有个刺绣研究所，他们发明了一种新技术，叫“乱针绣”，是把一根丝线拆成更细的丝，用这种细丝来绣东西。绣出来的作品，有一种模模糊糊，像中国水墨画的效果。它不是线条，也不是色彩，而是一种感觉，这种感觉是很高的艺术感受。我认为，人类的文化不能仅仅囿于实用，人的需求是要超越它、要出点格。打个比方：人们吃饭，不能只讲求营养、讲求对身体有没有好处，还要追求味道，就是我们中国人说的“鲜不鲜”。这个味道是烹饪里高层次的追求，就像艺术是生活里更高层次的追求一样。

我们说吃饱穿暖，这是人们生活中最基本的要求。下一步就不仅要吃饱，而且要吃得有味道，菜肴要鲜。这个“味”、“鲜”不仅是舌头上的一个刺激，一个物质上的刺激，还是一种感觉，这种感觉有时是难以用语言表达出来的。也就是说吃饱不吃饱和鲜不鲜是两个层次的问题。高层次的文化要讲究味道，像人们欣赏一幅画，不光看它画得像不像，还要看它画得有没有神韵。这种感觉是在有无之间、虚实之间，在这种“有无”、“虚实”的感觉中，文化达到了一个新的高度，也就是艺术的一个高度。中国人讲艺，是孔子讲的六艺，不是技术，艺同技是不同的。游于艺是孔子追求的最高境界。

我对艺的理解，是从梁思成先生那里学来的。梁先生常讲，建筑师不仅仅是一个匠人，不能光讲技术，还要讲究美的感受，讲艺术。技指的是做得准确不准确、合适不合适；艺就不仅如此，还要讲神韵。神韵是一种风度、一种神气。这些都不是具体的、物质的东西。平时我们讲精神文明，精神文明里还可以分成两层：一层是人的基本感觉，比如痛、痒；再高一层是人的气质，这里浓缩了人的思想、感受。这种思想、感受在一个美的状态里释放出来。接受这种释放是不容易的，往往只有艺术家才能做到。如果我们每个人都朝着这个方向去努力，朝艺术的境界靠近，这个世界就不同了。也许若干年后，会迎来一个文艺复兴的高潮，到那个时候也许人们要提出文艺兴国了。

最近我提出这样一个问题：人们富裕了以后会怎样？人是不会仅仅满足于吃饱穿暖的，他还要求安居乐业。这个“安乐”就是一个更高层次的追求，这个追求是要有物质基础的，没有物质基础是接触不到这个层次的。最高层次的文化就是艺术家所要探索的艺术。艺术的需要有时是很难用普通的语言来表达，因为一般人还没有那个体会，只有艺术家能够体会并表达出来。如同从语言到诗歌再到歌唱，话谁都会说，但不是人人会写诗、唱歌。也像听音乐时，人们不只是接受一种声音的刺激，还应该有一种对声调的感受。我认为文化的高层次应该是艺术的层次，当然，这是美好的、是更高层次的追求，是超过了一般的物质要求，是人类今后前进的方向。这种追求我已经体会到也感觉到了，而且想把它抓住，尽力推动人类文化向更高的层次发展。

讲一个我亲身体验过的例子。解放前，有一次我到扬州。那时扬州是个经济、文化繁荣发达的地方。一天夜里，我们几个人在一条深巷里听艺人唱曲子。夜半月下，听着悠扬、婉转的笛声，我产生一种飘飘忽忽、朦朦胧胧的感觉，真是进入到一种用语言表达不出的艺术境界里。对于这种感觉，学艺术的人可能比我感觉更深刻，可以讲得更清楚。我想人类最终就是要追求进入这种艺术的、美好的精神世界，一种超脱人世的感受。这里包含着我们艺术家所承担的责任。

当前我们的文化面临着挑战，也就是两种不同性质的文化走向。一种是重视自然世界，追求物质性、准确性；另一种是重视人文世界，追求精神性，这似乎就是东西方文化的差异。今天我们讲文化的艺术导向，就是在追求人们的生活达到一个艺术的境界，这个工作就要艺术家来完成。艺术家的工作是不能用机器来完成的，不能讲规模生产、降低成本，相反，他要不断增加成本，要把人类精神文明的资源加过去。有的艺术家为了一个信仰、一种追求，把生命作为投资，耗尽一生精力，死而无憾。这是两种不同的世界观，不同的文化导向。有人认为，中国文化是最接近这种精神的文化。

在来参加这个会议的路上，我一直在想，应该有人出来把现在的文化导向改变一下，希望能有这么一天，人们把对物质高度发展的追求，改变成对艺术高度发展的追求。当然，我们不能把这两个方面对立起来，因为艺术的发展是要有雄厚的物质基础和科学技术做基础的，两者要结合好。如何结合就是我们要下工夫探讨的课题。我讲的话有的是超前了，出了格，但的确是我从实践中、从看到的事实里感受到的。讲出来，希望能对大家的讨论有所帮助。

我还想，景德镇曾经是世界闻名的瓷都，在我国经济和文化的发展上占有重要的地位。历史上中国最有名气的手工艺品就是瓷器和刺绣。希望景德镇的陶瓷研究所和苏州的刺绣研究所加强交流，不断创新，共同把中国的手工艺术推向一个新的高度，为人类追求艺术生活的导向出力。

1999 年 8 月

（本文是作者在景德镇民窑艺术研修院召开的“’99 传统手工艺百年回顾研讨会”上的讲话）

文化论中人与自然关系的再认识

人文价值再思考

工业文明进程中的思考

文化生态失衡问题

文化论中人与自然关系的再认识

今天我是特地来庆祝南京大学创立100周年纪念的。我出生在江苏省吴江市，所以江苏是我的祖籍，也是传统的所谓故乡。南京大学是我故乡的最高学府，我现在已经92岁了，在这垂暮之年还能亲自来参加这次盛会，我觉得十分荣幸。

100年前创立这个高等学府，在历史上是一件值得重视的事，因为这正好标志着中国教育制度改革在这地区的初步成功，为中国的现代化起了破冰作用。这是十分重要而值得纪念的。我说的这次中国教育制度改革是指科举制度的废止和学校这个新制度的获得建立。我就是这个新学校制度下培养出来的人。我记得很清楚，我的父母为这场改革所做的努力，我父亲就是在家乡参与了这场改革。他是最后一科的秀才，由于科举制度的废除，他接受了地方政府的资助留学日本，回国后在本乡开办了个县级中学。我母亲是本乡幼儿园的创办人，当时称蒙养院。这些在当时都被称为“洋学堂”，是新生事物。这是我上一代的功绩，他们为中国的现代化打下了基础。

我受到的教育就是从当时的新制度里开始的，我经常向人自骄地称自己是完整地从新制度里培养出来的人。这个新的学校制度是针对旧的科举制度下的私塾制度而兴起的，而且基本上一直传到现在，富有它的生命力。我在新制度下所受的教育是从西方国家经过日本传入的。它使我这一代人从童年起就能接受学校教育，参加同代人的集体生活，这和私塾是不同的，而且受的教育在方法和内容上都有别于传统的私塾教育。我们不再被强迫背书，而且不再用旧的经典著作如

《论语》、《孟子》等作为启蒙的必修教本。我记得在初小时第一本国文教科书是由商务印书馆发行的，第一课是“人、手、足、刀、尺”。现在活着的人中用这个课本开始学习语文的大概已为数不多了，但这件历史上的小事却影响了我国文化的发展进程。今天利用在南京大学百周年纪念的机会，我提到这件小事是值得深思的。

一

中国的文化需要改革和发展是人类发展的规律所决定的，而且在 100 年前已酝酿了相当长的时期，从清代的戊戌政变[①]起始，维新的运动已经在中国历史上冒了头。维新运动是由当时一些知识分子想以日本为榜样，引进西方文化，起初还是“犹抱琵琶半遮面”地提出“中学为体、西学为用”，向西方文化开门引进。但这扇门一开，西方文化就势如破竹地冲破了东方文化所设置的重重阻碍，到了民国初年发生的“五四”运动，就有人明目张胆地提出“全盘西化”的主张了。中国文化经过几千年闭关自守，到这时再也守不住了。接受西方文化的浪潮，拜德、赛两先生为师，是“五四”以后中国文化变动在历史上的主要方向，也是不容我们否定的历史事实。当前提出的“现代化”基本上是这个历史潮流的继续。即便是使中国人民能摆脱国际上二等成员地位的人民革命运动，也还是以西方文化中倡立的政治思想马克思主义所领导的。向西方文化学习，取得了历史上的辉煌的成就。

当然在向西方文化学习的大势下，也时时出现折衷派和反对派，折衷派是对西方文明要求有选择的引进，反对派则认为西方文明已走

① 此处应为“戊戌变法”——编辑注。

到了尽头，今后应是东方文明领先。“今日河西，明日河东”的轮转循环，一正一反原是思想舞台上的常规，但时至今日在世界一体化的潮流中，我们的确要认真考虑一下我们东方文化的前途了。

对我自己来说，从20世纪30年代投身到学术领域里，进入社会人类学这门学科，文化的动向本来应当是研究的一个主题，具体地说，不能不关心自己传统文化的前途。但这个问题却是个深奥难测的谜团，以我个人受到的教育而言，具有着重引进西方文化的家学传统，已如上述。30年代开始我就立志追随老师吴文藻先生，以引进人类学方法来创建中国的社会学为职志，详言之，即用西方学术中功能学派人类学的实地调查方法来建立符合中国发展需要的社会学，这个目标显然是从西方的近代人类学里学来的，它的方法论是实证主义的，实证主义实际上是西方文化的特点在学术上的表现。科学理论必须是以看得见、摸得着的客观存在的事物为基础的。

这个学派的特点反映了西方文化中对生物性个人的重视，所谓文化的概念，说到底是“人为、为人”四个字。“人为”是说文化是人所创制的，即所谓人文世界，它是为人服务的设施。这确是反映了当前我们生活在其中的世界。我们衣食住行的整个生活体系，都依靠人力改造过的自然世界而得来的人文世界。这一点事实是大家能明白和切身体会得到的。我们现代的生活，甚至和自然世界接触的人体感觉器官都经人为的媒介改造过的。肉眼上要罩上眼镜，进一步还要用望远镜和显微镜一类的器械，单凭肉眼已经不易与自然界亲密地全面接触了，听觉上也是如此，我们依靠助听器、电话等设备来听取我们所接触到的和辨别到的远距离传来的声波。这种生活的现实，使我们习惯于把自然看成是我们生活的资源。一方面是生活越来越复杂和广阔，一方面我们把自然作为为我们所利用的客体，于是把文化看成了“为人”而设置了，“征服自然”也就被视为人生奋斗的目标。这样我们便把个人和自然对立起来了，“物尽其用”是西方文化的关键词。

我们的生活日益现代化，这种基本上物我对立的意识也越来越浓。在这种倾向下，我们的人文世界被理解为人改造自然世界的成就，这样不但把人文世界和自然世界对立起来，而且把生物的人也和自然界对立了起来。这里的“人”又被现代西方文化解释为“个人”，因之迄今为止个人主义还是西方文化的铁打基石。西方文化里的个人主义加上人通过自己创出的文化，取得日益进步的现代生活内容，于是在西方的文化里不仅把人和自然对立了起来，也把文化和自然对立了起来。这也许是西方文化当前发展的一个很显著的特点。西方的学术领域里也明显地表明了这个特点。首先是以认识自然为职志的学术领域里被自然科学占据了主要地位，把研究同样应当属于自然界的社会和文化的社会科学和人文学科都压缩在次要的地位。

二

总而言之，在西方文化里存在着一种偏向，就是把人和自然对立了起来。强调文化是人为和为人的性质，人成了主体，自然是成了这主体支配的客体，夸大了人的作用，以至有一种倾向把文化看成是人利用自然来达到自身目的的成就。这种文化价值观把征服自然、人定胜天视作人的奋斗目标。推进文化发展的动力放在其对人生活的功利上，文化是人用来达到人生活目的的器具，器具是为人所用的，它的存在决定于是否有利于人的，这是现代西方的文化价值观念。

当然在西方现代思想中占重要地位的达尔文进化论肯定人类是自然世界的一部分，是从较低级的动物的基础上发展出来的一种动物。但这种基本科学知识却被人与人之间的利己主义所压制了，在进化论中强调了物竞天择的一方面，也就强调了文化是利用自然的手段。由此而出现的功利主义更把人和自然对立了起来，征服自然和利用自然成了科学的目的。因此对自然的物质方面的研究几乎掩盖了西方的科学领地。甚至后起的对人的研究也着重于体质方面，研究人的心理的科学也着重在研究人体中神经系统的活动，即所谓行为科学。可见西方科学发展史上深深地受到其文化价值观的制约。

我最近为了补课，重又复习了上世纪初期的西方社会学的历史。我从派克老师早年的著作中，体会到他对当时欧美社会学忽视人们的精神部分深为忧虑。科学原本应当以客观存在的自然世界为研究对象，但是在经验主义的影响下，只承认看得到、听得到的现象为研究范围，而人的生活中却有很重要的内心活动是别人看不到、听不到的。因而社会学被困住以至不容易建立“科学的社会学”。

我这样说，是指西方科学界整体而言的，其中也有许多对此不满意的学者，而且我所师从的几位老师都是属于这一类。比如我在清华大学所师从的史禄国教授，他苦心孤诣地研究人类精神方面的文化。他在西方传统词汇里找不到适当的名词，结果提出了一个一般人不易理解的 Psycho-mental 这个新名词，并且用此作为他最后的巨著的书名，即 *Psycho-mental Complex of Tungus*。我从他创造这个新名词，可以猜测出在他这一代人中，人的研究工作一般还是不愿意把精神实质的文化作为科学研究的对象。再说一段我个人的经历，史禄国老师在我踏进人类学这门学科时，为我预定了三个学习阶段：第一是学体质人类学；第二是学语言学，第三才是学当时所通行的文化人类学。我当时并没有从他为我规定的学习顺序中，体会到这三步正是指出了对人的研究的三个层次；从人的生物基础出发，进一步研究人和人相互传递共识以获得共同活动的语言。用我现在的体会来说，正相当于派克老师所说的科学的社会学；然后进入到现有世界上多种文化的比较研究。以上所说的是我老来的私人体会，我把这个体会放在这里来讲，是要说忽视精神方面的文化是一个至今还没有完全改变的对文化认识上的失误。这个失误正暴露了西方文化中人和自然相对立的基本思想的文化背景。这是“天人对立”世界观的基础。在这里还应当指出，上面所说“天人对立”的世界观中的“人”还应当加以说明，这里的“人”实在是指西方文化中所强调的利己主义中的“己”，这个“己”不等于生物人，更不等于社会人，是一个一切为它服务的“个人”。在我的理解中，这个“己”正是西方文化的核心概念。要看清楚东西方文化的区别，也许理解这个核心是很重要的，东方的传统文化里“己”是应当“克”的，即应当压抑的对象，克己才能复礼，复礼是取得进入社会、成为一个社会人的必要条件。扬己和克己也许正是东西方文化差别的一个关键。

三

我在前文提到，我过去常用“人为、为人”四个字来说明文化的本质是不够全面和确切的。因之对这四个字中的“人”还应当多说几句。我一直接受西方现代文化中所认定的人是从较低级动物演化来的观点，我的一位老师潘光旦先生已经把达尔文的名著《人的由来》翻译成了中文，我接受这书中所做出的科学结论。但是要补充说明的是，这个高等动物不但从原始生物的基础上经过很长的时间才在演化的历程中获得了其他生物类别所没有的特质。这些特质固然也是从较低级的生物中逐渐演化得来的，但凭着这些特质的继续发展演化，取得了其他物种达不到的能力。其中之一就是由于人的神经系统的发展，除了能够接受外界的刺激，以获得意识上的印象之外，还能通过印象的继续保留而成为记忆，而且还能把前后获得的印象串联成认识外界事物的概念。不仅如此，还发展成为有一定内容即意义的音像符号（symbols），于是产生了语言和文字，凭着这些有一定意义内涵的语文，即这些具有社会共识的符号，由一个人传达给另一个人。人与人之间的心灵因之得以相通。这是这一个个人和其他人取得结合的关键，并导致他们可以发生分工和合作，完成共同的目的，达到共同的理想。这就是派克老师所指的社会实体形成的过程。我们可以用生物人和社会人等名词来区别由生物进化完成的生物人和由生物人的集合成群体而成为的社会人。一丝不挂的独自为生的生物人，在这个世界上是不存在的。而西方文化中把它偏偏作为功利主义中的“己”，突出来和自然相对立。这个虚拟的“己”，是事实上无法独立生存的生物人。

生物人和其他动物一样，它的生命实际上有一定的限期，即所谓有生必有死，生和死两端之间是他的生命期。由于生物人聚群而居，在群体中凭其共识，他们相互利用和模仿别人的生活手段以维持他们的生命。这时他们已从生物人变成了社会人。只有作为一个社会人，生物人的生命得以绵延直至其死亡。每个生物人都在生命中逐步变成社会人而继续生活下去。我们一般说人的生命是指生物人而言的，一般所说的人的生活是指社会人而言的。生活维持生命的继续，从生到死是一个生物的必经的过程，但是生活却是从生物机体遗传下来的机能，通过向别人学习而得到的生活方式。一个人从哺乳到死亡的一切行动，都是从同一群体的别人那里学习得来的。所学会的那一套生活方式和所利用的器具都是在他学习之前就已经固定和存在的。这一切是由同群人所提供的。这一切统统包括在我所说的人文世界之内，它们是具体的文化内容。当一个生物人离开母体后，就开始在社会中依靠这前人创造的人文世界获得生活，也可说一离开母体即开始从生物人逐渐变成了社会人。现存的人文世界是人从生物人变成社会人的场合。这个人文世界应当说是和人之初并存的，而且是社会人共同的集体创作，社会人一点一滴地在生活中积累经验，而从互相学习中成为群体公有的生活依靠、公共的资产。人文世界拆开来看，每一个创新的成分都是社会任凭其个人天生的资质在与自然打交道中日积月累而形成的；这些创新的成分一旦为群体所接受，人文世界的内涵就不再属于任何个体了，这是我们应当注意的文化社会性。文化是人为的，但这里只指文化原件的初创阶段，它是依靠被群体中的人们所共同接受才能在群体中维持下去。一群社会人相互学习利用那些人文世界的设施，包括物质的和精神的，或说包括它的硬件和软件进行生活。因而群体中个别生物人的死亡并不跟着一定发生文化零部件的存亡，生物人逃不掉生死大关，但属于社会人的生活用具和行为方式即文化的零部件却可以不跟着个别生物人的生死而存亡。文化的社会性利用社会继替的差序格局即生物人生命的参差不齐，使它可以超脱生物生死的定律，而有自己存亡兴废的历史规律。这是人文世界即文化的历史性。

请允许我不免有点重复地再对文化的社会性和历史性说几句。这里必须强调社会人靠群体而存在，群体是由生物人聚集而形成的，生物人聚成了群体，构成了社会，才发生社会人，从个别来看，生物人的生死也是社会人的生死，没有生物人，社会人也就没有了载体，但是从群体来看，生物人的生死是前后差序不齐的，这就是我在《生育制度》一书中所指出的社会继替的差序格局。这使得生物人所创造的文化（文化之内包括群体的社会组织和制度），都可以持续往下代传递，除非整个群体同时死亡，文化在群体中是可以持续传下去的。还应当说文化包括它物化的器材和设备，可以不因人亡而毁灭。过一段时间，即使群体已灭亡了，如果有些遗留下来的物化的文化还有被再认识的机会，它还是可以复活的。所以文化的自身里有它超越时间的历史性，文化生命可以离开作为它的载体的人（包括生物人和社会人）而持续和复兴。这是文化的历史特性。因此我们有“考古学”这门学科。

四

强调重新认识文化的社会性和历史性，可以帮助我们调整文化的价值观。我在上文中讲到了我认为西方文化里，从大多数民众来说，存在着严重的以利己个人主义为中心的文化价值观。这种文化价值观从以往的历史来看，200多年来曾为西方文化取得世界文化的领先地位的事业立过功。但是到了目前，我担心它已走上了转折点，就是由于形成了人和自然对立的基本观点，已经引起了自然的反抗，明显的事实是，当前人们已感到的环境受到的污染确是给人们的生活带来困难。大处和远处且不提，即以最近在我国北方出现恼人的沙尘暴，确是我活到90多岁后才切身经历到的最恶劣的天气。这可说只是自然在对我们征服自然的狂妄企图的一桩很小的反抗的例子。在自然界的反抗面前，人类已经有所觉悟而做出了保护环境的绿色革命。但是可悲的是，最近提出的关于世界性的保护环境的公约没有能得到国际上的一致支持。

“9·11”事件发生后全世界人们都惊觉了，在我看来这是对西方文化的又一个严重警告。我在电视机前看完这场惨剧的经过后，心里想，西方国家特别是受难国一定会追寻事件发生的根源，进行深刻的反思，问一问这是不是西方文化发生了问题。当然，这是我个人的一种私自的反应。但是我的私愿落空了。事件发生后事态的发展使我很失望，我对一般的“以牙还牙”报仇心理是可以理解的，这是人类甚至动物的原始性的心理反应。但是接着却把事件当作刑事案件来对待，缉拿凶手成了主要对策。凶手找不到就泄愤于被指为嫌疑对象的所在国，进行了不对等的战争，并利用现代科学所创造的武器对嫌疑犯所在的国家进行狂炸滥轰。以反对恐怖主义的正义名义进行的这场战争，造成了大批无辜人民的死亡和遭殃。在我看来这是以恐怖手段反对恐怖主义的一个很明白的例子，是不是应了我们中国力戒“以暴易暴”的古训？这是我这个信息不灵通的老人的私见，但也许联系上我在前面所讲的西方文化的“天人对立”的价值观来看这段历史，就可以感觉到西方文化的价值观里轻视了文化的精神领域，不以科学态度去处理文化关系，这是值得深刻反省的。

我想接下去继续在对文化的思考上说几句关于东西方文化不同之处的问题。我着重说了西方文化的价值观中人和自然的关系，因为这正是东西方文化区别的要害处。我认为，西方文化在自然科学中强调，人利用自然而产生了技术并促进其发展，在这一点上是有别于传统的东方文化的。同时也正反衬出东方文化着重“天人合一”的传统。这里的“天”应作为自然解。我在这次讲话一开头就说明我是个从小在洋学堂里培养出来的知识分子，所以缺少了一段中国传统的经典教育。我没有进过私塾，没有坐过冷板凳，对中国传统文化缺乏基本的训练，但是在业余时间受到了上一代学者关于国学研究的影响，而且在上学时已听到过“天人合一”的说法，但当时并没触及我的思想深处。直到最近这几年，90 岁以后，才补阅我故乡邻县无锡出生的钱穆（宾四）先生的著作。他是个热衷于“天人合一”论的历史学者，据说在他弃世之前不久曾对夫人说，他对“天人合一”有了新的体会，而且颇有恍然大悟之感，但所悟的内容却没有机会写成文字留给我们这些后代。正是记起了这件事，使我注意到文化价值观方面东西方文化的差别。当前西方文化中突出的功利追求和着重自然科学的发展的根源，也许就是这“天人对立”的宇宙观。我在这里不由得又想起钱穆先生所强调的，从“天”“人”关系的认识上去思考东西方文化的差异。这一思考也使我有一点豁然贯通的感觉。中华文化的传统里一直推重《易经》这部经典著作，而《易经》主要就是讲阴阳相合而成统一的太极，太极就是我们近世所说的宇宙。二合为一是个基本公式。“天人合一”就是这个宇宙观的一种说法。中华文化总的来说是反对分立而主张统一的，大一统的概念就是这“天人合一”的一种表述，我们一向反对“天人对立”，反对无止境地用功利主义态度片面地改造自然来适应人的需要，而主张人尽可能地适应自然。这种基本的处世的态度正是我的老师潘光旦先生提出的“中和位育”的观点，“中和位育”就是“中庸之道”，对立面的统一、靠拢，便使一分为二成为二合为一，以达到一而二、二而一的阴阳合而成太极的古训。

我们中华文化的传统在出发点上和西方文化是有分歧的，目前在经济上进入全球化的时候，出现了文化的多元化，这时大家关心的是多元文化不要互相冲撞而同归于尽，这应当是“9·11”事件给我们的警告。多元文化的接触和交流是不可避免的历史过程，怎样取得人类持续发展的机会，必须尽力接受“9·11”事件和“阿富汗战争”所提出的警告，避免同归于尽的前途。我在这个局面中想到了东西方文化的处境，敲敲警钟以保卫世界和平，祝愿我们当前还存在着差别的多元文化，能在各自的发展中走向和平共处的世界，并愿在祝贺我故乡的高等学府成立百周年纪念的时刻作出这个呼吁。同时也想表白我坚信我们东方文化能在这个矛盾中做出化凶为吉的大事，做出对历史的贡献。

2002年5月5日于北京

（本文是作者于2002年5月在南京大学百年校庆上所做发言）

人文价值再思考

一、引言

我十分高兴能到香港来参与关于第五届“中国文化与现代化”的研讨会的开幕式。这是中国大陆、香港、台湾社会学和人类学同仁学术定期交流的第五次会议，上一次是1993年在我的故乡苏州举行的。当时我提出的论文，已经用“年近谢幕”这句话开头，转瞬间又是四年，我们大家都增添了四岁。我自己已经到了87岁，应当是从社会活动中退休的年龄了。但是还是舍不得这个和各位老朋友再一次交谈切磋的机会，违背了家人的劝阻，做此旅行。我这种心情，深盼朋友们能体会，如果我在发言中有什么不能达意或不妥之处，请多体谅。

在座的不少朋友都知道，我曾在一些场合中提到，这几年我想做的一件事就是“反思反思”自己60多年来的学术道路，对自己耗费过的笔墨“结结账”。几次聚会虽没有特地安排与老朋友们讲述我的过去，却在客观上为我的自述和反思提供了机会。

这次研讨会的主题是“社会科学的应用与中国现代化”。这个主题隐含一种程序，即把我们这些从事人与社会研究的人所得出的结论运用到实际生活当中去取得具体效果的一个过程。然而，对我这样一个已经在60多年的时间距离之间行走过来的老人来说，它却使我想到更加复杂的问题。稍有知情的人都了解，我曾经在国际上获得过“应用人类学马林诺斯基奖”。我获得这个奖，自然是因为我在一生中写出不少文章，其中有许多早已被称为“应用研究”了，而我也曾指出自己的研究形成了为了解中国和推动中国进步为目的的中国式应用人类学。[①] 想起来大家也必定知道，对于我的研究及其“应用价值”以及关于中国现代化的看法，60 年来海外一直存在不同的评论。

去年 9 月在吴江与朋友们聚会时，一位来自英伦的友人提起我的同窗 Edmund Leach 教授在人类学的价值问题上与我形成的差异。[②] 我与 Edmund 可以说是 Malinowski 门下的同门弟子，可是 Edmund 坚持认为人类学是纯粹的智慧演习，而我则觉得人类学如果不从实际出发，没有真正参与到所研究的人民的生活中去，没有具有一定的实践雄心，就难以获得自身应有的价值。

Edmund 已先我而去世，我与他无法进行面对面的论辩，只能在他“缺席”的条件下“自言自语”了。在《人的研究在中国》(1993) 这一讲演稿中，我不仅对 Edmund 对中国人类学者的评论作出理论回应，而且还承认了中国知识分子的传统烙印对我的“应用研究”的影响，承认了儒家“学以致用”价值观对我的潜移默化。[③] 不过，我能相信，Edmund 在世时一定知道我们之间的差异不全是学术传统之间的民族差异，而可能也是对社会科学体系的不同理解，甚至推得更远一点，可能是对社会科学价值观当中 Max Weber 的论点的不同看法。

Weber 曾经用“valueless sociology”来形容社会科学，并用“vocation”一词来形容学者的追求与学术的定位。所谓“valueless sociology”就是要求社会科学研究者在其研究中不要带着个人和社会的价值观来观察社会事实，干预社会的客观存在，如果一定要翻译出来的话，这个词的意思就是“与价值判定无涉的社会学”。“Vocation”一词，我现在还找不到一个对应的中文词汇，实际上它既指一种才

① 见《费孝通文集》第 12 卷，《人的研究在中国》。

② 同上。

③ 同上。

能又指一种具有感召力、超离社会实际的智慧，也许相当于中文中的“天职”一词。Edmund 的看法，大致说来是社会科学老祖宗之一 Weber 的理论的人类学延伸。我们之间的差异，不是单独、偶然的现象，而是社会科学中的一个共同的问题，Edmund 怀疑我的学术实践的价值观，我则常想“valueless sociology”是否有存在的可能性。

问题何在？在这里我不想再继续重复学术传统差异的溯源工作，倒是想提提学者的平常事。就我个人而言，在写文章和拿出去发表时，我并没有想到这并不是个人的行为，而是会对别人发生一定作用的，所发生的是好作用还是坏作用，过去一直不曾感觉到是我自己的问题。今年年初在北京高级研讨班上我提到，童年时我看到过我祖母把每一张有字的纸都要拾起来，聚在炉子里焚烧，并教育我们说要“敬惜字纸”。我长大了一些，还笑老祖母真是个老迷信。我长到了老祖母的年纪时才明白“敬惜字纸”的文化意义。纸上写了字，就成了一件能为众人带来祸福的东西，不应轻视。我一旦理解了祖母的行为和教训，我心头相当郑重，因为我一生对字纸太不敬惜了，想写就写，还要发表在报章杂志上，甚至还编成了书，毫不经意地在国内外社会上流行。如果我确是发表了一些有害于人的文章，不能不说是贻害了人。因此近来常想到祖母的遗教，觉得应当自己回头看看我过去的文章和著作。当然不是像托尔斯泰那样想把自己一生的著作付之一炬。已经行世的著作，火是烧不尽的。同时也明白我写下这么多字纸，并不仅仅是我个人的作品，而是反映了当时中国知识分子的心态。是非祸福自有历史去公断，不必由我去审定，要我审定我也无此能力。

我不知道 Edmund 在老年时是否也发生过同样的问题，但我相信他是能够意识到我的老祖母的“敬惜字纸”的意义，也是能够理解到不存在不产生社会影响的学术作品，影响只有好、坏、大、小程度以及社会空间范围之别，因而谈“valueless sociology”我认为是不切实际的。走过 60 年的学术道路，我回过头来反思一番，深感不妨多耗费些字纸进行一些自我批评。我原来只是埋头走我的路，到了近些年来才回过头来问一问、想一想有关学术价值与社会价值的关系问题。我不久以前想到了一个词汇叫做“文化自觉”。[①] 在今天这个“社会科学的应用与中国现代化”学术讨论会上，我愿意把这个类似于号召的词汇赋予一个学术的说法，我认为这四个字可以代表我对人文价值的再思考。

二、我对自己学术的反思

回顾我一生的学术生命可以从 1936 年的江村调查算起，到去年已有 60 年，用老话说就是一个花甲了。现在就让我从这本《江村经济》说起吧。我曾经一再声明，这本书可以说是一棵我无心插下的杨柳。Malinowski 老师在序言对它的评语，说这本书可以说是社会人类学里的里程碑，我当时不仅没有预料到，甚至没有完全理解。也就是说我在江村调查时并不是有意识地要用此把人类学这门学科推进一步。当时我还是个初入门的年轻小伙子，既没有这眼光，也没有这雄心，甚至我在江村调查时也没有想到会写成一本书。我是在我姐姐的好意安排下到江村去养伤的。从插在这本书里的相片上还可以看出我当时扶着手杖，病容满面，一副未老先衰的样子。我是凭着从当时留我寄宿的农民合作丝厂给我的深刻印象和启发中想为这“工业下乡”的苗子留下一点记录而开始做江村调查的。

这棵无心插下的树苗，得到了泥土和雨水的滋养居然成活并长大了。论文写成，又印成了书出版，Malinowski 老师还为它写了序。序

① 见《反思·对话·文化自觉》。

里写些什么，我只是在伦敦回国前从出版这本书的书局送来该书的校样上粗粗地看了一遍，说实话印象并不深。当时占据我心头的是国内抗日战争。我记得船过印度停泊时才知道汉口和广州已经沦陷，当时我和同伴们正忙着办越南起岸和过境的签证手续。我和《江村经济》英文本初次见面是在1948年清华胜因院的书房里，离开这本书问世已有10年之隔。

我从西贡上岸经河内回归祖国。到达云南的昆明后，接着我就遵循Malinowski老师的主意，在滇池边上继续搞农村调查。其后，抗日战争结束后，内战发生，我开始投身民主运动。在这段时间里，我在学术工作上只完成了《云南三村》的中英文稿，英文本的名称还是用了和Malinowski老师同桌吃饭时他建议的*Earthbound China*。中文本《云南三村》直到1990年才正式出版。总之我对这本《江村经济》的认识是逐步形成的。我现在的想法，认为Malinowski老师写这篇序的目的，似乎并不完全在评论我这本书，而是想借这篇序吐露他自己心头蓄积着的旧感新愁。

当时，Malinowski正面对第二次世界大战的严峻形势，心头十分沉重，所以说“我们的现代文明，目前可能正面临着最终的毁灭”。他介绍我时强调我是个“年轻爱国者”，他对我能有机会成为一个“研究自己民族”的人类学者，用自己的研究成果真正“为人类服务”，竟流露出“时感令人嫉妒”，甚至他表白对“自己的工作感到不耐烦”，他用了“好古、猎奇和不切实际”来贬责当时的许多人类学者。他还自责“人类学至少对我来说是对我们过分标准化的文化的一种罗曼蒂克式的逃避”。这些话我现在看来正是一个寄寓和依托在拥有广大殖民地的帝国权力下失去了祖国的学者的气愤之词。但是为了表达他的信心，他紧接着又说：“我认为那面向人类社会、人类行为和人类本性的真正有效的科学分析的人类学，它的进程是不可阻挡的。为达到这个目的，研究人的科学必须首先离开对所谓未开化状态的研究，而应该进入对世界上为数众多的，在经济和政治上占重要地位的民族较先进文化的研究。”[①]

我重复这些话是要指出 Malinowski 老师在把现代人类学者从书斋里拉进充满着新鲜空气的“田野”之后，接着他很明白地表示要把人类学的研究从野蛮人的田野拉进文明人的社区里去。在人类学的发展过程中第一步从书斋到田野的转变上他是立了功的，但从野蛮到文明的第二步，他在一生中并没有实现。他希望他的下一代去完成他的任务。“文野之别”这条鸿沟从目前看来一时还难以跨越。这是我体会到 Malinowski 老师内心的新愁。

我自问自己怎么会似乎毫不经心地跨过了这个“文野之别”的呢？ Malinowski 老师的这篇序又替我回答了这个问题，他在序末的一段话里说：“作者的一切观察所具有的特征是，态度尊严、超脱、没有偏见。当今一个中国人对西方文明和西方国家的政治有反感，是可以理解的。但本书中没有显示出这种迹象。事实上通过我个人同作者和他的中国同事们的交往，我不得不羡慕他们不持民族偏见和民族仇恨——我们欧洲人能够从这样一种道德态度上学到大量的东西。”他替我所做的答复是归根于中国和欧洲在文化上的差别，即他所说的道德态度上的基本差别。Malinowski 老师认为中国人并不像欧洲人那样心存民族偏见和仇恨。这个概括是否正确还有待实证。我常自己审察自己总觉得我们传统文化中对异民族的偏见不能说没有，但是和欧美相比是有差别的。我在研讨班的讲稿里已提到过欧美人类学里反映出来的“文野之别”历来被认为是人的本质之别，甚至在 30 年代还有人怀疑土著民族的头脑是否具备欧美白种人所认为人之所以为人的理性。西方人类学的学者中否认“野蛮人”有逻辑思想的为数不少。这个问题到了 Malinowski 的时代还要由他挺身而出极力争辩，巫术并不

① Malinowski: “Preface”, to *Peasant Life in China*, by Fei Hsiao-Tung, London, Routledge and Kegan Paul, 1939.

是出于缺乏实证的逻辑思想。

在我们的传统文化里也有夷夏之别，但孔子一向主张“有教无类”。教就是可以学习得到的文化，类是本质上的区别。孔子看到他不能在中原行其道，曾想乘桴浮于海，甚至表示愿意移居九夷之中，这就表明他认为夷夏只是文化上有些差别，有教则夷即入华，人的本质是一致的，并没有不能改变的本质上的区别。

通过我的行为和思想，在 Malinowski 老师眼中看出了我们中国人和欧美人在道德素质上的不同，也许就是这种不同，使我在进入人类学的领域时，很自然地闯过了“文野”这一关。所以也可以说我是靠我的文化素质过了关的。

同时，我在这里还必须指出，作为一个中国学者，我之所以能够超越文化的偏见，大概与我的国家所处的世界文化格局有密切的关系。近代以来，西方文化一直处于上升的阶段，通过它的力量延伸，数百年来为自身造成了世界经济文化的“霸主”地位。在这样一个居高临下的地位上看自己、看别人，不见得能够采用“虚心求教”的态度。这一点直到 Malinowski 老师逝世 30 年以后，才逐步为西方学者意识到。

1978 年出版的一本叫《东方学》的书的作者 Said 教授说了如下一段值得警醒的话：“现代东方学者对自己的定义是，他们是与别人有所不同，是把东方从迷惑、异化和怪诞中挽救出来的英雄。他们的研究重构了东方已消失的语言、习俗甚至精神。他们的角色，类似于占坡里安，是他把古埃及的象形文字从罗萨塔石堆里发掘出来的。在东方学者看来，东方学的技巧如词典学、语法学、翻译学、文化阐述学等，服务于古代的、古典东方的文化价值的复原和弘扬，同时对哲学、历史、修辞学、学术流派具有贡献。但是在历史的过程中，东方和东方学者的学科必然发生变化。‘东方’的意义已从‘古典’的东方变成‘现代化’的东方，而东方学也从传统学科变成了当代文化的一部分。不过，东方和东方学不管如何变化，都难以避免带有权力的痕迹，这种权力就是改造或再造东方的力量，也是把东方学塑造成哲学和人类学研究的方法。总之，把东方转变为现代世界的一分子之后，东方学者便可以对自己的成就和地位加以庆贺，为自己作为世俗化的创造者感到骄傲，他们的骄傲来自他们把自己当作新世界的创造者，这样的骄傲与神创造旧世界时的感觉是一样的。”①

Said 也指出，19 世纪以来，东方学经历了两次大步伐的“进步”。第一次是 19 世纪中期至第一次世界大战结束。此时期，英国和法国在世界上获得大片的殖民地，对殖民地的研究成为殖民地行政的必需品。同时，大片殖民地的获得也为东方学研究提供了调查和搜集材料的机会，因此东方学在巴黎、牛津等大学出现了一个“黄金时代”，许多资料直接来自住在殖民地的语言学家、历史学家、人类学家、考古学家。东方学的第二次大步伐“进步”发生在第二次世界大战及其后。此时期，世界格局再次发生很大的变化，二战之后许多东方社会的殖民地地位获得了解放，西方的霸主地位从英、法手中转移到新兴的美国手中。旧的霸主（英国和法国）自然还是力图保持它们的传统地位，东方学研究在它们手中仍然被“保护”为“国宝”。不过，新兴的霸主美国支持更大量的战略性区域研究，使东方学研究扩大到整个太平洋圈和亚洲的所有地区。这些区域研究大多以“跨文化理解”为口号，但是对维护美国在世界格局里的霸主地位有不可忽略的“贡献”。在这两个时期，东方学不可避免地出现了不少变化，但是它的叙述、言论、研究制度的深层结构并没有脱离传统。

《东方学》一书指出的东西不仅对西方的东方学有效，而且对西方现代社会科学也同样有效。在西方现代社会科学中，广泛存在一个具有两面性的“二元一体”概念。这个二元一体的概念里有一条分割世界的界线，它把世界划分为两个部分：西方和东方。而且认为，西方是强大的本土，而亚洲是被打败和遥远的“异邦”。又认为，亚洲代表一种潜在的危险，它的神秘文化在西方科学的体系里面无法解释

① 转引自王铭铭：《文化想像的力量：读萨伊德著〈东方学〉》，《中国书评》，香港，第 6 卷。

和操作，而且可能在未来对西方造成挑战。在东方学的作品中，这种二元论一直被描绘为互补的对立。

Said 教授为我们指出，东方学与 16 世纪以来逐步成长起来的西方资本主义世界体系有密切的关系。实际上，资本主义世界体系所创造的东、西关系在社会学和经济学中被当成是“传统”与“现代化”的关系，在社会学和经济学的研究中东方常被当成是传统的、古老的，西方才是现代的、新兴的。这使 19 世纪东方作为“白种人的负担”的理论进一步“合理化”。“白种人的负担”的理论把东方传统看成西方人的负担或西方应该对之实施教育的异教徒。产生于西方的一系列“现代化”理论与这种东方观有着直接的渊源关系。

我自己的一生处在文化接触过程中被欺凌的文化一方，因而较为能够避开占支配地位文化对别人文化的偏见，我在许多著作中确实能够广泛参考、评论西方观点，甚至能够在中国文化内部格局中强调弱小的“草根文化”或“小传统”的动力，在文化价值观上与把世界格局中弱小民族的文化当成与“先进文化”格格不入的观点形成很大差别，这也就是我能够做到不排斥外来文化、拒绝复制“文野之别”的根本原因。

务必指出的是，提出文化的兼容并蓄观点，并非是为了一味好古、守旧，也并非为了实现 Wallace 教授讲到的“revitalization”① 在受到外来支配文化冲击的状况下，站在被欺凌的弱小文化的立场上看，一时的复旧意识是值得同情的态度。但是，当这种态度发展到排斥外来文化的地步，成为与西方中心主义相对的另一种民族中心主义，那就可能忽略世界文化关系中“适者生存”的无情现实。我近来正在思考一个令我烦恼的问题。在北京召开的高级研讨班上，针对民族生存的危机，有人提出了“保留文化”与“保留人”的矛盾问题。这个问题在国内人口极少的民族当中特别突出，但在我看来它并非只是这些

① Anthony Wallace: “Revitalization movements”, *American Anthropologist*, 1956 年，第 58 期。

少数民族特有的问题，而是个现代人或后工业化人类的共同问题，是一个值得我们研究文化的人重视和深思的难题。“保留文化”与“保留人”本来不该是一个严重的问题，因为人的生活与文化是分不开的，我的老师就认为文化就是满足人生活需要的器具。但是，到了西方中心的世界体系形成之后，非西方文化的确产生了很大危机，这些文化类型在外来强有力的文化冲击下，是否还能满足人们的需要？在社会科学里面，“现代化”这个概念的提出，大概就是为了解答这个本来与文化价值相关的问题。

西方首先发展出来的现代化理论说法多端，很难加以概括，而它们所采取的路线却是一致的。法国社会学先驱 Emile Durkheim 认为，世界上存在两种类型的社会。其中，一类是“传统社会”，另一类是“现代社会”。前者的特征，以社会内部群体组织的稳固性为特征；后者以多元的社会分工为特征。“现代化”指前者向后者的转型。德国的 Max Weber 认为，“现代化”意味着工业化、科层化，工业化和科层化又意味着理性化，即资本利用的有效化过程、减低投入增加产出的过程、击败竞争对手的过程及满足消费者需求的过程。对此类过程，韦伯统称为“the capitalist spirit”。[①] 虽然 Durkheim 与 Weber 在许多方面截然不同，但是二者所强调的实质是一样的。“现代化”就是“西方化”，或“东方”将向“西方”社会形态转型。从 Said 的角度看，诸如此类的“现代化”构想都是以单线性的阶段式的演化论为基础的，而把所谓“现代社会”（实质上即“西方社会”）视为“传统社会”（实质上即“东方社会”）的未来图景的看法，这些看法都是旧时代的遗留，说明过去东方学偏见在西方学术界所起的作用。不过，一旦东方社会拒绝接受现代化过程中的文化转型，它们又如何可以使自己的人民生存在这个“物竞天择”的世界？

这不是一个新问题，在我的一生中，我们国内从“器用之争”到

① Max Weber: *Protestant Ethics and the Capitalist Spirit*, New York, 1958.

“中西文化论辩”，甚至到目前海内外儒家文化、小传统与现代化关系的争论，文化传统与现代化的问题一直没有间断地影响着学术思考。许多人想把自己的社会建设成为与原来不同，同时能与西方社会相匹配的社会。在这个前提下，东方社会出现了对现代化和现代特性的追求。充满“东方学”偏见的西方现代化理论，常成为非西方政治的指导思想，使作为东方“异文化”的西方，成为想像中东方文化发展的前景，因而跌入了以欧美为中心的文化霸权主义的陷阱。然而，怎样“医治”这一文化心理危机，怎样避免上述的陷阱，在学术表述上应当采用什么理论?

三、跨文化的“席明纳”

我在这里的叙述，目的不在为上述一系列“考题”提供应试的答卷，我相信问题的提出与思考、理论的反思，本身就具有自身的价值，而我今天的讲述及近来的几篇讲稿，都可以归入我所说的反思性质的文章中去，也就是回过头来，多读几遍自己过去发表的文章，把自己新的体会写下来。这类文章我是从 1993 年在苏州召开的两岸三地社会人类学座谈会上开始的，当时我在会上宣读了《个人·群体·社会》一文，是我重读《生育制度》一书时的新体会。这几年又写了好几篇这类文章，已收集在《学术自述与反思》（1996）这本新近出版的文集里。

学术反思并不是我发明的，拿我个人来说就是从 Malinowski 老师那里学来的，是从他在伦敦经济政治学院讲课时所采用的“席明纳”方式中推衍出来的。“席明纳”是 seminar 的音译，其实就是学者之间的对话。最近我们在北大又开办社会文化人类学高级研讨班，着重导师和学员之间的对话，使学术讨论超越了单向信息传播的模式。我正在试写的学术反思文章其实就是自我讨论或称自我对话，针对我自己过去的学术成果，通过自己的重新思考，实行自我反思。对话增多了，大家放言无忌，可以开创一种学术新风。

学术对话如此，文化之间的对话亦当如此。我在这里讲述我的思考时，世界离21世纪不到三年了，在跨入21世纪之前，一些西方学者已经开始自觉到应当清楚一下自己的过去，认清自己的真实面貌，明确生活的目的和意义，这也正是我这一段时间里所想到的“文化自觉”的含义。西方人文社会科学界的这种表现，正表示他们已经感觉到当前文化的危机，引起了许多学者的苦恼，并且有人已开始为其寻找新的出路。一些人类学家认为，由于对“异文化”（实质上即非西方或东方文化）的研究不可能达到完全客观，因此人类学者就应该主动地把它当成“自我文化评论”的工具，利用对非西方社会的了解，来揭示西方文明的弱点。[①] 在关于现代化理论的讨论中，自六七十年代开始世界系统论者采取了进一步的看法，他们指出，“东方”社会的低度发展，并不是因为这些社会没有足够的“工业化”和“西方化”，而是因为近代以来西方的殖民扩张造成了“东方世界的依赖性和从属性”。这种看法是对西方中心主义的反映，无论怎样都表明对当前世界文化走向的思考。

看来文化自觉是当今世界共同的时代要求，并不是哪一个人的主观空想。有志于研究人类学的学者，对当前人类的困惑自然也会特别敏感，对当前新形势提出的急迫问题自然会特别关注。所以我到了耄耋之年，还要呼吁文化自觉，希望大家能致力于我们中国社会和文化的反思，用实证主义的态度、实事求是的精神来认识我们有悠久历史的文化。

文化自觉只是指生活在一定文化中的人对其文化有“自知之明”，

---

① George Marcus and Michael Fischer: *Anthropology as Cultural Critique*, Chicago, 1986.

明白它的来历、形成过程、所具的特色和它发展的趋向，不带任何“文化回归”的意思，不是要“复旧”，同时也不主张“全盘西化”或“全盘他化”。自知之明是为了加强对文化转型的自主能力，取得决定适应新环境、新时代时文化选择的自主地位。文化自觉是一个艰巨的过程，首先要认识自己的文化，理解所接触到的多种文化，才有条件在这个正经在形成中的多元文化的世界里确立自己的位置，经过自主的适应，和其他文化一起，取长补短，共同建立一个有共同认可的基本秩序和一套与各种文化能和平共处、各抒所长，联手发展的共处守则。

7 年前在我 80 岁生日那天在东京和老朋友欢叙会上，曾瞻望人类学的前途，说了下面一句话：“各美其美，美人之美，美美与共，天下大同。”[①] 这句话我想也就是今天我提出的文化自觉历程的概括。“各美其美”就是不同文化中的不同人群对自己传统的欣赏。这是处于分散、孤立状态中的人群所必然具有的心理状态。“美人之美”就是要求我们了解别人文化的优势和美感。这是不同人群接触中要求合和共存时必须具备的对不同文化的相互态度。“美美与共”就是在“天下大同”的世界里，不同人群在人文价值上取得共识以促使不同的人文类型和平共处。总而言之这一文化价值的动态观念就是力图创造出一个跨越文化界限的“席明纳”，让不同文化在对话、沟通中取长补短。

人类的历史是分散、孤立的人群逐步由分而合的过程。我曾经用“战国时期”来形容 20 世纪。[②] 20 世纪里发生过两次世界大战，世界列强争雄了 100 年。第二次大战后殖民地民族纷纷独立，在世界舞台上出现了政治和经济上的多元局面。但由于交通和信息的发达，已出现向一体发展的势头。当前这个世界性的“战国时代”与古代中国的“战国”有类似之处，是一个由分到合的过程，所以两次“世界大战”

---

① 见《费孝通文集》第 12 卷，《人的研究在中国》。

② 见《社会学在成长》，天津人民出版社，1990 年版。

的发生，可以说已经预示了“世界一体”(one world）格局的生成。[①] 当前国家与国家、民族与民族、种族与种族、宗教与宗教等等之间的相互接触越来越频繁，使原来分立的人文世界逐步向一个“地球村”转变。社会学者把这个世界一体化的现象称为“globalization”(全球化)，我也认为全球一体化是历史的前景。

与此同时，尽管在全球的交往过程中，人类满怀着一个良好的愿望，希冀我们之间逐步能够通过沟通、宽容、互补，获得对利益和价值的共识，但以权力格局为背景的社会文化界限却尚未消除，民族—国家的现实使我所说的统一的“文化场”目前还是一种理想。

全球一体化固然可以认为是历史的前景，但是如果不解决如何一体化的过程，在这过程中不解决一系列的矛盾，这一体化的结果是不容易出现的。现在看来在多种文化接触中，最难以多元取得一体的是文化的价值观念。正是因为这个原因我才特别提出“美美与共”的问题，这是一个人文价值怎样取得共识的问题。所以我想在这次研讨会上着重提出人文价值的再思考的题目。

其实，社会人类学既以研究人文世界为对象，人文价值自应是它研究的主要对象。上面提到的关于“现代化”的观点，其实就是在多元的人文价值的状态下怎样进入全球一体化的问题上提出的各种观点。这些观点中，如我在上文的分析，有些是想采用由一种优势文化来取代各种不同于这种文化价值观的文化，取代方法可以是强制的或是自愿的。隐藏在“现代化”背后的西方中心主义就是要以欧美的价值观念来取代其他文化的不同观点。这种看法我认为是不符合我上面所说的达到“美美与共”的路子。为了探索这一条全球一体化的路子，我们以研究人类学为天职的人，应当认真地展开讨论并通过对话来取得共识。如果能对人文价值实事求是进行再思考，不仅可以推动社会人类学前进一步，而且还可以为人类的发展前途做出贡献。

① 见《费孝通文集》第 12 卷，《人的研究在中国》。

从英国功能主义的社会人类学和美国历史主义的文化人类学的理论来说，我体会到它们都承认各民族文化是各具合理性的，所以首先要承认各人群的“各美其美”，然后要使具有不同价值观点的人群去互相理解别人的价值观点，首先要以容忍的态度来尊重别人与自己不同的观点。在共同合作和思想交流中逐步地认同于相同的价值观点。这个过程中，必然要有一个时期使不同的价值观点在相互的容忍中共同存在，不相排斥。我相信在有利于各方的和平共处和共同合作中，不同的观点是可以相互接近和融合的。

我进入人类学领地，正是因为受到这种跨文化的人文价值观的激励。正如 Edmund Leach 教授指出的，我的人类学的确是从理解中国本土文化开始的。但是，我关注本土文化并非为了把自己的视野局限在本土文化的界限之内，而是为了在了解自己的前提下，寻求不同人文类型和平共处的途径，因而我的不同时期的作品，既体现出一种对本土观念和不同文化价值观念的尊重，又力图展示文化之间互译和沟通的可能性。强调世界全球化过程中不同民族文化在同一时间里并存的格局对实现“天下大同”也许是必要的。

现在想起来，这确是一种异文化与本文化兼容并包的探索。Edmund 认为，社会人类学应该研究“异文化”，因为只有在别的社会中人类学者的观察才能充分地客观化，避免由于社会制约造成的偏见。[1] 针对中国本土人类学者，Edmund 认为，除了功能论色彩有可取之处外，其他均未能超脱本土人类学者本身从小习得的司空见惯的文化，因而无法提出有说服力的人类学解释。对此，我愿意加以两点反驳：第一，无论人类学者如何能够旁观他人的社会，最终他们还首先是自己社会的一员，受他们从小习得的本文化观念的影响，在他们的写作活动中，他们更需要在家乡文化的体验下叙述他们对异文化的认识，因此他们的“旁观”与本土人类学一样不可能达到完全客观；第

① Edmund Leach: *Social Anthropology*, London, 1983, 第 122～148 页。

二，本土人类学者的工作实际上不只是在一个单一的参考系下面展开的，在像我所做的那一类研究中，有两种“异文化”作为我的参考体系，这两种“异文化”便是在国内外其他民族中我自己亲身的阅历以及从社会人类学和其他社会科学的学习中获得的关于世界各国和各民族的知识。

Edmund 的看法现在看来在西方也只是一种保守的观点。实际上，70 年代以来，西方也出现了大量本土人类学作品，它们指出了西方的“非西方研究”所存在的问题。由于人类学者过于信仰西方人的分析能力，因此他们在探讨“非西方”文化时就可能把产生于本文化的观念强加在异文化之上。这个问题的根源，不仅在于人类学者对本土社会及其人类学意义不够关注，而且也在于人类学者与“他人社会”的文化距离。具体地说，人类学者本身所处的社会场域以及他们与研究对象之间的距离，可能导致他们对其他文化的误解。通过本土社会与文化的关照以及通过缩短文化距离，本土人类学有着消除文化误解的潜能，因为本土人类学者生活在本土社会之中，他们对当地的社会与文化有着切身的感受。

在人类学中，与“异文化”相提并论的常是“参与观察”一语。传统人类学主张，人类学者不仅要研究异文化，以便避开自己社会的偏见，而且还要参与到别的社会中去深入理解他人的生活。用我自己的话来讲，异文化容易使人类学者能“出得来”，而参与观察则是要求人类学者能“进得去”。主张以异文化研究为己任的人类学者认为，人类学者在本文化中容易犯“出不来”的毛病，因而认为本土人类学者往往无法从自己所处的社会地位和文化偏见中超脱出来做出“客观的观察和判断”。不过，“异文化”的研究往往也存在“进不去”的缺点，也就是说，研究他人社会的人类学者通常可能因为本身的文化偏见而无法真正进行参与观察。对于从事中国社会研究的外国人类学者来说，这一点是十分明显的。Freedman、Skinner 等西方优秀的汉学人类学者可以说是一群被西方承认的“中国通”的人，但是他们从研究中得出的结论在西方也常被认为代表“外国人对中国的看法”。对于致力于中国本土人类学研究的学者来说，问题可能是与此相反。中国本土人类学者面临的是“出得来”的问题，也就是说，作为研究本土社会的人类学者，重要的是要从我们所处的社会地位和司空见惯的观念中超脱出来，以便对本土社会加以客观的理解。本土人类学的要务在于使自身与社会形成一定的距离，而形成这种距离的可行途径是对一般人类学理论方法和海外汉学人类学研究的深入了解。通过这种了解，我们可以在一定程度上把自己的社会和文化“陌生化”(defamiliarization)。

不过，我对参与观察的反思不只是考虑如何“出得来”的问题。Edmund 等西方人类学者认为，参与到异文化中去的目的在于让人类学者获得一种个人的涵养，使之有能力从自己的社会中分化出来，客观地认识人的生活。我的人类学研究，则强调田野工作和理论对社会产生应用的作用，同时强调使之回到本土社会去推进文化发展的必要性。

我反复强调“参与”，目的不在于要“推广”一种自我文化封闭的研究类型。当前西方和中国的人类学思考不少是在批评西方殖民主义和文化霸权的前提下展开的。对于第三世界的人类学者来说，批判西方文化的支配作用固然重要，但是，从一种文化偏见落人另一种偏见的可能性也是存在的。学者应当如何克服自己社会身分和权力格局导致的偏见？为了解决这个问题，对不同文化加以交叉比较和反思，对学术价值观加以定位将是十分重要的。我们在超越西方文化支配性制约的同时，也要超越自身社会对我们的局限。我曾强调把研究者和被研究者联系起来，人类学者不仅要了解“别人”还要了解“自己”。这也就是为什么我这个长期位居中国“大传统”的人，会如此执著地在“小传统”民间社会中追求理解的缘故。

人总是生活在希望里，对未来的瞩望和期待决定他当前的行为与忧乐。今天会议的主题是“社会科学的应用与中国现代化”，它无非要求与会者把自己置身于“现代化”过程当中去思考我们的理论，看看我们自己的希望何在。现代化理论的创始人之一 Max Weber 把文化的转型当成是现代化的前提，他所讲的符合现代化的思想意识是欧洲的“新教伦理”。我不能不承认 Weber 是一位学识渊博的学者，他不缺乏文化比较的功夫，事实上他的现代化理论恰好就是在宗教文化的比较观察中提出来的，他的研究方法与我今天在这里讲的“跨文化”研究没有多大差异。令我惊讶的是，这位值得尊敬的德国学者在隐喻的层面上否定了其他人文类型在现代世界的生存权利，没能在跨文化的关怀中获得人文价值的自我反思和宽容，所以难免会在步入老年时逐渐变成一个厌世的悲观论者。

如果大家能同意现代化是当代世界中人际关系的新发展，那么也当可以认为现代化应当是一个“文化自觉”的过程，即人类（包括学术人）从相互交往中获得对自己和“异己”的认识，创造文化上兼容并蓄、和平共处局面的过程。从这个角度来理解现代化，为的是在跨入 21 世纪之前，对 20 世纪世界“战国争雄”局面应有一个透彻的反思；为的是避免在未来的日子里“现代化”的口号继续成为人与人、文化与文化、族与族、国家与国家之间利益争夺的借口；为的是让我们自身拥有一个理智的情怀，来拥抱人类创造的各种人文类型的价值，克服文化隔阂给人类生存带来的威胁。对于不同的人来说，社会科学可以有不同的“应用价值”，在跨入下个世纪之前，我看到的是另一种价值的需要，那就是在社会科学中出现一次人文价值的重新思考，这种思考如果可以被称为“文化自觉”的话，那它的“用处”就远胜于以往我们从事的明显可见的“应用社会科学”了。我也寄希望大家在听完我这篇发言之后能够看到人文价值再思考的重要，看到这是人类美好前景所依托的基础。

1997 年 3 月 20 日于北京北太平庄

（本文是作者在香港第五届“中国文化与现代化”研讨会开幕式上所做讲话）

工业文明进程中的思考

费孝通（以下简称“费”）：我给你的那本《工业文明的社会问题》的书看完了吗？有什么体会，谈谈看。

方李莉（以下简称“方”）：这本书是美国的社会学家梅欧写的，是 1945 年由美国哈佛大学商学院研究所出版，60 年代由费先生翻译成中文的，书中主要是描绘了当时西方工业文明所面临的种种问题。这本书是半个多世纪以前写的，而我们中国的工业革命从发展上来看，刚好比西方晚了半个多世纪，所以，这本书中写的一些情况和我们国家现在正在经历的一些情况很相似，看完后我觉得很有启示。

费：梅欧是我的上一代，他生于 1880 年，比我大 30 岁，整整一代人。他这本书讲的问题正是我们现在要碰到的问题，这是很有意思的，这也是为什么我要把这本书作为我们今天讨论的内容的目的。你继续谈下去。

方：他这本书讲的，我认为有两个大问题：一个问题是，他认为人类社会可以分两个大的类型，一个是农业社会，这是一个定型的，也就是比较稳定的、变化不大的社会。在这个社会里，每个人从他一懂事就知道自己该怎样生存，他可以在父母的教育下和同伴们在一起生活，这些同伴不仅是小的时候和他在一起长大，而且以后也许是他的邻居或是共同在一起工作和劳动的合作者，他一生的朋友基本上是固定的、变化不大的。并且父母的生活方式就是他未来生活的模式，是他未来生活的参照对象，他的一生都是生活在他熟悉的人和熟悉的环境之中。还有一个就是工业社会，这是一个适应型的社会，也就是一个快速发展的、充满变化的社会。在这样的社会，每个人并不会按照父母的生活方式来决定自己未来的生活方式，因为每个人所遇到的问题都可能是以前父母们所从未遇到过的问题。而且在他的一生中，也不会固定在一个地方或一个行业里工作，朋友和伙伴是经常换动的，未来是未知的、缺乏参照物的。在这样的社会里人是经常流动的，不稳定的，缺乏安全感的。在这样快速发展的社会中，我们的文化往往跟不上科学技术的发展。这就造成了许多人能处理好技术的问题，却处理不好人与人之间的合作关系的问题。也包括民族与民族、国家与国家之间的关系问题。也就是说，科学技术的发展和人文教育的发展发生了失衡。

另外一个问题，就是现代机械文明的日趋复杂，特别是在比较高度的工业社会化的国家里，需要有相应的高度的组织。这种组织不能只限于在这复杂局面中的物质要素，它不可避免地要扩及社会的本身，并通过社会而扩及个人的道德和心理的生活。因此，历史的趋向已从政治转到社会学方面。在一个世纪前认为纯粹是政治的问题的，在 19 世纪的下半叶却变成了经济的问题，而这个世纪又变成了社会学和心理学的问题了。正因为如此，在现代社会中，社会学就成了一个非常重要的学科。但他认为在当时的社会学研究中，存在着相当严重的理论脱离实际的问题。他认为，知识有两种，第一种知识是直接从事物或情况的经验中得来的，而第二种知识是深思熟虑和抽象思考的结果。那种从经验中得来的知识除了示范、模仿和试验之外，是不容易传授的，而学识，也就是第二种知识（间接的理性知识）却容易用符号——文字、表格、图解——来表达的。所以使得大学里社会科学的讲授也就偏重了这种知识，而忽视了对第一种知识的学习。

费：但是，我们不应该忘记，科学的起源是来自第一手的观察，它是生根在技能里的，只有依靠用实验的和用系统的方法去发展一些已有成就的技能，科学才能扩展。其实社会科学也一样，也需要到生活中去掌握第一手资料。

方：所以，梅欧认为，当时的社会学虽然已经很发达，但主要是一些获得学位的习题。教学生怎样去写书讨论别人的书。对于实际生活的社会学以及有关人与人的亲密合作的社会学，则简直没有。学生们对于社会事实并不去做经常的和直接的接触，他们读书本，在图书馆埋头终日；他们反复考虑古老的公式，并不逐步发展实验的技能的控制。因此，他们写出来的东西往往是脱离社会的，甚至是落后于社会和落后于时代的，是跟不上时代步伐的。我觉得，我们国家也存在这样的一个问题，这是值得注意的。

费：嗯，很好，继续谈下去。

方：美国的另一个社会学家贝尔，在他的一本《后工业社会》的书中谈到，在农业社会人类所面临的是人与自然的关系，在工业社会所面临的是人与物的关系，而后工业社会所面临的是人与人之间的关系。这本书是写于60年代，与梅欧的这本书相隔了二十几年，说明西方社会关注在科学技术高度发达的社会里如何处理好人与人之间的关系，是已经有很长的时间了，而我们则是刚开始。梅欧的书里还有一个重要的章节，就是《进步的黯淡面》，也就是说科学的进步固然是很好，但也会带来很多的负面作用。当然，现在谈这个问题的文章和专著都很多，但在当时他却算是比较早地敏感到了这个问题。而这也是我们中国才刚刚面临到的一个问题。

费：谈得好，下面我来谈谈。我刚刚写完一篇文章，叫《派克笔记》，现在打印去了，你下次来就能看到。派克是我的老师，和梅欧的年纪差不多，是在40年代去世的。梅欧也是40年代去世的吧？

方：是的，是1949年。

费：我的意思是讲，他们都可以说是过去了的历史人物了。所以这里就牵涉到了对历史怎么看、怎么学历史的问题了。他们都是过去了的人，是属于老一辈了，他们写的东西对于我们来说是不是过时了？这就要看你如何去看待这个问题了。我们中国和西方发展的水平是不一致的，我们要从发展水平上去找出我们和西方的一个共同时间。他们都是过去了的人，就像你刚才所说过的，我们不能够在跟着祖父或父亲去学种田了。可是从我们发展的阶段讲，我们还是刚刚进入到工业化的阶段。刚才你讲了差半个世纪嘛，不管怎么讲，都要差一段嘛。

我是在抗战期间，1944年到美国去的，写了一篇文章叫《初访美国》，你可以拿回去看看。梅欧是我的老师的朋友，他是澳大利亚人，我的老师是波兰人，他们因为思想很接近，所以比较要好。我的老师在英国搞人类学，他在美国，在哈佛大学商学院当院长。他当时做的是工业化变化的最前沿的研究。因为老师的关系，我到哈佛去看他，他把我留下了，我当时在那里写一本书。我的一个学生史国衡（西南联大毕业的），在昆明的时候写了一本书，叫《昆厂劳工》。那时我们在昆明办了一个研究所，我是研究农村的，写的是《云南三村》，我们是从工业、农业不同角度进行研究当时的中国社会的。

1944年我到美国去，是因为第二次世界大战，美国参战了，我们变成了同盟国。美国就请了中国的大学派了十个教授访美，我就是其中的一个。在访美的最后一个阶段，我到哈佛去了，在那里呆了一个季度，也就是四个月。这期间，我找到了梅欧，我告诉他，抗战期间，从上海搬了一些兵工厂到昆明，这样，就有些祖祖辈辈种田的农民开始变成了工人。这里面出现了许多问题，我们看到农民很不容易进入现代工业。那是中国现代化工业的开始，是真正的开始。那时候的内地农村还从来没有看见过大的机器，尤其是大的新式机器。史国衡研究的就是那时的工人。我把这些事情讲给梅欧听，他很感兴趣。他说，他们没有看到过最早的工业化的过程，因为他们的工业化开始得比较早。他们出生的时候，美国的工业化已经达到了相当的程度，早就已经城市化了。那种从农村里面出来的，直接由农民变成工人的过程，他们根本没有看到过，也没有研究过，因此，他觉得很有意思。在他的办公室里，他要我把那本《昆厂劳工》翻译出来。翻成英文就叫《中国进入机械化的时期》。我的意思是怎样由一个农民变成工人，这牵涉到一个社会转型的问题。他看了很高兴，他说记录这些变化很重要，翻译完以后他的夫人还同我一起改了一遍。后来这本书出版了，是英文的，现在我找出来了，正在请人翻回中文。

这里反映了一个人类社会的变化，人类社会从一个没有机器的时代，发展到了一个机械化的时代，这是一个大变化。中国最早的机械化，从内地来讲应该是在抗战的时候开始的。沿海要早一点，南通的张謇是中国最早的民族企业家之一，那时我的父亲在通州教书，和他在一起，是朋友。张謇当时搞的是纺织工业，后来被荣家，也就是荣毅仁的家庭接下来了。那个时候我还是刚出生，张謇就开始办企业了。我的名字费孝通，就是为了纪念通州而取的。也就是 90 年以前，差不多 100 年了。

方：这样算来，中国的工业化还是不太晚，只是发展得比较慢而已。这是不是它同传统文化比较根深蒂固，对外来文化抵抗力强有关系？

费：当然有关系。另外，中国的地方大呀，发展到 40 年代，才发展到昆明。最早的还有武汉，张之洞在武汉开始引进西方的工业，那是在我出生之前，就是 100 年前的事情嘛。我是伴随着中国的工业化生长的，而美国是在我的上一辈开始的，从起点上算差了将近一个世纪。所以，我们现在学的许多东西，他们已经都过去了。因此，我们不仅要学他们现在的经验，还要学他们发展初期和中期的经验，把他们那时候的思想、文化来同我们现在比较。因为他们那时候经历的东西也许是我们现在正在经历或将要经历的东西。我在《派克笔记》中写了这样一段话：派克的思想是不是过时了？也许在美国已经过时了，但在我们国家却还很有借鉴价值，因为他那个时代所遇到的问题，正是我们现在所遇到的或将要遇到的问题。

而且，结合现在的实际，我们还可以理解到，他们那时为什么会想到那些问题。因此，这一批人的思想还值得我们花点时间去吃透它，懂得他们当时为什么会发生那些问题，为什么会产生那些思想。从他们当时的变化，来知道我们将要遇到的变化。但现在我们的问题是，两个变化遇到一起了，一个是机械文明，一个是信息文明。也就是说，在他们那里，这两个文明是分阶段发展的，而在我们这里这两个文明却重叠在一起了。

这样，问题就复杂化了，也就是我们将遇到的问题，比他们当年遇到的问题还要复杂得多了。可是不明白他们当时的问题，我们也很难解决现在的问题。因此，我觉得我们要把他们那一段时间的思想理理清楚。他们那个时候正是社会科学大力发展的时候，我想，我们现在也应该是。这个阶段社会科学是很重要的，我们正好赶上了。

派克是 1944 年去世的，梅欧是 1949 年，所以我 1944 年到美国碰上了梅欧，他研究的是工业化问题，那个时候，我们中国还是刚开始。本来我刚开了一个门，想从中国最早的工业化，也就是农民怎样变成工人开始研究，我想跟上去，让史国衡继续做下去。但后来他到法国去念书了，回来后，抗战胜利了，他也不继续搞了，再后来他到清华去搞事务工作了。这个研究就没人搞了，就中断了。如果这个研究一直进行下去，到现在就很重要了。很可惜这项研究成了中国的空白，这是一个损失。现在没人做这件事了。在改革开放以后，我有一篇文章，谈到了这个问题。

现在做这件事就不容易了，现在虽然也有农民在转变成工人，但现在的农民已经对工业化很熟悉了，和工业化初期的农民不一样了。因此，现在这种研究已经过去了。

方：您的谈话给我的启发就是，很多历史事件，就要在当时把它记录下来，当时不记录，等到以后再做的话，就已经过去了。所以，社会学和人类学的时代性很重要。

费：不过，这种变化，在中国还有，改革开放以后，农民还在不断地进城。只不过像半个世纪以前那么封闭的地方已经很少了。

现在西部大开发，在那里有些地方还是属于工业化初期，甚至还尚未进入工业化。要是有人从这个起点去研究的话，也还是很有意思的。目前，中国有两个问题：一个是工业到农村里面去，成为乡镇企业。一个是农民出来到工厂里面去，成为城市工人。这两个过程是很有意思的，这是中国的一个大转变，真正社会的转变就是人的转变嘛。许多在西方已经看不到了的事情，在中国还存在。只是中国更复杂一点，前现代的问题还没有解决，现代问题和后现代的问题却已拥上来了。

方：中国的发展是很不平衡的，在北京据说已有一千万台电脑加入了国际互联网，和国际接轨，进入了信息时代。但在一些边远的农村，连工业化都还没有进入。

费：所以，我们要研究这样一个过程，对历史不要绝对地看，要看发展过程，要讲发展过程里面的比较。现在我们值得研究的是西方工业化初期到后期的这样一个过程，要看看在他们这期间发生过一些什么样的问题。梅欧写这本书的时候已是西方工业化的中后期了，也就是二战结束的时候了。

方：第二次世界大战结束时，西方的工业文明已经是很成熟了，并从那以后，开始逐步地向后工业文明发展。

费：后工业化应该是从计算机出来以后开始的。我一共访问过三次美国，一次是 1944 年，一次是 1947 年，一次是 1980 年。前两次我看到的美国还是属于资本经济的时代，后一次到美国，就发展到了知识经济的时代了，也就是信息时代了。在信息时代，人们开始对工业文明进行了一系列的反思，并着手解决工业文明所带来的一系列的负面问题。比如对环境的治理、对生态平衡的保护等等。

方：我们中国实际上，也在面临这个问题了，环境的污染、生态平衡的破坏等等。

费：所以说，中国要两个问题一道解决呀，要边开发、边发展、边注意保护，避免犯西方已经犯过的错误。你们这一代人的任务很艰难，工业文明还没有完成，新的后工业文明的问题又出来了。我们在发展工业文明的时候已经落后了，在发展后工业文明的时候，我们要善于抓住时机，明白我们现在所处的阶段，我们现在和将来所要面临的问题。一定要有这种思想和这种头脑。我们要知道我们现在是在两个变化的交织之中，两个阶段相互覆盖。我们的工业基础还很差，真正来说中国的工业基础还是在乡土经济里面，我们还没有完全离开农业社会。前工业文明的问题还没有完全解决，要大家懂得我们的这个处境和定位，要知道我们现在处于人类社会变化中的什么位置。

我们今天讲的问题有两层性：一层是如何解决工业文明，即市场经济的问题；另一层是如何解决后工业文明，即知识经济的问题。要处理和解决好这两个问题之间的矛盾。

方：中国的社会学和人类学的研究，应该针对中国的这些具体的问题，进行大量的社会调查和长期的田野考察工作，但目前这样做的人还不是很多。许多学者只是热心于把国外现成的理论照搬过来，对中国的一些实质性的问题却缺少实实在在的深入的考察和研究。

费：这种工作在中国还没有真正地开始呢，这种认识还要有一个过程。我们所做的研究工作首先要有一个定位，一个历史的定位。不要看我们在世界上的绝对的年代，要看具体发展的年代，找好自己所属的位置和发展的阶段。就是工业化里面也要分成好多段，那么，我们到了什么地方？找准这个位置，研究起问题来就要清楚一点。我们的工业化发展阶段不仅跟西方不同，就是国内，不同的地方、不同的地区所迈的步子也不完全相同。不过，我们要达到西方同样的发展程度，可以不需要它当时所发展过来的同样多的时间，因为我们在他们的后面，可以不重复走它的一些老路，而走点捷径。

这个世界发展得很快，虽然我们的工业化还没有完全发展好，但信息时代已经到了中国，新的文化和新的思想对中国的冲击很大。使中国在很多地方也在和西方同步发展。

方：刚改革开放的时候，我们对西方的很多文化现象都理解不了，因为我们和他们社会发展的阶段和国情都不一样。

我最早学的是美术，当时对国外的一些前卫艺术、先锋艺术很不理解。他们的艺术有很多都是具有破坏性的，和农业时代的艺术形式完全不一样。梅欧在他的书中曾经写到，在西方最早对工业文明的进步性表示怀疑的人就是一群艺术家。如果说哲学家和社会学家，是以理性分析和逻辑推理来看待这个世界的，而艺术家，则是以心灵的直接感受来看待这个世界的。他们是一群敏感的人，而且心灵感受往往早于理性分析和逻辑推理。所以还在人们盛赞工业文明的丰功伟绩时，艺术家们就看到了其黯淡的另一面。他们是最早提出打破标准化、追求个性化的人群，也是最早提出回归自然、返朴归真口号的人群。这种思想导致了高更远离繁华的巴黎到南太平洋的土著人中间寻找灵感，成为了表现主义画派的创始人；也是这种思想导致了毕加索从非洲的原始绘画和雕塑中寻找灵感，最后创立了立体画派；还有马蒂斯从东方的地毯纹样和民间剪纸中汲取营养，创立了野兽画派。在他们以后的装置艺术、达达艺术、行为艺术等等，则带有更强的前瞻性和实验性。当时国内的很多艺术家对这些画派很不理解，包括我自己。但现在我已经理解了，因为我们自己的国家也在开始面临他们很多同样的问题了。

就拿先锋艺术所强调的实验性和前瞻性来说，其实，这和后工业文明的文化背景是很有关系的。比如，在农业社会，人们对社会的学习是向后看的，也就是从父辈和祖辈的经验中，找到自己今后的生活方式；在工业社会是向眼前看的，注重的是了解现实，在现实中寻找自己生活的位置；而在后工业社会则是向前看的，人必须不断地面向未来，在面向未来的发展中把握自己生活的方向。但在后工业社会也就是信息社会中，人对自己的未来是很难判断的。父亲、母亲的经验不再能在自己的生活中发生效用，他们所经历过的生活方式也不再是自己可以重复的模式。未来生活是不确定的、没有模式的、不可重复的，因此，每个人的生活都是带有前所未有的实验性的，都是可以有多种的可能性的。生活对于我们来讲是未知的，因为，我们不知道在我们明天的生活中会出现什么样的新的事情、新的机遇，所以对于将来是很难判断的，是可以做各种设想和各种努力的，而这正是前卫艺术所要表达的一种思想和精神。

费：这是一种创新性的思想和精神，所以在现代人的生活中创造性就成了一个很重要的内容。要理解一种文化和一种艺术，必须要把它放在一个特定的历史时期和一个特定的社会背景中去理解，这样才能理解得清楚和理解得深刻。

方：是的，不同的时代的艺术反映的是不同时代的文化精神。在向后看的农业社会中，对艺术强调的是模仿性，比如模仿自然、模仿古人。但在向前看的现代工业社会中，模仿的艺术已经没有了位置，创新才是一种艺术的灵魂。

对那种向后看的传统社会来说，社会的发展是缓慢的，对以创新为动力的现代社会来说，社会的发展是迅速的、日新月异的，这是一个适应性的社会，人们需要不断地去调整自己，去使自己适应它。但是，这样的社会也是有其很困惑的一面的，因为社会发展得太快了，人们的思想跟不上它，也就是说科学技术发展得太快了，人们要不断地去学习新的专业技术，避免被淘汰的危机。但正因为如此，人文的教育就被忽视了，包括对孩子的教育，只要学习好，就能代替一切。人文教育和科技教育的不平衡，所带来的后果是，我们的社会就像是一个发育不完整的人，即四肢（代表科学技术）很发达，但头脑（代表人文学科）还没有发展成熟。这就很危险了，因为人的身体要靠清醒的头脑和理性的思维来控制，如果理性和思想不能够去约束发达的四肢的话，这个社会就要出毛病了。

对于这个问题，梅欧在他的书中提到了："我们已经懂得怎样在一刹那间毁灭千万的生灵，而不懂得怎样有系统地引导各种团体和国家在创造文明的事业上进行合作。并不是原子弹要毁灭文明，而是文明社会能够毁灭它自己——无疑地，最后要用到炸弹——如果它缺乏明智的理解和不能控制对合作的支持和阻碍。"这是梅欧在半个多世纪以前所说的话，他那个时候所看到的问题，到今天不但没有解决，而且还更加严重了。因为他那时候所看到的，只是科学技术和人文教育发展的不平衡所带来的社会秩序的不稳定，还没有看到人类盲目开发所造成的生态失衡、环境污染等问题的出现。当然，现在西方已经在开始提倡人文教育了，但中国好像还没有重视这个问题。

费：其实，就连西方现在也还做得不够，而中国，不是不够的问题，还是有没有理解的问题。人文并不是一个抽象的东西，它也是一种资源，一种无形的财富。和自然资源一样，是需要保护，但同时也是可以开发和利用的。这个问题谈的人还不多，下次我们来专门谈谈这个问题。

方：我最近写了一篇有关文化生态的文章，下次来带给您，请您指导一下。

费：文化生态的概念很好，但文化生态，谈的只是保护的问题。不像人文资源，还有一个开发和利用的问题。保护并不是要放在那里不动，而是要让它为现实服务。但如何保护？如何利用？这都是一个大问题。回去以后你多思考一下，把人文资源作为一个理论问题提出来，研究后再用到实践中去。

方：也许我比较保守，总是害怕破坏，因为我觉得人是地球上破坏性最大的一种动物。有些东西破坏了还可以恢复和重建，但有些东西确实无法恢复和重建的。自然生态和文化生态都是如此。前面我们已经谈到了，科学技术的发展要和人文教育的发展同时进行，不然的话，科学技术发展得越快还可能对人类社会和生存环境的破坏性越大。科学技术本身是中性的，有理性的人可以用它，失去理性的人也可以用它。可以用它去推动社会的发展，也可以用它去毁灭整个世界。所以作为掌握这些科学技术的人的思想、人的观念就很重要了。这些人必须要对人的社会、人的文化有很深刻的理解，不是只作为了解某一个问题的局部的专家而存在。未来的社会发展需要的是完整的人，而不只是某一方面的专家。我们现在所培养的基本上都只是具有一技之长的专家，轻视了对人的全面的培养。在中国的古代对人的要求是德才兼备，但现在，对这个“德”是有所忽视，包括家长培养孩子。光是培养一个人的专业技术是不行的，还应该培养他的品格，包括他的思想、他的行为以及他和人相处的本领，也就是与人合作的本领。

费：在这一点上，梅欧讲得很多。这种合作的本领不光是体现在人与人之间，国与国之间、民族与民族之间，只有这个关系处理好了，世界才能安宁，人们才能过上和平的生活。

下面我们回到我们的主题上来，我认为我们今天讲的主题有两个：第一个是如何确定中国现在发展的位置，也就是处于人类工业文明发展的什么阶段，所发生的变化是什么样的变化。我们可以参考西方的经验，因为毕竟他们走在我们的前面，看看他们所走过的路，看看他们所遇到的问题，对我们是有好处的，是有帮助的，也是可以借鉴的。第二个就是我们中国工业化文明发展过程中的复杂性，在中国一些边远农村，还是处在农业时代，但许多地方已经是工业时代了，而在大城市信息文明也已经进来了。也就是在中国，前工业文明、工业文明、后工业文明的发展是重叠的和交织在一起的。你要把这里边的复杂性和独特性讲出来，正因为这样的一个复杂性和独特性，所以我们又不能照搬西方的经验，还应该走自己的路。

另外，我们是要开发我们的经济，但不要跑得太快了，要注意到我们的基础。而且要保护和开发同时进行，既要发展经济，又要注意保护自然的生态和人文的资源。眼光要放长远一点，要注意可持续性发展。但又不能太慢了，太慢了，老是看背后也不行，也就是说，不敢往前走。因为往前走是需要勇气的，需要创造性的，是很不容易的。我们要有创造的能力，中国近百年来的发展是缺乏创造性的，因为没有办法，我们比别人落后，所以只能跟在别人的后面。但一个国家要没有了创造性就成大问题了，在这一点上，我们要注意。我们这一代人是要过去了，而你们这一代人的任务是艰巨的，你们要在发展中找对自己的坐标，要站稳脚跟，稳步发展。

方：从这次谈话中我学到了不少的东西，谢谢费先生。

2000 年

（原载于《民族艺术》杂志，方李莉记录整理）

文化生态失衡问题

费孝通（以下简称“费”）：你写的《文化生态失衡问题的提出》这篇文章，我昨天反复看了两遍，并在上面写了不少我的意见，有些地方还用铅笔做了记号，你可以回去慢慢地看。

下面谈谈我对这篇文章的看法，首先可以肯定这是一篇写得不错的文章，你动了脑筋，对人类文化互相间的关系，人类文化和自然环境、人工环境之间的相互关系等方面，提出了一些非常重要的看法，有些观点可以给人们一定的启发。但我还要提一点和你不同的看法，在这篇文章中，你用了不少生物学中的现象来论证你的观点，这是我不太赞成的。第一，生物世界不能等同于人文世界，人文世界是超机体的，它有它自己的规律；第二，人类学的研究要求科学性和准确性，你以生物学中的现象来类比文化学中的现象，很难得到真正的证实，因此是非科学的。你在文章中把不同的文化比喻成不同的生命体，我也是不太赞同的，生物界的生命是会死的，但文化是不会死的，只是会改变。

文化有文化的生长规律，生物有生物的生长规律，虽然说文化是从生物中发展出来的，可是已经离开了生物，高了一个层次。不能将这两个层次的东西放在一块讲。当然，对于文化的死和活，我们也不能绝对化，比如玛雅文化就死了，究竟是怎么死的，原因还不知道。现在印第安土著文化、澳大利亚的土著文化也都正在濒于死亡，我们中国的赫哲族文化也很危险。面临这样一个问题，我们怎么办？这是你在文章中提到的一个核心问题。

方李莉（以下简称“方”）：我在文章中提到的主要观点是：在现代文明席卷全球的今天，以西方文化为中心的观念正使文化圈内的文化种类在急剧递减，每时每刻不知道有多少传统的、土生土长的文化在消失。这是不是一种文化的生态在遭到破坏？因此，我们将可能面临一个文化生态的被破坏和文化资源在减少的问题。

费：我认为你的这一观点提出来很及时，是一个值得讨论的问题。但有关这个问题的讨论，最好是放在文化层里来进行，不要以生物学来做你的理论根据，不要以生物的规律来讲文化。当然以生物现象来做例子是可以的，但只能讲文化的规律与生物的规律有相似的地方，不能直接地推论过去。

这里主要涉及到的是一个对文化本身的分析。按我的理解，你在文章中主要谈的是本土文化和外来文化的关系，也就是外来文化的影响和文化自身发展规律之间的关系的问题，这里涉及到文化本身变化的规律。文化的发展和变化，一方面是受其所处的环境的制约，它要不断地和周围的环境相互调适而生存；另一方面还要与外来文化交流，受其影响、促进。

各个民族的文化都是在自己所处的特殊的自然环境和人文环境中发展出来的，即使到现在，很多民族还依然生活在它们的这一特殊的传统环境中，还保持着它们自己的传统文化。但面临着全球一体化迅速发展的局面，这些传统文化还要不要保持？还能不能保持？这就是你在文章中提到的一体化和本土化的问题。

方：有一天，我无意中在一张报纸上看到一篇文章，文章报道的是，湖北某地，从国外引进了一种人工培育的高产优质大豆，播种后长势很好，可是不久由于虫害，豆苗大批枯萎。经科学家们研究后，认为是因为大豆基因有了弱点，所以受到了害虫侵袭。要解决这一问题，就要到野生的环境中去找一种和这种大豆有亲缘关系的豆科植物，这种野生的豆科植物，具有强壮的生命力，把这种强壮的基因提取出来，注入到人工培植的大豆中，就能抵御病虫害的侵害。

这个例子，使我想到文化，想到如果文化的单一性发展，不仅会导致许多较原始的土著文化，甚至会导致许多发展中国家的本土文化的消失，这种消失会不会引起人类社会文化发展的危机！

费：你从生物学的现象受到启发，这是可以的，只是不要把它作为你论文中的主要依据。因为文化虽然也是从生物里面出来的，但它本身已离开了生物，隔了一层。生物层和文化层是宇宙发展中的两个不同的层次，它们各有自己的特点。

你在文章中提到，人类社会的发展需要多样化的文化和多样性的智慧，本来应该是这样的。很多的传统文化它们之所以不同，是因为当初它们各自发展的条件和所处的环境不同。现在整个世界都发生变化了，它们也不得不变，但是怎么变？现在很难说，这是一个很深刻、很值得人们思考的问题。前面我已经说了，我赞成你所说的，西方人用现代的科学技术制造了一个统一的、人工化的物质环境，同时在这样的基础上出现了一个统一的、大的、新的文化环境。作为非西方国家的人怎样去适应这样的一个环境，如何走向世界一体化，解决这个问题是非常困难的，因为各自的文化基础不一样，各自文化发展的初始条件也不一样。

不仅如此，就是西方国家本身也还没有适应自己造出来的这样一个新的、人工的物质环境。当今的物质文明和精神文明还没有真正的协调一致，新的物质文明需要有一个新的精神文明、一个新的文化观念、一个新的道德标准。但是，到现在为止，这个新的精神文明还没有真正跟上来，还在探索和完善之中。人类新的发展建造了一个新的人文世界，这个人文世界不是和自然统一的，而是对立，是和自然相对抗而存在的。这种对抗的结果，就是自然环境的被破坏，河流、空气被污染，地球成了不适合人类和其他生物居住的地方。如何解决物质发展和自然环境相协调的关系，这就是西方文化所面临的问题。而且，当今的世界上，还有很多落后的国家并没有参与创造这个环境，这些人和这个环境相隔很远，要他们适应这样的环境就更难了。

在全球一体化迅速发展的今天，我们不时听到一些唤起种族和民族情感的、强烈的呼声。这些力量所表现出来的外在形式是多种多样的，从根本上来讲，它们都代表了一种在失范的和混乱的世界上寻找归属的渴望。这一切都证明了这个世界的文化发展是不和谐、不平衡的。这里有两个问题：一个问题是，一些落后的非西方国家有自己本身的文化传统，但这些文化传统已不适应现代社会的发展了，它们面临的问题是如何去适应现代社会的发展；第二个问题是，西方社会也要面临如何与这些发展中国家的文化发展相互协调，避免造成各种文化的对立化，从而保证整个世界能和平相处下去。其结果是，各民族都要面临一个文化自觉的问题，也就是如何去认识每个民族自身的文化的问题。你文章中总的观点我是赞成的，并且是有一定深度的。关键就是你要把自己的意思和观点表达清楚，让大家来共同关心和探讨这个问题。

方：我认为，人类社会将从传统的、各自独立生存的民族国家的世界，变成一个互相联系和相互依赖的、以高科技为基础的一体化的世界，同时结成一个容易冲突的、高度技术化的工业体系，因而将遭遇到一系列经济、社会、生态等问题，生态问题里，不仅有自然生态问题，还有文化生态问题。对于文化生态失衡的问题，还很少有人真正认识到。其实它是西方文化以其强势的姿态介入世界每一个角落的结果。

人类今后真正要面对的是要重新调整我们的文化观，调整我们和大自然的关系。在这调整的过程中，我们不仅需要西方文化，还需要其他多种文化和宗教的相互补充。

费：你讲的这种文化的多元化是很重要的。现在有很多人希望用传统的多元化文化来对抗现代的一体化文化，但这种对抗最终是会失败的。我们现在面对的是一个新的社会、新的世界，历史是不会往回走的，面对这样的情况，我们应该怎么办？对于这个问题，学术界一直有两种意见，一种就是保持自己民族文化的独立性。刚才已经说了，这一点是很难做到的。另一种就是20世纪30年代胡适他们提出的“全盘西化”。这条路也是走不通的，是不可能，也是做不到的。因为一个民族是不可能忘记自己的过去和历史，重新开始的，它有自己的文化传统，有自己根深蒂固的民族习俗，除非这个民族消失了或被毁灭了。一个民族的文化是慢慢地一点一点积起来的，我们的文化习惯也是从小养成的，要改变这些是很难的，有些地方几乎是变不了的。这样一来，两种不同的文化就会发生矛盾。

我认为，西方的文化固然有它的优越性，但它是不完善的，起码它没有解决好人与自然的关系，所以这种文化所创造出来的人文世界也是不完整的，要想让它完整化，还需要其他的许多文化来共同参与。此外，不能强迫要求世界上所有国家和民族的文化都一致起来，这种要求一致的做法是大家不能接受的，也是不可能接受的。世界是人类共有的，它需要大家来共同参与创造。但是，不同文化和不同社会背景的人们，怎样才能携起手来创造一个共同的新世界，这是一个值得探索的问题，也是一个属于新世纪所面临的一个新问题。用传统的观念和办法是很难解决这个问题的，恐怕要有一个新的方法和新的思维才行。

方：正因为如此，我才觉得保持文化的多样性有多么重要。近年来，科学家们提出了很多意义重大的概念，为人类认识自己的处境和在宇宙中的地位提供了许多与以往极不相同的新的理解。一些研究前沿科学的科学家们认为，人类与宇宙的关联性正回到物理学和生物学。在宇宙和生物圈中共同生存和共同进化的一切事物之间永远有纠缠和通讯，在这微妙的相互作用网中，人的心灵成为一个意想不到的积极参与者。而且，关于心灵与宇宙的相通和感应方面，原始人和一些土著民族比只相信科学的现代人要强得多。他们的这种能力在传统科学看来也许是落后甚至是愚蠢的，但处于这种状态的人们却常常能根据这种超常的能力，敏锐地预感到生态系统将发生的种种变化，用自己的心灵与宇宙和自然保持联系。

在新的世纪里，人类将面临的还有精神方面的革命。如对自身潜力的发掘、对自我创造力的发展；对人和人、人和宇宙、人和自然关系的重新认识；以及对自身文化传统的重新认识、挖掘和整理等等。

费：你的意思是说，在今后人类社会的发展道路上要允许不同文化的自我发展。现在西方文化在其先进技术的引导下，正在创造一个新的人文世界，但这个世界是不完善的，同时，我们不能强迫所有的国家和人们都要进入这个世界，因为并不是所有的人和所有的文化都能接受这个世界。另一方面，就是人们接受了这个人文世界也不能解决所有问题，因为，西方世界内部的一些重要问题并没有得到解决，比如吸毒、艾滋病、社会暴力、种族歧视等等社会问题并没有解决。而西方世界与外部世界，即西方文化与其他文化怎样共同相处的问题也没有解决，当前世界上各种民族争端还在不断地发生。

在人类未来的发展中，怎样才能创造出一个人类共同的文化，这是一个大问题，怎么创造？现在谁也说不清楚。我看，最大的问题就在这里。你触摸到了一个人类目前遇到的最根本的、最重大的问题。世界一体化的市场经济，需要一个大家共同遵守的文化规则和社会秩序、共同的行为准则，甚至要有共同的语言。这就不得不动摇各地方的本土文化所赖以生存的根基，文化的非地域化似乎是一个趋势。这种趋势使人类进入了一个两难的矛盾境地，这就是追求物质文明的发展与自然生态和环境污染之间的矛盾，还有追求一体化经济与文化多元性之间的矛盾。

目前文化所遇到的一个根本的问题是，现代人创造出了一个新的局面，这个局面是人创造出来的，但又不完全是被动的和受人支配的，它有它自己的发展规律，有时是人难以控制的。就目前的情况来看，它正在不断地发展，而且发展的节奏越来越快，这种发展最后会把人类社会带到一个什么地方，真的是很难说。对这个发展的一些方面人应当控制它，但现在却控制不了。老实说，在我的思想里面，觉得如果这样下去实在不行，最终也许是人类的毁灭。西方文化创造了一个一体化的环境。现在的困难是，在一个统一的世界市场、一个统一的经济环境中，要求有一个共同的道德规范、共同的价值标准，因此，所有文化都面临一个转型的问题，它们都要无条件地交出自己的历史与传统，这在感情上是很难做到的，从客观规律上来看，也很难说是正确的。所以，人类遇到了一个进退两难的尴尬境地。而且，这个问题发展到现在，已经不单纯是文化的问题了，还成了一个带政治性的，里面隐含着一个霸权主义扩张的问题。

西方所崇尚的物质文化可以解决许多问题，但有些问题是不能解决的，尤其是社会心理问题，在这个竞争的社会里，大家互相矛盾，互相仇恨，造成很多的社会问题。同时，对自然资源的破坏，对环境的污染，都是目前西方国家难以解决的问题。这些问题都在说明，西方创造出了一个新的人文环境，这是一个高度人工化的环境，对于这样一个高度人工化的环境，不仅是发展中国家不能适应，就是它自己也不能很好地适应。现在地球已经承受不了这种文明所带来的巨大负担，连自然界的生物圈也很难适应这种环境所带来的负面作用。它的这种发展状态，不是向着一个相互平衡的、相互融合的道路上行走，而是朝一个极端的、失衡的道路上前进。当然，现在西方的许多学者也意识到了这一系列的问题，因此，产生了后现代主义的文化思潮来试图扭转这种趋势。

我认为，在今后人类社会发展的道路上，世界上三种最主要的宗教文化要互相补充，一种是基督教文化、一种是佛教文化、一种是伊斯兰文化。除此之外还有许多文化的分支和土著文化。对于原始的土著文化在我们现在看来是很落后甚至是很愚昧的，但是我们也要看到在这落后和愚昧里面，还蕴藏着许多我们现代人目前无法理解的智慧。这些原始的土著人长期生活在大自然中，对大自然变化的节律，对自然生态的理解可能会比我们这些现代人把握得更多。所以我们不要认为只要是传统的、原始的文化都是落后的、不合理的，都是要抛弃的。其实里面可能有一些东西是值得我们今天新的文化借鉴的，可以成为我们今天新的文化发展的基础。

当然，应该明确地说，在原始文化和传统文化中有很多不好的、落后的东西，是我们今天要抛弃的，但是我们不要倒洗澡水，把孩子也给倒掉了。要留下许多优秀文化的种质，并在这基础上让它们得到新的发展，为人类的未来不断地提供新的养分。

方：按照生物学的观点，每一粒种子，每一棵芽苗，都携带着种质，它不仅含有基因，还包含有全套的特殊机制，借以控制遗传、规定基因结合的模式、表现基因的特性。未来植物的健康，就取决于种类繁多的、不可代替的种质。人类社会未来的健康发展，也将取决于多元文化的继续发展和保持。

一体化和多样化是同时发展的，甚至是现代性促使了差异性和本土性的出现。今天，民族文化自我保护机制正在产生作用，因为没有一体化人们也就不会有对多样化的需求。现在人们之所以在追求多样性、本土化，就是因为觉得这种东西已经在悄悄地离开我们。一些国家爆发民族主义运动和本土化运动，也是因为它们感觉到了这种文化的一体化正在动摇着它们传统文化的根基，正在使它们失去自己的文化传统，因而引起了一种文化反弹和文化自我保护意识的觉醒。

费：你讲的这些有一定的道理，具体怎么写你还要做进一步的思考。在我看来，你要讲的问题是，我们现在正面临一个新的文化因素，这种新的文化因素，改变了全球各民族文化原有的存在条件。每个国家、每个民族都要适合这个条件，因为不能适合这个条件就不能存在下去。但事实上这种新的文化又是不完整和不完善的，它面临着许多困境，因此，需要从其他的文化中去寻找一种能够补充其发展的不同的养分。就像你刚才所讲的，有一些传统的或原始的文化，它们和现代的这个新的文化，在认识世界的观念上，在研究问题的方法上，都是完全不同的，但它们还是生存下来了。也就是说，它们有它们自己的独特的生存方式。

在最近的一次会议上，我提到了中国的医学。我们中国人在这个地球上生活了几千年，有相当长的时期里是没有现代概念中的医学的。但是，我们的先人是会生病的，他们是怎么治病的呢？这里面有很多的办法，有些办法还很经济、很实用，比如针灸、拔火罐、刮痧等等，这些治疗不需用药就能解决问题，不但简单而且副作用很少。这说明，在我们传统的文化中确实是有很多好东西，值得我们去继承和挖掘。这里就涉及到了文化自觉的问题，我们对自己的传统文化究竟有多深的了解，在这方面我们要好好地去研究和认识。

现在人类进入了一个新的历史阶段，一个新的人文世界和人文环境，我们要怎样去适应它，同时又不完全失去自己民族文化的根基，这的确是一个值得好好研究的问题。我们一方面要学习外来的新的文化，要想办法去适应这个新的世界，另一方面又要发展自己的传统文化。传统文化不一定都是好的，里面有很多糟粕，这就要看我们如何去认识和理解它。我们要在新的条件下发展民族文化，要创造适应新条件的办法，并不是把过去的传统拿来就用，而是要从旧文化里，本土文化里选取一部分继续发展。时代变了、条件变了、从下到上的环境都变了，这个变化的客观世界包括了自然环境和人造的环境。今天人类遇到的变化太厉害了，连太空、连海底都在改变。现在是人造的世界在改变自然的世界，同时创造出了一个前所未有的新世界。在这个新的世界里，人类将面临许多的问题，有自然生态的问题，也有你所提到的文化生态的问题。我想，解决这些问题，可以采取多元化的办法，不要只看到一个途径和一个办法，不同民族的文化有不同的出发点，大家根据自己不同的文化传统来进行创造，这就是文化的自觉和自新。自新，就是自我更新，从传统的基础上来自新，而不是从零开始。

你在文章中所说的文化生态是一个新的概念，这个概念值得进一步探讨。在我看来，概念并不重要，重要的是如何把道理说明白，如何解决实际问题。我们现在所面对的是一个新的人文世界，这个世界本来是以自然为基础的，但现在加进了很多人造的东西，所以引起了生态的失调。所谓生态就是主观的条件去适应一个客观的条件、一个客观的世界，主客观的条件都相互适应了就是生态平衡了。人类在21世纪将面临一个由西方文化所制造的、人工的世界，在这个世界里，其他的民族文化将如何去自新，这些不同的文化如何能够协调共处？这是一个重要的问题，也是一个文化如何自新与共处的问题。

方：先生提出的从文化自觉到文化自新再到文化的共处的过程，帮助我解决了许多概念上的问题，从这个观点出发，就是我们要在认识和发展自己文化的同时，还要考虑如何处理自己的文化和其他不同文化相处的问题。

费：这种关系的改变，使我们面临一系列的重大问题。要解决这些问题，不能仅仅只满足于一个概念的提出，还要做很多深入的研究。你讲的文化生态的问题，我也曾在文章中讲过，就是文化调适的问题，但都还没有讲清楚。这个问题简单来说，就是人生活在一个客观的世界里，为了适应这个客观世界，人们想出了一套办法，这套办法就是人所创造的文化。现在这种文化和自然产生了矛盾，也就是人造的世界和自然世界发生了矛盾。如何解决这个矛盾，就是我们目前所遇到的问题。

方：我认为，这种矛盾正是我们的文化观念所造成的，因为不同的文化观念会使人们构造出不同的人文世界，所以根源还是在于我们的现代文化不能顺应自然的发展规律，人们只想到要去改造自然，却没想到人也是自然的一部分。我们不仅要利用自然，还应该和它协调一致。

费：这里涉及到一个文化的目的论，文化是干什么的。我认为，文化是为了让人更好地生活在这个世界上。再深入一步说，是要创造一个美好的世界，一个艺术化的世界。在物质极大丰富的基础上，再追求一个美好的精神世界。

方：我理解先生的意思是说，人不仅仅是一个生物的人，还是一个精神化的、富有创造性的人，他不仅希望满足生理上的需求，还希望能有自我发展和自我表现的机会。艺术就是一个能自我发展、自我表现的巨大空间。随着人类物质生活的进一步丰富，艺术将成为人们生活中重要的一部分。各种艺术活动的开展，实际上就是人类未来的自身革命运动的开端，是人类另一次新兴革命开始的前兆。

费：我希望通过人类这样一次观念上的革命，建立起一个美好的世界，一个艺术的世界。人类将从纯粹的追求物质享受中解脱出来，去追求一种更有意义的非物质的精神享受，这样不仅能使自己的生活进入一个更高的境界，也可以使地球减轻不少的负担，从而能部分地缓解环境被污染和自然资源被破坏的状况。当然这只是我的愿望，能不能实现，很难说。我总希望人类能够从物欲的贪婪中挣脱出来，远离拜物主义的泥坑，更多地追求一种精神性的需求。要知道，人作为一个生物体，他需要营养、需要活动的空间，这和动物的要求没有什么区别；人所追求的吃饱穿暖的物质方面的需求，还只是生物层面上的要求。但人类超过了这种动物的需求，进入了一个文化的世界，一个人最基本的文化世界，远远地超出了生物的世界，因此，人还有比动物更高的需求，这种需求就是精神方面的需求。

为了满足人类在物质和精神两方面的需求，人类建立起了自己的文化世界。现在这个文化世界里出现了许多难以解决的问题，如何去解决这些问题，这就是我们讨论的问题，而且今天只涉及到了一个开头，今后还需要做更进一步的探讨。

就讲到这里吧，有些问题需要你回去后好好思考，并把它写出来。

2001 年 4 月

试谈扩展社会学的传统界限

年过九十应当承认我一生已进入衰老阶段，躯体和四肢都已不能自如地活动，但头脑还觉得能够思考一些问题。我总觉得我们中华文化经过几千年的发展，总可能积淀着一些宝贵的东西。近年来世界的动荡，表明当前的世界已经到了亟需改革创新的时刻。此时此刻我的脑子里出现了不少过去没有想过的问题。在我和同事和学生们闲聊或讨论的时候，他们用录音机录了下来，并且整理成文，我对这些文章进行修改最后定稿。读者或许可以从中得到一些可供参考的东西。

社会学是一种具有“科学”和“人文”双重性格的学科，社会学的科学性，使得它可以成为一种重要的“工具”，可以“用”来解决具体的问题，比如预测一个社会的发展走向，调查一个群体的态度行为，分析某个社会组织的运行机制，解决某个紧迫的社会问题等；然而，社会学的价值，还不仅仅在于这种“工具性”。今天的社会学，包括它的科学理性的精神，本身就是一种重要的“人文思想”；社会学科研和教学，就是一个社会人文精神养成的一部分。社会学的知识、价值和理念，通过教育的渠道，成为全社会的精神财富，可以帮助社会的成员更好地认识、理解自我和社会之间的关系，以提高修养、陶冶情操、完善人格，培养人道、理性、公允的生活态度和行为，这也就是所谓“位育”教育的过程，是建设一个优质的现代社会所必不可少的。社会学的研究方向，也自然要考虑到这种人文方面的需要。社会学的人文性，决定了社会学应该投放一定的精力，研究一些关于

"人"、"群体"、"社会"、"文化"、"历史"等基本问题，为社会学的学科建设奠定一个更为坚实的认识基础。中国丰厚的文化传统和大量社会历史实践，包含着深厚的社会思想和人文精神理念，蕴藏着推动社会学发展的巨大潜力，是一个尚未认真发掘的文化宝藏。从过去20多年的研究和教学的实践来看，深入发掘中国社会自身的历史文化传统，在实践中探索社会学的基本概念和基本理论，是中国学术的一个非常有潜力的发展方向，也是中国学者对国际社会学可能做出贡献的重要领域之一。

一、究"天人之际"

社会学的一个基本问题，就是人的"生物性"和"社会性"的关系。这就使我们注意到社会学对人的"生物性"的界定，与生物学、医学意义上的人的"生理"、"生命"、"生物"的概念应当是有区别的。作为自然科学的生物学和医学，它们是把人的所谓"生物性"，也就是和其他生物可比较的生命的物质形态方面，单独划分出来，孤立地看，称之为"生物性"。并以此为对象，运用物理、化学等方面的知识，进行一种"自然科学"的研究，但是却忽略了它"非生物"方面即社会的、精神的、文化的属性。比如，他们在研究一个人的生理结构和功能的时候，只考虑其"生理"、"生物"的意义，而不考虑这个人究竟是一个农民还是军人还是知识分子，他们认为这些"社会"角色在医学、生物学上"没有意义"。这种"分析"、"分解"式的思维方式和研究方法，是一般西方自然科学的通行的方式。

但在社会学中，我们所说的人的"生物性"，并不是这种单划出来的一个孤立的、独特的范畴，不是一个和所谓"社会性"互相隔离的属性。相反，社会学中“人”的“生物性”，应当属于人的“自然属性”的一部分，是一种更为广义的概念，是和人的“社会性”融为一体的，二者是互相兼容、包容的。确切地说，这种社会学把“社会”本身，视为广义的“自然”（包括“生物”）的一部分，“社会”的存在和演化，都是包含在广义的“自然”的存在和演化之中的。社会和自然，不是两个“二分”（duality）的概念，更不是相互“对立”的，而是同一事物的不同方面，不同层次而已。这种理念，最好的表达方式，就是中国古代“天”的概念。“天”不是像西方的“上帝”那样超越于人间万物之上的独自存在的东西，“天”和“人”是统一的，息息相关的，人的一切行动和行为，都在“天”的基本原则之中，人是不能彻底摆脱、超越这个“天”的，即所谓“谋事在人，成事在天”；同时，天也随着人的行为而不断做出各种反应，故有所谓“天道酬勤”、“天怒人怨”之说。社会学中“社会”和“自然”的关系，很像这种理念，我们首先把“人”置于“自然”这个大的背景中来看，“人”和“自然”是合一的，作为人类存在方式的“社会”，也是“自然”的一种表现形式，是和“自然”合一的。我们今天用“合一”这个词，就是说它们本来就是不能分开的。尽管人们通常在语言中、在概念上把“人”和“自然”分开处理，这只不过是常规思维中为了认识和解释方便而采用的一种“概念化”（conceptualization）方式，而我们从学术角度，不把“自然”和“人类社会”割裂开来，而是把它们视为统一的，是一体的。人类社会的规律，也就是自然的规律，人类社会的原则，也就是自然的原则；同样，自然的原则（如古人说的“天道”），也是人类社会的原则……这种观念，作为社会学研究的基础，可以使我们从一个基本的层面上，摆正人和人之外的世界的关系，即中国传统上所谓“一而二,二而一”的意思。一可以分为二，而二还是包含在一之内。

我们把“人”放到自然历史演化的总的背景下去理解，人是自然界演化的一个过程和结果，同样的所谓“社会”、“人文”也是自然的一部分，它是人根据自身的需要造出来的一个第二环境，但“人文”只能建立在自然规律和原则的基础上，“人文”的活动，只是在很多方面利用自然，利用自然特性，顺着自然内在的规律，适应它的要求，为人所用，而不能真正改变这些规律和原则，也不可能和“自然”法则对抗，不可能超越自然的基本规律。

这种“天人合一”的思想，实际上不仅是中国的，它是世界上很多文明所具有的基本的理念，但中国人传统上对这方面有特别丰富的认识和深刻的探讨。今天中国社会学应该继承这种传统，从自然存在和演化的角度，对“人”和“社会”进行最基本的定义。

需要注意的是，在近代，中国人这种观念发生了很大的变化。19世纪末到20世纪初，中国知识分子在救亡图存的努力中，曾经在短时间内大量借鉴西方近代和现代社会思想，这种借鉴对中国现代学术发展起到了非常重要的促进和推动作用，为现代中国学术建立了一个重要的基础。但是，也应该看到，这种匆忙的、被动的借鉴的过程，也存在着很多粗糙和不协调之处，特别是对于人和自然的关系上，我们在接受西方现代科学的同时，基本上直接接受了西方文化中“人”和“自然”的二分的、对立的理念，而在很大程度上轻易放弃了中国传统的天人合一的价值观。在实践中，后来大量出现的豪迈的“战天斗地”、“征服自然”、“改造山河”、“人有多大胆、地有多大产”的强烈的冲动，一反中国古代人与自然环境互相依存、通融、欣赏的态度，把自然视为一种对抗性的力量。在社会学领域，则不太习惯于把人、社会、自然放到一个统一的系统中来看待，而是常常自觉不自觉地把人、社会视为两个独立的、完整的领域，忽视社会和自然之间的包容关系。

对于“人”和“自然”的关系的理解，与其说是一种“观点”，不如说是一种“态度”，实际上是我们“人”作为主体，对所有客体的态度，是“我们”对“它们”的总体态度。这种态度，具有某种“伦理”的含义，决定着我们“人”如何处理自己和周围的关系，而这种关系，是从我们“人”这个中心，一圈圈推出去，其实也构成一个“差序格局”。问题的核心是：我们把人和人之外的世界视为一种对立的、分庭抗礼的、“零和”的关系，还是一种协调的、互相拥有的、连续的、顺应的关系。对这一问题不同的回答，反映出人类不同文化、不同文明中世界观深刻的差异。

社会学对这一问题的回答，如果是基于东亚文明的历史和文化传统，那么理所当然地是一种强调协调、共处、“和为贵”的哲学基础，这种文化传统，使得我们很自然地倾向于“人”和“自然”相统一的立场。

二、精神世界

“人类社会”是广义的“自然”的一部分，但人是有其自身特殊性的。在很多意义上，我们可以把“人”视为已知的自然演化的最高的成就。当然，这仅仅是我们作为人本身的认识，因为我们的认知是有局限性的，我们的感知方式和能力、我们存在的形式本身、我们在时空方面的有限性等等，就是我们的局限性。我们只能在这种局限性之内讨论所有的问题；至于在我们的感知能力之外，这个宇宙（天）还有哪些存在形式和属性（比如人们想像的多维空间、能量化的生命等等以及想像之外的东西），我们就无法作出有意义的判断了。但在我们认知范围内，我们看到人是具有特殊性的，是明显不同于周围世界的。我曾经打过比方，假如有来自外层空间的其他的生物，他们到地球上，看到地球上生机勃勃的景象，肯定很快就会把“人”这种生物和地球上的其他东西分开。人的特殊性，是我们社会学研究的重点领域，但社会学并不仅仅研究人的特殊的一面，还要研究人与自然一般相同的方面。在社会学工作者眼中，认识“人”的特殊性，不是要局限于这种“特殊”，而是要更全面地认识人的属性。

“人”的特殊性何在？或者说“人之所以为人”究竟凭什么？这是一个人们长期争论，一直没有取得共识的问题。像这类关于“人”的最基本的问题，涉及到人类对世界和自身的最基本的假设，往往会成为人类的一种精神信仰和世界观的基石，构成一种文明的基础，因此也往往成为人们争论最激烈的问题，甚至会被赋予强烈的意识形态色彩。在中国，不同时代，不同思想流派对这一问题也有不同的回答。作为具有科学理性传统价值观的社会学，通常认同于一种科学理性的解释：人是有生命的，在自然中首先属于“生物”，这就不同于“非生物”的世界。依我看，在“生物”中，人最重要的特殊性就是人有一种“精神世界”，这是其他生物可能没有的，至少在我们的认知范围内还没有确切的发现。

人的精神世界，可以笼统地说成“人的一种意识能力”，但实际上，这是一个远远没有搞清楚的问题。社会学自身无法完成这种探索，但这种探索，对社会学的发展具有重大意义。“精神世界”作为一种人类特有的东西，在纷繁复杂的社会现象中具有某种决定性作用；忽视了精神世界这个重要的因素，我们就无法真正理解人、人的生活、人的思想、人的感受，也就无法理解社会的存在和运行。我们鼓励社会学工作者和学习社会学的学生，把一定的精力投放到这方面的探索和研究中，这是我们社会学相对薄弱的方面，同时也是人文价值的一个重要体现。社会学对于人的精神世界的研究，当然与哲学、神学、精神病学这些学科的研究视角是不相同的，它应该是一种“社会学”的视角。目前，社会学界如何面对这一问题，运用什么方法论和采取什么方法研究这些问题，还没有基本的规范，但这方面的研究，是十分有意义的。

从社会学角度研究人的精神世界，要避免一种简单“还原论”的倾向，那就是试图把所有精神层次的现象和问题，都简单地用“非精神”的经济、政治、文化、心理等各种机制来解释。还原论式的解释方式，看似一种圆满的“解释"，实际上这种“解释”恰恰忽视了精神世界自身的特点，忽视了“精神世界”——把人和其他生物区别开来的特殊存在物的不可替代性。社会学对于精神世界的理解，应该是把它和社会运动机制联系起来，但不是简单的替代，不是简单地用一般社会层次的因素去解释精神层次的活动。当然，最理想的，是在社会学研究中真正开辟一个研究精神世界的领域，从方法论层次上进行深入的探索，探索如何基于社会学的学术传统和视角，开展对人的精神世界研究。

三、文化与“不朽”

从人的生物性和社会性的关系，自然地引出人的群体性、文化性和历史性的问题。关于人的文化性和历史性，我们经常讨论，但至今缺乏的是结合实际研究的具体的阐释。在“常人思维”中，“文化”和“历史”似乎纯粹是“社会”的东西，和“自然”、“生物”没有多大关系，可是在社会学术上，文化性和历史性，是与人的生物性密切相关的两个不同的概念。

比如，一个人刚出生的一瞬间，是只有一般的“生物性”而没有社会性的，但就从此时此刻开始，就和妈妈在一起，从个体的人，变成了“群体”的人，开始交流和互动，加入了“人类社会”的生活，也就变成了“社会”的人，具备了社会性。所以我们说从一出生，在这个“人”的生活中，就包含了社会性和生物性。

社会中的人，尽管都是已经具有社会性、生物性的双重人——个体生命开始时，在母胎里成熟过程中和妈妈还是二而为一的，直到分娩，才告一段落，一分为二，结束母子在生物性上难分难解的状态，分别成为社会性的两个人——但各自的生物性仍然起着重要的作用，而且常常是决定性的作用，其中最基本、最明显的，就是生老病死，这种生物性的因素，你是永远摆脱不了的。所以我们说人有“社会性”，并不意味着就没有“生物性”了，社会性和生物性不是互相排斥的，不是非此即彼的，而是互相兼容、互相结合的，这就是“人”和“自然”（天）的同一性的一个方面。人的生物性，决定了人是要生老病死的，每个人都是有生有死的，但一个社会是可能不死的，是可能长久存在下去的（当然，并不是所有社会都必然永远存在，也有整个消亡的），这种“死”和“不死”，是我们社会学研究的一个非常关键的问题。“社会”为什么能长久存在？因为有“文化”。而文化是如何起作用的？是基于人的群体性即社会性。群体可以超越个体的局限，每个个体的人有生有死，但不是所有的人都同时生同时死；不同的人的生与死，是有时间差的，生不同时，死不同刻，而不同时间生死的人，不同代际的人，有共处的时间，在共处的这段时间里，每个人的人生经验、知识、感受、发现、发明等等，可以互相交流，互相学习，互相传递，可以变成别人的东西，保存在别人那里。一个人的生命可能会逝去，但是他一生的知识积累，不一定随他的生命结束而消失，它们会传递给别人，传递给继续活着的人，别人再传递给别人，可以传给很多人，这种不断传递，就成为社会很多人共同的知识即文化，保存在很多人的头脑中，形成一个不断增加的、动态的、更新的、分散的“信息库”，这个信息库又反过来不断塑造着新的社会成员的态度和行为，这就是文化的传承。同时，由于各种信息载体（石刻、竹简、书本、磁带、光盘等）的存在，人们可以把知识记录下来，储存起来，几十年，几百年，留给后来人，这样，即使一个社会真的消失了，一个文化中断了，但后来的社会，其他文明的活着的人还可以从那些很久以前死去的人那里学习各种知识——人和人可以跨越时间、空间的障碍，进行交流和学习，分享知识和经验。

文化传承中，有很多这种跨越时间、空间继承的例子。比如我们今天经常说“西方文化来自古希腊罗马文明”，实际上，尽管古希腊罗马本来就属于欧洲，但他们的很多文化成就，并不是通过他们自己生物性的后人直接传到近代欧洲的，而是通过阿拉伯人“转手”的。因为在中世纪，欧洲本身的很多古典文化的东西中断了，而这些东西保存在阿拉伯人那里，后来“文艺复兴”，欧洲人不是从自己的前辈手里，而是从阿拉伯人那里又“取回”了很多古希腊罗马人创造的知识。又比如犹太人的希伯来语，本来已经消失了很多个世纪，仅有少数考古学家能阅读其文字，但 19 世纪末，犹太人要重新建国的时候，这些学者通过首先教自己家里人说，再在朋友圈子里说，范围越来越扩大，经过几十年，居然把这种已经“死去”的语言恢复过来，到 1947 年以色列建国的时候[①]，希伯来语被定为“国语”。中国历史上这类例子也很多，中国春秋战国的很多东西，被秦始皇毁坏了不少，汉朝时通过仅存的一些儒生和残存的旧竹简，把儒家的东西恢复过来了，并成为官方的意识形态。历史上中原战乱时期，中原文化的很多东西传播到江南、朝鲜、日本等地区，被保存下来，然而它们在中原反而消失了，后来中原人又从这些地方把消失的古代文化成果学回来。中国人也为其他文明保存过很多重要的历史知识。比如印度文化中一直不太注重编年史，所以今天国际上研究印度历史，往往要从中国古代文献中查找资料，特别是从玄奘的游记中获得当时的资料。目前中国周边的国家的历史，也有许多因记录在中国古代文献中而得到保存。

这就是我说过的，社会和文化可以使人“不朽”。像唐朝的诗人李白，他作为一个人，他的生物性决定了他必然会逝去，但他的诗作，连同他的诗的风格，都保存在各种文献中。李白这个人，是一个具有有限生命的“人”，而他的诗和诗的风格，则是“文化”，“人”是会消失的，但“文化”保留下来了，社会长存，文化不死，创造文

① 1947 年，联合国通过关于巴勒斯坦分治的决议；1948 年，以色列建国——编辑注。

化的人也就“不朽”了。一个人创造的文化不仅能保留，还能传递，还能影响别人，能激发别人的灵感，实现“再创造”，所以传统可以成为新文化生长的土壤。李白的诗作，经过几百年、一千年后，还能重新影响、塑造出别的诗人，他们可能接近李白，可能超过李白……文化把不同时间、空间的人“接通”了，可以共享生活的经历和生命的体验；文化能够超越个体生命的生死和时空的障碍，能够生生不息、发扬光大。

文化的传递，必须是一种历史过程，所有文化都必须是积累的，没有积累，没有超越生死、时空的这种积累，文化就不可能存在。

从“个人和群体”的角度理解文化，“文化”就是在“社会”这种群体形式下，把历史上众多个体的、有限的生命的经验积累起来，变成一种社会共有的精神、思想、知识财富，又以各种方式保存在今天一个个活着的个体的生活、思想、态度、行为中，成为一种超越个体的东西。当一个新的生命来到这个世界上时，这套文化传统已经存在了，这个新的生命体就直接生活在其中，接受这种由很多人在很长时间里逐步创造、积累的文化，所以文化具有历史性，它是跨越时间、空间和生命的东西，也是先于个体而存在，不随个体的消失而消失的东西。所以我们看文化，必须历史地看，只有在历史中，文化才显示出其真实的意义。

文化的历史性是广义的，不仅具体的知识和技能是在历史长河中积累传承的，更深层、更抽象的很多东西，比如认识问题的方法、思维方式、人生态度等，也同样是随文化传承的。进一步说，文化的传承，也同样包含了“社会”的传承。比如说，社会的运行机制是随文化传承的，社会结构，同样是伴随文化传承下来的。一个社会基本的结构，夫妻、父母、社区结构，都是文化的一部分，是先人传下来的，是晚辈向长辈、后人向前人学来的。学习、继承中不断有修正和创新，但只有在继承中才可能有创新，这就是为什么我们研究社会也好，改革社会也好，绝不能抛开历史，没有一个社会结构是完全凭空构建的，它总是要基于前一个社会结构，继承其中的某些要素，在此基础上建立新的东西。比如，即使像美国这样一个“人造”的国家，其社会结构也不是从美国建国时突然开始的，而是从欧洲移植过去的。美国社会的主体结构，实际上是来自欧洲的白人移民主导建立的，他们不管什么身份——是反叛者也好、流亡者也好、淘金者也好、梦想家也好——其基本的文化背景、思维方式、人生态度、知识技能等，还是在欧洲社会结构中造就的。他们在最早建立殖民地的时候，就不可避免的，只能基于欧洲的社会文化传统，他们可能属于当时欧洲的“非主流”，反对当时欧洲的主流，但他们的“非主流”，仍然是“欧洲”的非主流，是一种文明中不同的分支，所以他们的社会结构并不是凭空创造的，实际上是欧洲文化的延伸和变体。同样，像我们今天的这个“中国”，虽然是在一场摧枯拉朽的革命之后建成，但我们今天的社会结构，并不都是 1949 年建国时一下子凭空创造出来的，它是过去几千年社会结构演化的继续，是和过去的社会密切相关的。建国时期几亿人口的思想、文化、价值、理念都是从此前的历史中延续下来的。谁也不可能把一个社会中旧的东西突然“删除”、“清洗”，变成空白，再装进去一个什么全新的东西。我们中国的革命，形式上是“天翻地覆”、“开天辟地”，实际上，它是建立在中国社会自身演化的内在逻辑之上的，是中国文明演进中的一个连续过程的一个阶段。建国 50 多年后的中国社会，还是跟过去的社会密切相关，社会的方方面面的历史文化积累过程是不间断的、永恒的、全方位的。

四、“只能意会”

在社会学最基本的“社会关系”的研究中，实际上还存在着很多空白的领域，有待我们去进行探索。特别是在“人际关系”中各种“交流”的部分，始终是社会学没有说清楚的领域。比如人和人交往过程中的“不言而喻”，“意在言外”的这种境界，是人际关系中的很重要的部分。人们之间的很多意念，不能用逻辑和语言说清楚，总是表现为一种“言外之意”，这些“意会”的领域，是人与人关系中一个十分微妙、十分关键的部分，典型的表现，就是知心朋友之间、熟人之间、同一个亚文化群体成员之间，很多事情不用说出来，就自然理解、领悟，感觉上甚至比说出来还清楚。同样，在亲情之间，特别是在母亲和不懂事的孩子之间，也集中体现出这种“不言而喻”：小孩子太小，有许多感受不会用语言表达，但妈妈凭感觉就明白孩子要表达的意思，这种“意会”，是人和人交往的一种重要的状态，实际上常常是决定性的状态，它自然应该成为社会学的一个基本的关注点。

在群体中，在各种社会组织中，在社会各种圈子中，人们不仅在运用这些“意在言外”的规则进行交流、调控和协商，而且还在不断地制造着这种“不言而喻”的默契的规则。实际上，只要是有两个以上的人的地方，相处一段时间后，就会不断地生成这种默契，同时也不断地修正、更新这种“意会”的内涵，它成为人类的一种不自觉的，但又连续不断、乐此不疲的工作。几乎任何群体在任何一个场景下，都会创造一些临时的或持久性的“意会”的规则：几个住在一起的同学，很快就会发展出属于他们自己圈子的共同语言，这是不用故意去设计、安排的；同事之间在一个会议上，就可能形成临时的“意会圈子”，会散了就不再存在了；两个人一次不长的谈话，实际上也是在动态的互动中一边“试探”一边制造一种默契的过程……可以毫不夸张地说，一个社会，一种文化，一种文明，实际上更多的是建立在这种“意会”的社会关系基础上，而不是那些公开宣称的、白纸黑字的、明确界定的交流方式上。但是，这方面的研究还相当薄弱。尽管社会学人类学界实际上一直涉及这方面的研究，但多年来并没有集中力量探索，也就难有突破性的成就，很多东西还是一种描述性的解释。在这种“意会”的人际交往领域里，中国文化本来具有某种偏好和优势，中国社会学工作者的努力，也许可以在这方面做出某种划时代的成就；反过来说，如果不突破这一点，社会学不管是作为一种应用性的专业，还是一种人文修养的学科，都存在着严重的缺憾。

这种对人际关系中“意会”的研究，并不是沙龙里、书斋里、象牙塔里的话题，也不仅仅是一种抽象理论层次的探索，它本身就涉及现实中很多迫切需要解决的难题。比如，在我国过去20多年社会经济高速发展中，地区之间的发展，出现了很大的差异：一方面，珠江三角洲、长江三角洲的一些区域，实现了社会经济的高速、良性发展，实际上很多方面已经逼近发达国家的水平，可以说初步实现了中国几代人为之奋斗的“现代化”的梦想；可是另一方面，中国还有很多地区，社会经济发展还远远落后于上述发达地区，有些区域，社会的深层结构还完全停滞在二三十年前的水平，没有实现社会的基本层面的变革。对于这些问题，我们社会学界，不仅要从制度方面、意识形态方面、资金技术方面、地理位置方面来研究，而且还要特别关注其社会性的一面。比如，在很多欠发达地区，在“看得见摸得着”的方面，诸如制度、法律、规章等方面，因为同处于中国的基本制度之下，所以与发达地区并没有什么差别，很多表面的东西是完全一致的，一样的，但这些地区在相同的政策、体制条件下，发展的效果却很不相同。我们通过深度的、“参与观察”的研究就会发现，这里人们日常的、细微的人际关系、交往方式、交往心态以及与之有关的风俗习惯和价值观念，和发达地区有相当大的差异，而这些“差异”，大多是这种“只能意会、不能言传”的部分。这部分东西，实际上常常是构成社会经济发展差异的真正原因。所以，我们要真正有效地促进落后地区发展，比如西部开发、东北国企改造等，就必须解决这种“意会”领域的问题，否则，仅仅在那些公开说明的、表面的体制、法律、规章上做文章，是解决不了实质问题的。

日常生活中这些“意会”的部分，是一种文化中最常规、最平常、最平淡无奇的部分，但这往往正是这个地方文化中最基本、最一致、最深刻、最核心的部分，它已经如此完备、如此深入地融合在人们生活中的每一个细节，以至于人们根本无需再互相说明和解释。而从社会运行的角度来看，这种真正弥散在日常生活中的文化因素，看似很小很琐碎，实际上却是一种活生生的、强大的文化力量，它是一个无形的、无所不在的网，在人们生活的每个细节里发生作用，制约着每个人每时每刻的生活。它对社会的作用，比那些貌似强大、轰轰烈烈的势力，要深入有效得多；它对一个社会的作用，经常是决定性的。根据这些年的实际调查经验，我觉得在地方社会中，越是我们“外人”看不出、说不清、感觉不到、意识不到、很难测量和调控的文化因素，越可能是一些深藏不露的隐含的决定力量，越可能是我们实际工作中的难点，也越值得我们社会学研究者关注。在研究不同的地区发展的差异时，这种被人们“视而不见”或“熟视无睹”的东西，往往正是我们揭开当地社会经济发展秘密的钥匙。

文化的“意会”方面的实际意义，不仅限于区域发展研究，很多现实问题，比如引进外资、企业改造、基层组织、民族关系、都市文化、社区建设等，都涉及这方面的知识。我国当前大量的社会生活实践和学术研究的积累，已经为这方面的探索准备了相当的条件，社会学工作者如果能够充分利用现有的条件，加强这方面的研究，有可能在理论和应用上获得一些真正突破性的进展。

这种“意会”的研究，其实就是把社会学中最基础、最一般的概念——“社会关系”的研究向深一层推进。学术上，其实并不是总要一味去搞那些新奇的、超前的概念，很多非常平常、非常常见的概念，恰恰需要人们不断地深入探讨，也往往是我们新的学术思想的最好的切入点和生长点。“社会关系”作为社会学最常用的概念，已经被无数人大量论述和阐释过，已经是老生常谈了，但即使是这样一个人们熟知的基础性的概念，仍然有无限拓展和深化的空间。

五、“讲不清楚的我”

如果要不断深化对“社会关系”的研究，可以从不同的角度切入，除了“意会”之外，还有一个角度，那就是从社会关系的“两端”——“人”的角度来探讨。当然，我们不必再重复社会学已有的成果，不必一般地从旁观者的视角来探讨“人”这个概念，而是要从“主体”(subject)的、第一人称的角度理解“人”，也就是研究“我”这个概念。

从“我”的角度看，一个很值得关注的问题，就是每个人的这个“我”，实际上都分为好几个“我”，生物的“我”、社会的“我”、文化的“我”、表面的“我”、隐藏的“我”、说不清楚的“我”……但这并不是弗洛伊德等心理分析意义上的不同层次的“我”，而是一种社会学意义上的多方面的“我”。从理论上说，最普通、最一般的“我”的感受应该是生物的“我”，但这是人们自己几乎不可能感知到的一个“我”，因为只有刚出生的时候的我，是纯粹“生物”的，但那时候，人根本不能感知自己，不可能知道自己这个“生物的我”。一般来说，人在某些极端情境下，丧失了后天文化赋予的各种感觉，回归到接近最基本的生命本能状态的时候，应该是比较接近纯粹生物的“我”的状态，比如在极度恐惧中凭本能逃生、在极端痛苦中已经丧失其他感觉、极度兴奋忘乎所以等等，但在社会文化中长大的人，即使在这种情形下，也很难完全摆脱“文化”背景，很难成为一种纯粹的生物的“我”。另一种接近的情况，就是丧失正常的意识，只有生命本能反应，像睡觉的时候，喝醉的时候，但实际上这时候也不是纯粹的。

即使睡着的时候，梦里也有文化，那是梦中之“我”，和醒时的“我”不同而已；喝醉的“我”也不是纯生物的，喝醉的时候，也是有一种独特文化的，不过和平时不同而已。另外在这些特殊的情形下，不管怎样，问题是我们自己几乎无法正常“感受”自己。

在诸多“我”中，有些“我”是看得见、摸得着的，是可以公开说清楚的，但这部分“我”很有限，每个人都有很大一部分“我”，只在心里，讲不出来，这部分“我”实际上是公众之外的“我”。这部分“讲不出来的我”，常常是自己也不知道的，自己日常的生活、工作、举止言谈、社会交往等等，受这个“我”支配，但自己也不清楚，这就涉及到上面说的人际关系中的各种“意会”，这种“意会”的主体，有时其实就是这个“讲不出来的我”。比如，我们读古诗词，感到美妙的意境，仿佛跨越千百年的历史，和古人共享那种悠然的感受，这种感受，往往是“难以言传”的，而对于一个具有这种诗词文化修养的人来说，又是“不言而喻”的。那么这种“意境”究竟是“谁”在感受呢？似乎不是平时吃饭睡觉的那个“我”，不是求职简历上那个能够一条条写清楚讲明白的那个书面中的“我”，也不是平时同事中、朋友中、街坊邻居中那个包括具体长相、性格、技能、爱好的张三李四的我。在“意在言外”的交流中，不是这些具体的、可描述的“我”在活动，而是一个不那么清晰的“我”在主导这些活动。因为那些可以描述出来的我，都是通过各种社会关系来定义的，当我们无法确切定义一种“不言而喻”的微妙“关系”的时候，也很难清晰明确地定义这个“意会”的主体——“我”。有趣的是，这个不断体会着各种“意在言外”感觉的隐含的“我”，也是一种只能“意会”的东西。

有时候，我们可以“意会”别人，却不一定总能够“意会”自己，常常是自己也不知道自己究竟是怎么处理这些“不言而喻”的东西的，一切都是随着习惯自然而然做的，很难说清楚，一旦别人说出来，自己还经常不承认。

应该说明，这个“讲不出来的我”，并不是“不想讲出来的我”，这两个“我”不是一回事。有时我们自己反思（reflect）自己的时候，要面对一种“我”，这是自己看自己的“我”，是自己知道的“我”，它和“讲不出来的我”有相近之处，在社会公众看来，好像是一样的，都是在你内心里隐藏的东西，但对自己来说，完全不一样。反思的“我”，是自己能说清楚的，能看得见的，只是故意隐藏在心里，不公开说出来，不想让别人知道。这个“我”，比“讲不清楚的我”要简单得多，它是一种明确的知识，是可以界定、描述和解释的。当然，这种不愿意讲出来的“我”，有时也通过“意会”的方式表达出来，但谁在表达呢？这个表达的主体呢？又是我们谈的这个“只能意会”的“我”。

决定人的行为的就是这些各种各样的“我”。那种“讲不出来的我”，不是完全没有办法感知，实际上很多人是能够通过“直觉”感觉到的。这种直觉，现在好像还不能用实证的方法来解释，也常常引起人们的怀疑和否定，但有些类似直觉的东西，又不能完全否认，诗歌里往往就有这一类感受表述，就是通过一种“意会”的方式，表达了“意会”的那个“我”。古今中外的很多诗人，有时候就好像是直接把这类感受表达出来。你读诗，实际上是在读诗人，你总是感觉这些诗是言未尽意，意在言外，这就是在感受诗人的那个“讲不出来的我”。而其他很多艺术——绘画、音乐等也常常反映人的这部分“我”。

对“讲不出来的我”的研究，也就是从主体的角度对人际关系互动过程中的“意会”部分的研究，是社会学面临的又一个挑战。艺术、文学、电影等，只是利用和表达这部分的存在，并没有从学理上进行研究和探索。在各种社会科学中，社会学作为一种以逻辑因果和系统分析见长的学科，是有条件也有责任对这方面进行探讨的。不管是从工具性的应用角度来说，还是从人文教育的角度来说，社会学在这方面应该实现某种突破性的进展，这将是社会学整体发展的一个重要的里程碑，使得社会学作为一门科学，在人类知识探索上跨上一个新的台阶。

在各种“我”中，还有一个很值得注意的“我”，那就是“被忽略掉的我”和“被否定掉的我”。古人常常说“忘我”，“去私”，这是一种把“我”这个东西否定掉的倾向，这究竟是什么含义？这里的“我”、“私”究竟指什么？是自己的生命？欲望？自我意识？物质财富？去除“我”，那么还剩下什么？如果“我”被否定，什么是这种行动的“主体”呢？……今天的人基于今天的这一套概念，会提出一系列的发问。“忽略我”、“否定我”事实上是一种非常矛盾的状态，它反映出中国人文价值中隐含的一种深层的张力，但这种境界，不是虚构的道德说教或寓言故事中的题材，而是历代史不绝书的很多真人真事的反映。从古至今，确实有无数“仁人志士”为了自己的理想达到了这种境界，也有很多“高人”自我修炼达到了这个高度，当然还有很多“奇人”因为投身或痴迷于某种事物，进入这种状态。不管怎么说，在古典价值体系中，“忘我”和“去私”是一种很高的境界，只有个人修养到了极高的阶段才能达到的境界。事实上，这种价值观，不仅仅是古代的事情，其实，就在不远的三四十年前，中国的主流社会还把这种价值观推到一种难以置信的极端的程度，“私”这个字成了最大的邪恶，“自我”这个词都变成了“准贬义词”，整个社会完全笼罩在一种彻底极端的“忘我”、“去私”的话语中……这是刚刚发生在中国大地上不久的事情，我们都亲身经历过的，这种20世纪发生的极端“去私”的强烈冲动，反映出中国文化中这种“否定了的我”的巨大力量。这种“被人为否定的我”和“讲不清的我”、“讲不出来的我”一样，同样是我们社会学可以深入研究的课题。

六、将“心”比“心”

传统意义的中国人，对于“人”、“社会”、“历史”的认知框架，既不是西方的“主观”、“客观”二分的体系，也不完全如中根干枝先生所概括的日本文化的“纵向”特征；中国的世界观，更像是一种基于“内”、“外”这个维度而构建的世界图景：一切事物，都在“由内到外”或“由表及里”的一层层递增或递减的“差序格局”中体现出来。因此，在中国的传统思想探索中，对于“我”的关注，自然地就继续向“内”的方向深入，也就引出比“我”更接近“内”的概念——“心”这个范畴。

古人可能是由于缺乏生理知识，错把“心脏”当成了人们思想的器官，所以总是把本来描写“心脏”的这个“心”字，和人的思想、意愿等联系起来，并以这个“心”字为核心，构建了庞大复杂的思想体系。但古人这种生理学知识上的错误，并不妨碍这个思想体系的重大文化价值，因为不管人类是不是真的用“心脏”来思考，这个“心”的概念，已经被抽象化，脱离了一个具体内脏器官的含义（今天你可以说它就是指“人脑”），而上升到人生哲学的层次上，它已经是一个内涵十分丰富的哲学概念，而不再是一个生理学名词。

在古典人文思想中，“心”是个人自我体验和修养的一个核心概念，如“山光悦鸟性，潭影空人心”等，它的内涵十分广泛，包括思想、意识、态度、情感、意愿、信念等等，但我们特别要关注的一个重要的内涵，就是它常常倾向和暗示一种“主体性”（subjectivity），就是说当人们谈到“心”的时候，总是自然产生一种“心心相通”的感觉，即使讨论别人的“心”的时候，其描述的口吻，也就像一种“设身处地”地类似于“主体”的角度在说话（有点像电影中的“主观镜头”），而不是所谓“客观”的旁观者的角度。像“三顾频烦天下计，两朝开济老臣心”的这个“心”中，就有这种感觉，这首诗透出的杜甫的心情，好像和几百年前的孔明获得了一种跨时代的“通感”，仿佛在直接感受孔明那种“良苦用心”。在这种陈述的习惯中，“将心比心”的说话法，就是顺理成章的了。“心”这个概念造成的这种微妙的感受，既有中文构词和语法的原因（没有明确的主格宾格），也反映了中国古代思想在方法论方面的一种特点，这是我们今天在一般的科学实证方法论之外，可以注意研究的一些新的领域。

“心”的概念，以其独特的思考维度，也成为阐释人际关系的一个十分重要的范畴，比如“心心相印”、“心有灵犀”、“知人知面不知心”等。用“心”来陈述人际关系，着眼点不在这些“关系”本身的性质和特征上，而是在于当事者的“态度”，其背后的潜台词似乎是说：不管什么样的关系，最重要的，是人的态度，是“态度”决定“关系”——是诚恳还是奸诈？是开朗还是诡秘？是坦荡还是猥琐？是认真还是敷衍……这种以“态度”为重点的人际关系理念，不是抽象思辨推导的结果，而是千百年社会实践的总结，是自有其内在的宝贵价值的，很值得我们今天的社会学家加以关注和研究。同时，这种理念还有深刻的认识论方面的意义。“心领神会”就是古人所理解的一种真正深刻、正确的认识事物的境界，它不是我们今天实证主义传统下的那些“可测量化”、“概念化”、“逻辑关系”、“因果关系”、“假设检验”等标准，而是用“心”和“神”去“领会”，这种认识论的范畴，不仅仅是文学的修辞法的问题，它就是切切实实生活中的工作方法，也确实表明中国文化和文明历经几千年长盛不衰，其中必定蕴含着的某种优越性和必然性。

“心”的概念的另一个特点，是它含有很强的道德伦理的含义。抽象的、认识论上的“心”的概念，是基于心脏是人生命中“最重要器官”，因此它也自然地代表着“做人”、“为人”方面的最生死攸关的、最需要珍重的东西。当你使用这个概念的时候，背后假设的“我”与世界的关系已经是一种“由里及外”、“由己及人”的具有“伦理”意义的“差序格局”，而从“心”出发的这种“内”、“外”之间一层层外推的关系，应该是“诚”、“正”、“仁”、“爱”、“恕”等，翻译成今天的语言，就是说这种“内”、“外”之间的关系应该是真诚、共存、协调、和睦、温和、宽厚、利他、建设性的等等，这种关系是符合“天人合一”、“推己及人”、“己所不欲，勿施于人”等人际关系的基本伦理道德的。“心”的主观性和它的道德性，包含着对认知主体的“人”本身的鞭策和制约。这种观念，不同于我们今天很多学术研究强调的那种超然置身事外、回避是非的“价值中立”、“客观性”等观念，而是坦诚地承认“价值判断”的不可避免性（inevitability）；它不试图回避、掩盖一种价值偏好和道德责任，而是反过来，直接把“我”和世界的关系公开地“伦理化”（ethicization 或 moralization），理直气壮地把探索世界的过程本身解释为一种“修身”以达到“经世济民”的过程（而不是以旁观者的姿态“纯客观”、“中立”地“观察”），从“心”开始，通过“修、齐、治、平”这一层层“伦”的次序，由内向外推广开去，构建每个人心中的世界图景。

中国今天的社会学，应该探讨古人谈了几千年的这个“心”，究竟是什么东西。它并不能简单地翻译成“思想”、“智力”等现代通行的各种概念和范畴。陆象山说“宇宙即是吾心，吾心即是宇宙”，他究竟是在说什么？这个话给我们今天的社会学什么启示？中国社会学现在还没有特别讲这个“心”，但是要在中国文化背景下研究社会，不讲这个“心”是肯定不行的。“心”作为古人认识自我和人际关系的一个核心基础概念，已经渗透到我们社会文化的方方面面，也是日常口语中出现频率极高的词语。这个概念，作为文化传统的一个重要部分，代代相传，构成亿万人民的思想观念基础，在不断构建和塑造着人们的态度与行为。

“心”这个概念，不仅仅是中国文化所独有，就我们现在所知，世界上其他文明中，也有把“心脏”当做人类思想意识中心的观念，也因此以“心”为“中心”发展出一种抽象的“心”的概念体系，并把它放在“人”和“社会”的一个很核心的位置。比如在西方文化中，“心”这个概念本来也是源于对人生理器官“心脏”的指称，但其引申含义，已经超过原来生理上的“心脏”这个含义，至今在很多西方日常语言中，“心”（heart，Herz 等）这个词已经成为指一个人的“真诚的意愿”、“真实的自我”、“重要的记忆”等等这样的意思了，这个词一直是描述“自我”和“人际关系”的十分重要的词语。这个“心”的本意，在大多数情况下和中国“心”的概念有很大的相似之处。

七、方法论与古代文明

像其他各学科一样，社会学在探索新的研究领域的时候，不可避免地要涉及到方法论和方法的创新问题。当前主流社会学基本上沿用实证主义的“科学”方法。当然，广义的科学，是包括所有系统知识体系的，但目前社会学方法论中的“科学”，主要是指借鉴自然科学和数学的假设检验和统计等基本研究方法。这些方法作为社会学基本的研究方法，已经基本成熟，未来也将长期作为社会学的基本研究方法；但另一方面，我们在探讨某些新的论题和领域的时候，也需要进行方法论和方法上的再探索。在运用社会学来研究“我”、“心”这类概念的时候，原来的实证性的、假设检验模式的研究方法，还能不能奏效？结果如何？这就要进行一些尝试和探索，也可能需要借鉴一些新的思考方式和研究法。在引入新的研究方法的过程中，我们应该以一种开阔的心态，面向全人类各种文明中蕴藏的智慧，像印度文明、伊斯兰文明、希伯来文明、东正教文明、美洲土著人文明、非洲文明等等，这些文明中都包含着人类长期积累的高度智慧，值得我们去深入研究、借鉴和吸收。尽管这些文明今天在外在形式上不一定都那么“强盛”，但文化和智慧的价值，是不能简单地以经济、军事实力为标准来衡量的。人类的各种文化中，都可能隐含着很多永恒的、辉煌的、空前绝后的智慧，我们要学会欣赏它们、理解它们、吸收它们，这也是我所说的“美人之美、美美与共”的本意之一。中国文化自古以来就是一种容纳百川的文化长河，我们对外界文化的吸收，不必拘泥于它是来自某一种文化或某一个方向的成果。比如，在研究“精神”、“我”、“心”等问题的时候，很多宗教文化中的对于虔诚、内省、忏悔、默想（meditation）等概念的探讨就很值得关注。像佛教中大量的关于心、性、戒、定、智慧的探索，历时 2000 年，后来成为中国“理学”的一个重要来源，从中发展出禅宗等中国本土流派的宗教，其中有很多东西是相当成熟和深刻的，对我们今天社会学新领域的开拓，可能具有很好的启发作用。

在中国本土传统中，古代诸子百家、儒家、道家的东西是我们认识中国社会的基础知识之一，不能忽视，特别是宋明理学的很多东西，非常值得重视。理学堪称中国文化的精华和集大成者，实际上是探索中国人精神、心理和行为的一把不可多得的钥匙。中国传统思想的演化的一个重要特点，就是它的实践性；理学的东西，并不是一般的学者的思辨的结果，不是纯粹的理论探讨，它的所有概念，所有内在的逻辑，实际上都是紧扣社会现实中人与人关系的要义——地位、名分、权利等等，它是中国古代现实政治、社会文化运作的经验总结和指导方略，具有很强的实践性。理学的东西，说穿了就是直接谈怎样和人交往、如何对待人、如何治理人、如何塑造人的道理，这些东西，其实就是今天社会学所谓的“机制”和“结构”，它直接决定着社会运行机制和社会结构。如果我们能够在一个新的高度上重新审视这些前人的成就，会给我们今天的探索提供很多新的启示，十分有助于开拓中国社会学的探索领域。

理学的东西，对于我们深刻理解中国人的心智，具有很大的价值，很有认真整理和分析的必要，但它的表达方式和内在的思路，和今天社会学的思想方法、思路、范畴很不相同，所以我们要研究这些传统的东西，就有一个“解读”和“翻译”的过程，这就是所谓“解释学”（hermeneutics）的来源。这种“翻译”，就迫使你必须真正用心，彻底理解这些东西，你不吃透它们的含义，是翻译不出来的；同时，翻译也是创造新概念的过程，通过研究这些传统文化的概念，我们有可能融会古今，结合今天社会学的思路，提出一些源于传统、又不拘泥于传统的、具有普遍性意义的新的范畴和概念。中国社会学一直没有特别刻意地去探讨中国延续了几千年的“心”、“神”、“性”等问题，在一定程度上是受到现代社会学研究方法的制约，因为这些概念，不太容易运用现代主流的社会学的方法去研究，从某种意义上说，这些概念正是今天的社会学方法掌握不住、测算不了、理解不了的部分。目前的实证主义思路，不太容易真正进入这些领域，进去了，也可能深入不下去，有很多根本性的障碍。比如科学方法的前提，是要有可以观察和测量的东西，是要有经验性（empirical）的基础，要有一种客观性的立场，首先是要能够把研究对象“客观化”，这些要求，在对“心”等概念的研究时，往往很难得到满足。换句话说，今天社会学的一些方法，无法和古人进行跨越时间和历史的“交流”，我们今天的社会学，还没有找到一种跟“理学”进行交流的手段（means of communication）。

新领域的开拓，往往要求在方法论和方法方面进行探索，也不排除吸收借鉴一些其他的方法和思路。就拿理学中所隐含的方法论来说，就可能对社会学的研究方法有某些充实和帮助。理学讲的“修身”、“推己及人”、“格物致知”等，就含有一种完全不同于西方实证主义、科学主义的特殊的方法论的意义，它是通过人的深层心灵的感知和觉悟，直接获得某些认识，这种认知方式，我们的祖先实践了几千年，但和今天人们的思想方法无法衔接，差不多失传了。今天的人，包括我们自己在内的绝大多数学者，不知道这究竟是一种什么感受。但我们不能简单地说这些方法都是错的、落后的、应该抛弃的。它们不仅在历史上存在了那么长时间，更重要的是，这一套认识方法，已经变成一套理念，变成一群人的意识形态和信仰，并且确实解决了一些我们今天的很多思想方法无法解决的问题。比如在古代中国，在当时的技术条件下，这套东西如何维持中国这样一个如此庞大的国家和人口（实际上差不多一直是当时世界最大、最繁杂的政治经济实体）长期的统一和稳定？当时的知识阶层和官僚系统，都是由这一套认识论和思维方式"武装头脑"的，它确实以相对很少、很节约的人力物力，实现了复杂的社会治理。因为它的很多东西，是顺着人的自然感觉走的，是顺应着中国乡土社会的人情世故，从草根文化习俗中生长出来、提炼出来，又提升到"圣贤"高度上的，所以才能在复杂的社会结构中上通下达、一贯到底，它有一种和中国社会现实天生的"气脉相通"的东西。

传统中的这些方法论因素，也许可以作为今天社会学的诸多"前沿"之一，进行一些探索。一方面，我们做到真正"领悟"古人"格物致知、正心诚意"的认知方法，明白它的真谛；另一方面，吸收当前国际上各种思想潮流，不拘泥于是否时髦、流行，而是注重于对中国社会学学科建设的价值，以我们自己的需要为参照系来衡量和吸收。比如，在西方社会学田野调查中就出现了基于神学中"解释"（Hermeneutik）、马克斯·韦伯的"理解"（verstehen）、"现象学"（phenomenology）等学术传统而发展出来的"互为主体性"（inter-subjectivity）的方法论思潮，就是一种侧重调查者和被调查者这两方面主体意识的调查方法的探索，与一般科学实证的方法论有所区别。这方面的内容，在一些西方的社会学人类学田野笔记中，早已经有所体现。这些东西，似乎与我们的"将心比心"、"心心相印"的理念有某些相通之处，值得我们认真关注和研究。

八、结语

"人"和"自然"、"人"和"人"、"我"和"我"、"心"和"心"等等，很多都是我们社会学至今还难以直接研究的东西，但这些因素，常常是我们真正理解中国社会的关键，也蕴含着建立一个美好的、优质的现代社会的人文价值。社会学的研究，应该达到这一个层次，不达到这个层次，不是一个成熟的"学"（science）。如果我们能够真正静下心，坐下来，潜心梳理这些传统的宝贵遗产，真正在这方面获得一些突破，那将是社会学发展的一个重要的跃进。

要把这些融会历史文化于一体的，目前用电脑还"计算不了"的概念一一攻破，是一项艰巨的工程，它本身就是在重新审视我们自己的历史，也就是"文化反思"和"文化自觉"的一种重要的实践。如果依照梁漱溟先生早年的论述，跟西方文化比起来，中国文明的很多传统，确实表现出直达和早熟的特征，就好像中国绘画很早就越过临摹现实、具象写实的阶段，进入到书法、写意等抽象化的境界，并达到一种极高的人文品味，而西洋绘画经过一个一个阶段长期充分的成熟的发展，后来也走向抽象化……不同文明各自的这种优势，应该而且可以互补。如果说中国文明有它发育不全的一面，造成了后来某些技术方面的脆弱，在与西方的对抗中，不堪一击，那么，其直觉体验的那种先见性和超前性，又使得它很早就体会和领悟到了别人没有感觉到的东西。从宏观的人类文化史和全球视野来看，世界上的很多问题，经过很多波折、失误、冲突、破坏之后，恰恰又不得不回到先贤们早已经关注、探讨和教诲的那些基点上。社会学充分认识这种历史荣辱兴衰的大轮回，有助于我们从总体上把握我们很多社会现象和社会问题的脉络，在面对人类社会的巨大变革的时代，能够"心有灵犀"充分"领悟"这个时代的"言外之意"。

2003 年 10 月

中国文化与新世纪的社会学人类学

——费孝通、李亦园对话录

费孝通（以下简称“费”）：今年春天全国人大换届的时候，我从原来的工作岗位上退了下来，但是退而未休。你也到了退休的时候了。我们有这点共同的地方。我想我们找这个机会见见面，谈谈我们今后的打算。我的生命大概还有几年。我们是老朋友了，我也想听听你的意见，看我们今后做点什么事情好。

前些天在北大研讨班上的讲课插话里，我讲到了自己最近几年的一个感觉。85 岁以前，我天天在那里忙着做事，不觉得自己老，有点“不知老之将至”，这是确实的情形。过了 85 岁，感觉到自己有点老了。做事情吃力了，力不从心了。要做的事情做不成了，要走的路走不动了，想写文章力量不够了，写一阵就要休息了。感觉到自己衰老之后，对生物性的个人同社会性的和文化性的个人之间的不同，看得比过去清楚了。生物性的个人是会死的，这是自然规律，是天命，在这个问题上只能听天由命。

我们在社会上生活的过程中，同别人打交道时真正接触和发生作用，实际上不是个人的因素，而是社会性的因素，文化性的因素。这些因素是超越了人的生物性的个体存在的。人可以死，可是人所处的这个人文世界却是长存的。人文世界的延续过程不但比我们个人的寿命要长，而且它的意义也更大。一个人从进入这个世界到离开这个世界，最长不过百年。在这段时间里边，我们从前人那里继承过来已经创造的文化成果，在这个基础上又做了一些事，为人文世界增添了一点东西。这点东西会留在这个世界上，不管好事还是坏事，抹不掉，也改不了。作为当事人，在老而未死的时候，回过头来想一想，自己在世界上留下了点什么。这是一种老来的心态，很有意思。年轻人不大想这个问题，还想不到这个问题。我今年已经88岁了，算高寿的人了，想到这个问题了。今天你来，我想对你说说我心里的打算，同时也想听听老朋友的意见，希望我再做点什么事。这会影响到我今后几年的生活。这两年我出去走走，感觉身体还可以。医生做检查，也说没有什么大毛病。在生命的最后这段时间里，我想做点人家希望我做的事情，也是我自己愿意做的事情。所以我想趁我们聚谈的机会，交换一下看法。

李亦园（以下简称“李”）：我很高兴有今天这样一个机会。您说是聚谈，这是您对我的客气，我应该说是请教。我是从今年7月份开始退休，也想学着费先生做人做事的办法，退而不休。虽然离开了正式的职位，但是学术研究工作还要继续下去。清华大学（新竹）要给我一个荣誉讲座的工作，每年还有一笔经费，可以做研究用。我在中央研究院（台北）还有一个最近确定下来的研究主题，跟养气有关。题目叫《文化·气·传统医疗》。中国文化和西方文化在认识客观世界上的一个最本源的区别，是用身体与心灵的内在体验的方法来了解世界。这个课题需要进行好几年，希望能通过研究来解释这样一种中国认知和传统的根源是怎么样的。我就要开始下一段的研究工作的时候，能有机会向费先生请教，我感到很难得。

费先生很客气，在计划今后几年做事情的时候，想听到我的意见。我首先想说的是，您在此前所做的事情，比别人多得多。虽然现在年纪老了，但是您正在思考的问题，正在发展的思想，对整个学术界还是具有很重要的意义。我昨天晚上还在想，您对于人类学、社会学的贡献，既有理论上的一面，又有实际上和实用上的一面。这是一般的学者很不容易做到的。您有一个“志在富民”的愿望，把学术研究作为实现这个愿望的工具，开辟了很多具体的研究题目，使田野调查既产生了理论的学术成果，也收到了具体的富民效果。一般做研究的人，大半不难想出一个很理论的东西，但是未必实际可用。我在最近的一篇论文里边就辩论了这一点。我认为一个好的学者不一定纯粹是理论的，在应用上面做出实际的贡献，也许更重要一点。所以我觉得您的“志在富民”的学术实践非常重要。您从对乡村的研究到小城镇，到对整个大的区域的格局和战略性的研究，不仅具有促进国家生产力发展的实际意义，而且在人类学、社会学领域具有重要的方法论上的开拓意义。过去人类学家研究的多是一个很小的村落，不大容易跳得出来。而您实现了从村落到小城镇又到大区域的跨越，这是人类学本土化的一个非常重要的成果。“志在富民”这四个字，我听着是响当当的。一个读书人读到了“志在富民”这样的境界，而且真的做出了实际的贡献，确实难得。

我昨天读到了您赠送的新书的序言。您在讲《从小培养二十一世纪的人》这个题目时所表达的思想，又是非常之重要。对整个人类的发展前途做出分析，提出设想，主张不但“各美其美”，而且要“美人之美”，在人类为进入21世纪而做的各项准备当中，这一点也许是最为重要的。世界已经形成了一个地球村，容忍多样性应该是大家在互相交往当中的一条基本的共识。亨廷顿写《文明冲突与世界秩序的重建》，就是认定西方文明和东方文明、回教文明一定会有冲突，怎么避免这种冲突是重要的。对这个问题，人类学家的主张似乎要更积极一些，不仅是避免冲突，也不仅是容忍别人，而且还进一步到欣赏别人。您提出的主张，是人类学家面对世界问题而做出的积极性、建设性姿态的一个证明。

我想，在我上面说到的两个方面，一个是在实践的方面，怎么使中国的经济和社会更进一步地发展，成为一个强盛的国家；一个是在理论的方面，怎么使整个人类和平共处、相互合作、走向天下大同的发展前景，这是我在您的著述当中体会到的两个最重要的主题。您为这两个主题已经花费了大量的心血，写出了很多重要的篇章。但是从更久长的历史来看，也可以说是刚刚破题。您离百岁还有十多年，还有机会也有力量进一步思考。这十多年里，在这样两个主题下面的社会发展还会提出新的问题，推动您进一步思考。您的文笔实在是漂亮，思考得又深入，可以不断地加一点，再加一点，把更加厚重的东西留给后人。我有一个书柜，专门放您的书，台湾出版的也都完整。前些天我又翻了翻，总的感觉以上面说的两个方面最为突出。我希望看到您在这两个方面的思考有更进一步发展。

费：我昨天送给你的这本书，书名叫《从实求知录》，“从实求知”这四个字表示了我的科学态度。一切从实际出发。“实”就是实际生活，就是人民发展生产、提高生活的实践。从“实”当中求到了“知”之后，应当再回到人民当中去。从哪里得到的营养，应当让营养再回去发挥作用。中国人讲“知恩图报”，我图的“报”就是志在富民。我写过一篇文章，讲“人生的天平”，这是吴泽霖先生提出来的。我们从社会所得到的投入，和我们为社会所做的事情，是天平的两端。拿我来说，从小受到比较好的教育，并不容易。我父亲只是一个普通的公务人员，全家靠他一个人的工资生活。我的母亲很节俭，目的就是要让孩子都受到教育。母亲去世后，姐姐供养我念书。清华毕业后，出国留学用的是庚子赔款，是人民的血汗。这些都是社会花在我身上的投资。社会对我有这么多的投入，我自己产出多少，这个问题不能不想。我觉得自己的产出远远不够，这不是虚话，是实情。

我最近准备写跟 Park 学社会学的文章。我在大学时期学他的社会学，可是没有学通，现在感到需要重新看。我把自己上大学时候读过的教材找出来重读，包括 Park 的书，有些地方还是看不大懂，还要细细地想。这也是从实求知。有了几十年的学术工作实践，再回到提供早期学术训练的基本课程里边，进一步体会实践知识怎样接通书本知识，书本知识怎样推动受教育者更自觉地进入学术实践。

说到教育问题，我们这一代算是好的了，下一代人的条件比我们要差，主要是基础教育差。讲起来很有趣，我父亲是最后一代的秀才，科举制度在他那一代取消了。改变办法以后，在考取的秀才中挑出比较好的，送出去留学。我父亲被送到了日本，学教育。他留学回来就搞新学，办了一个中学。后来他到了南通，张謇请他去那里教书。我名字里这个“通”字就是这么来的。我母亲创办了县里第一个蒙养院，我从小就是在这个蒙养院里边长大的，所以我没有进过私塾，没有受过四书五经的教育。连《三字经》、《百家姓》也没有念过。“人之初，性本善”，这话很有哲理，可是我从小没有念过。我念的是“人手足刀尺”，是商务印书馆出的小学课本，是新学的东西。我父亲是处在文化变迁时期的一个人物，他主张新学，不要旧的一套，在儿女身上不进行旧式的教育。所以我缺了从小接受国学教育这一段。最近我在看顾颉刚、傅斯年、钱穆这样一些人的传记，他们都是从私塾里边出来的，是我的上一代人。我和上一代人的差距的一个方面，就是国学的根子在我这里不深。

李：我这一代就更没有了，完全是新学了。

费：因为缺少国学的知识，我也吃了很大的亏，讲中国文化的时候，我不容易体会到深处的真正的东西。看陈寅恪写的书，我想到了两个字：归属。文化人要找的安身立命的地方，就是在找归属。我从小没有进到旧的文化教育里边去，所以我的归属是在新学教育的基础上形成的。陈寅恪的归属是过去的时代，他写《柳如是别传》写得真好，他能同明清之际的知识分子心心相通。我同上一代人比，在中国文化的底子上差得很多，这是真的。可是这又不是我一个人的事情，是历史的变化造成的，是不能不如此的。但是也要看到一代人有一代人面对的问题，一代人有一代人的长处。我这一代人的长处是比较多地接触了西方的东西。

李：您是先有了一个西方的架构，再倒过来看自己，思考问题。

费：Arkush 为我写了一本传记，用一个西方学者的眼光来看我，缺了一段，就是我的中国文化的底子。可是我的中国文化底子既不是顾颉刚那样的，也不是钱穆那样的……

李：他们是纯粹从大传统里边、从经典里边得到的传统文化，您是从一般人的实际生活里边得到的中国文化。这不一样。他们也许没有对实际生活的系统观察和体验，您是经常性地接触实际生活，面对生动的现实进行思考，提出问题，发表意见，这一点是他们所没有的。

费：我是自觉地把自己放到农民里边去。可是实际讲起来，还不是真正的农民的心理。

我的本质还不是农民，而是大文化里边的知识分子，是士绅阶级。社会属性是士绅阶级，文化属性是新学熏陶出来的知识分子。最初我是从教会学校东吴大学出来的，有西方文化的基础。后来到了英国留学，就更进一步接触了西方的文化。回国之后，我自己有意识地投入到中国农民和少数民族里边去。我对旧的大文化的了解不深，对新的农民小文化的了解也不深。在这样一种底子上进行学术研究，我觉得自己的知识很不够。这样一种分析很有意思，代表了我一生的经历。这不是我自己造出来的经历，而是历史决定的。我这样一个人，生在这样一个家庭，这样一个时代，经历这样一番变化，回头看看，的确很有意思。

李：像陈寅恪、顾颉刚他们那样一种学术研究，没有办法提出一套可以供全世界的学者了解的人们如何相处的理论。您一开始就提出的“差序格局”的想法，是从旧学出来的学者很难提出来的。您提出的理论，是一个有了一番国外经历和西学训练的中国学者提出的对自己民族的看法和理论。这个理论架构是有长久生命力的，直到现在，研究生们还经常引用这个理论。我在想，在您这样一类理论观点的基础上，能不能再追进去一层，看看在中国人的生活经验当中，在中国的文化秩序当中，哪一些可以提供给将来在 21 世纪生活的人们，有益于他们懂得容忍别人，谅解别人，欣赏别人，形成一些大家愿意共同遵守的基本规则，超越东西方的界限。如果中国文化里边确有这样的值得挖掘出来的东西，也只有您这样的长期思考、深入思考，并能提出全局性主张的人，才能把它挖出来。

费：实际地讲，这确实是我一直在考虑的一个问题。社会上的文章里边经常讲“有中国特色的社会主义”，马克思主义到了中国变成了毛泽东思想，现在又变成了邓小平理论，这也是中国化，同德国的马克思，已经有了很大的差距。这说明有一个中国文化里边的东西，也可以说是中国特点，在那里影响外边进来的东西。这个现象值得我们好好研究。总是在那里讲“中国特色的社会主义”，特色是什么？特色在哪里产生出来？现在还没有人能把它讲得很清楚，原因就是并没有好好研究。西方的学者，像 Durkheim 那样的，他就可以把西方资本主义的特点讲出来，像 Weber 那样的，他就可以把资本主义精神的特点和文化背景讲出来。在我们这里，马克思主义进来后变成毛泽东思想，毛泽东思想后来又发展成了邓小平理论，这背后有中国文化的特点在起作用。可是这些文化特点是什么，怎么在起作用，我们却说不清楚。我觉得，研究文化的人应该注意这个问题，应该答复这个问题。

李：您提出一个命题，作出一个暗示，可能会引导后人跟上来，接着往前走。关于这个问题，最近几年，您有时候也谈到过一点想法，以后还可以继续思考，把思考结果提供给大家。年轻人没有您这样的身世，没有您这样的经验，一时还不具备您的思考深度，所以既需要您点题，也需要您破题，需要您把想到的写下来。虽然不一定很成熟，但是可以暗示他、刺激他思考问题，也许就能上路，逐渐地发展起来。我看您最近写的文章，都还是很有意义。忽然就提出一个人家想不到的事情，忽然就提出一个人家想不到的问题，启发了人家的兴趣和思考。一个人的生物性生命是有限度的，他的文化思想的生命却是可以长久地延续下去的。您的学生，或者是别人，看了您的文章，再把其中的思想发挥下去，文化的生命就这样延续下去了。我们常讲的 Durkheim，他的思想经过 Strauss 等人的发展，学术的生命就延续了一个多世纪。

费：看到历史发展的继承性，前有古人，后有来者，这大概就是中国文化思想一个特点。我有一次和胡耀邦在一起谈话，他表现出一种重视家庭的思想，把家庭看成是社会的细胞，他的这个思想是从实际里边出来的。我是赞同注重家庭的重要作用的，这个细胞有很强的生命力。我们的农业生产在人民公社之后回到了家庭，包产到户，实行家庭联产承包责任制，生产力一下子就解放出来了。我从这个事情上再推想一步，我们的农村工业化，恐怕也离不开家庭力量的支持。最近我又到浙江、福建、山东等地的农村里去跑了一圈，亲眼看到了真正有活力的就是家庭工业。家庭工业规模很小，一家人在一起搞，心很齐，肯出力，不浪费，效率很高。当然它的技术水平还不高，但是劲头很足。一回到家庭，怎么干都行，甚至能发挥出超常的力量。如果整个国家能把这个力量发挥出来，那我们就不得了。

胡耀邦讲过家庭的重要性之后，我就在想这个问题，我的《生育制度》的话题还没有讲完，中国社会的活力在什么地方，中国文化的活力我想在世代之间。一个人不觉得自己多么重要，要紧的是光宗耀祖，是传宗接代，养育出色的孩子。把这样的社会事实充分地调查清楚，研究透彻，并且用现在的话讲出来，这是我们的责任。要让陈寅恪、顾颉刚这一代人做这样的事情，恐怕不行。我们这一代人的长处是接触了这个现代化的世界，我们的语言可以 communicate with the world，可以拿出去交流，人家可以懂得。我叫它 Cross-Cultural Communication，我们这一代接受新学教育的人才能做到这一点。这是我们的长处。上一代人的长处是对传统文化钻得深。为了答复中国文化特点是什么的问题，上下两代人要合作，因为要懂得中国文化的特点，必须回到历史里边去。我们这一代人中还要有人花功夫，把上一代人的东西继承下来。不能放弃前面这一代人的成就。这条线还要把它理清楚，加以发挥、充实。陈寅恪、顾颉刚的成就是清朝的考据之学，它是有根的。我们要保住根根。这也是中国思想的一个特点。傅斯年多少接下来了一点，胡适已经近于我这一代了。我们要接下上一代的好东西，发扬下一代的新精神。在这个文化的传承过程当中，自己要找到自己的位置，明确在这条线上我处在哪个地方，该做点什么事，做到什么程度。我在想这些问题，想得很有趣，可是能讲这个话的人已经不多了。我们下面这一代人，像我的女儿，她就不大能懂我的意思了。不能怪他们，教育破坏得太厉害了，接不上啊。看来继承性应该是中国文化的一个特点，世界上还没有像中国文化的继承性这么强的。继承性背后有个东西，使它能够继承下来，这个东西也许就是 kinship，亲亲而仁民。我一时还讲不清楚，但是在慢慢想这个问题，希望能想清楚，把想法丰富起来，表达出来，讲明白，使人家能容易懂得。表达可以有各种办法，我喜欢写散文，最近写了一些散文，在《读书》杂志上发表，文章有长有短。长文章写我思考时间比较久的话题，短文章容易表达临时来的一些灵感。

李：您为这次学术演讲做准备的这一篇学习马老师文化动态论的

体会，也很重要。您讲到，马老师看到了非洲殖民地上的本土文化面临着解体和消失的困境。现在我们倒过来看中国，我们虽然没有被殖民，但是受到的压力是很大的。可见非西方文化与西方强势文化接触之后所处的情况大都是一样的。不过，我觉得目前的情势应该是有转变了，虽然 Samuel Huntington 还在讲他的文化冲突论，但是如您前面所说的，现在应该是讲究 Cross-Cultural Communication 的时代了。21世纪即将来临之时，人类的各种族各文化应该讲究互相容忍、互相沟通了解，以至于互相欣赏的时候了，也就是您前面所说的“美人之美”的意思。您所说的“美人之美”的确是道出人类学家对人类文化存在的真谛，在当代的人类社会里，最重要的目标就是容纳多元文化的共存，要容纳多元文化的共存，就是要“美人之美”，也就是要能欣赏别人，以至相互欣赏，人类的世界才能永续发展。

从人类学全貌性（holistic）的观点而论，文化多元的理念并非一种口号而已，这是人类学家从人类的生物性推衍而来的理论。生物在演化过程中大致都要保持其基因特性的多元化，避免走入“特化”（specialization）的道路，以免环境变化而不能适应。很多古代的生物种属，都是因为“过分适应”而走上体质特化的死胡同，最终走上绝灭的道路。人类是生物的一种，不但其生物性的身体要保持多元适应的状态，即使人类所创造出来的文化，也是受生物演化规律严格的约束，必须尽量保持多样性的情况，以备有一日环境巨大变化时的重新适应之需。西方文化的发展已有“特化”的趋势，今天面临的能源危机、核子扩散危机等都是其征兆，因此保持其他族群的生活方式与文化特性，就如保护濒临绝灭的稀有种属一样，是为了人类全体文化的永续存在而保存，这也就是提倡容忍别人、了解别人、欣赏别人的多元文化理论的真实意义，也就是费老您所说“美人之美”的根本原意了。

费：现在我正在想这套问题。

李：您在这次系列演讲中提出的那一篇文章，虽然讲的是别人，但是暗示的是我们自己。这一点，我想我是看出来了。暗示的意思，是要考虑我们自己应该怎么样再往前走。在21世纪快要来临的时候，中国文化应该发展的道路可以是怎么样的，这是个大问题。这一点不一定现在就展开全面的讨论，但是不妨有机会就讲一点，平时也不放松思考，多想一想。

费：你刚才讲的话让我想到一个新的话题。我最近在想“一国两制”这个事情。“一国两制”不光具有政治上的意义，它本身是一个不同的东西能不能相容相处的问题，所以它还有文化上的意义。这个试验很重要的，很有意义，在人类整个历史里边，是一个很重要的创新。人家认为，资本主义和社会主义是对立面，可是到中国来，它们可以并存，“一国两制”。邓小平想到这一点，不一定是从理论上边想，他是从实际生活里边感觉到可以这样做，后来实践也证明可以这样做。这就伟大了。我不是把他看成一个神仙，能够预先知道后来的结果。我是看到了文化在里边发生作用，中国文化骨子里边有这个东西。在他身上，在一个特定的时候，这个东西发生了作用，他来了灵感，可以“一国两制”啊，为什么一定要斗来斗去呢？这样想了，这样做了，结果是好的。把对立面合了起来，和平共处，而且作为一个历史事实摆出来，让大家看，可以这样做，这样对大家有利。我们应当这样去理解这个事情，看到在世界文化的发展过程中，不同的制度有和平共处的可能性，可以出现对立面的统一，再进一步去看它的来源，有一个中国文化的本质在里边，它可以把不同的东西合在一起。没有这样一个本质，那就不会有今天的中华民族和中国文化，也不会出来“一国两制”。

当然我们现在对中国文化这个本质还不能从理论上说得很清楚，但是它确实是从中国人历来讲究的“正心、诚意、修身、齐家、治国、平天下”里边出来的。这里边一层一层都是几千年积聚下来的东西，用现在的语言不一定能很准确地表达它，可是用到现实的事情当中去，它还会发生作用，这一点很了不起。这一点可以通过“一国两制”的实现得到证明，我们中国文化里边有许多我们特有的东西，可以解决很多现实问题，可以解决很难的难题。现在的问题是我们怎样把这些特点表达出来，让大家懂得，变成一个普遍的信息，从中找到一个西方文化能接受的概念。这个工作很不容易做，但是不能不做。我相信中国人有他的本领，这个本领是从文化里边积聚出来的。你讲大文化小文化讲得很好，大文化是在吸收小文化的过程中出来的，小文化就是实践啊，就是几千年里边从中国这块土地上出来的东西啊。实践的经验不断提高，形成原则性的东西，这样大文化就出来了。大小文化的关系，我们还可以进一步发挥一下。在讨论大小文化的关系当中，找到中国文化的特点。

李：在 21 世纪的人类生活当中，您认为中国文化应该怎样扮演更积极的角色？

费：现在是一个很重要的时刻。去年我去香港参加政权交接仪式的时候，感受很深。我在现场不是看热闹，而是在想“一国两制”这个问题。我希望大家想这个问题时能提高一点来看，沉下去想一想，再提高到理论上分析，就可以有一个新的看法。这的确是一个创造，也是中国文化对当今世界的一个贡献，会影响到今后东西文化并处共存的问题。我们可以容忍不同，如果大家都可以容忍不同，多元一体的局面就有条件了。多元一体是中国式的思想的表现，包含了各美其美和美人之美。要能够从人家和你不同的东西中发现出美的地方，才能真心地美人之美，形成一种发自内心的、感情深处的认知和欣赏，而不是为了一个短期的目的，为了经济利益。

李：您的这些想法可以一段一段地整理出来，慢慢地加以深化，好好地发挥。您提到中国文化中的多元一体思想，也是很值得再发挥的部分。近代文化人类学理论流派中有所谓“族群理论”者，他们主张族群（ethnic group）的认定不应用客观的文化特质为标准，而应以主观的文化认同为依据，换而言之，族群理论的提倡者认为客观的文化特质如语言、风俗习惯、文物制度，甚至身体特征都是易于变换的，不足以作为族群认定的标准，只有自我认同的意识才是族群存在的真正准则。这种理论实际上最早提出的是费先生您的老友 Edmund Leach 教授，他认为他调查的北缅甸克钦人在客观的种族文化上与邻近的掸族人实无太大差距，只是克钦人主观地自认为是另一个族群，所以克钦就成为是一个有别于掸族的族群了。这一种主观认同的族群理论自 1969 年 Fredrick Barth 编的 *Ethnic Groups and Boundaries* 一书出版以后，就在人类学界大为流行，成为一种新的典范理论。这一新理论确很有其可取之处，但也有其弱点，同时也常被有意无意地误用或延伸解释，例如很多人类学家和民族史家就对我们“中华民族”，甚至“汉族”的存在，以族群理论提出很多质疑。

我自己对族群理论也能欣赏，但也有一些批评与疑问。首先我认为所谓客观文化特质，不应该只限定于那些可以看得见的特质，如语言、服饰、风俗习惯以至于体质特征等，我觉得把“文化”限定在这些“可观察”的特质是误解了“文化”，“文化”应该也包括很多看不见、“不可观察”的思维部分，或者就是人类学家所说的“文化的文法”那一部分，例如一个民族的价值观、宇宙观、人观，甚至于逻辑架构等等。这些抽象不可观察的文化特质经常是较难变化的，却也是一个民族的文化核心，实在是不可忽略的。自然有人要说既是抽象思维的部分，应该是属于主观的范畴了。但是那些内在思维的深层文化结构难道不是文化研究者客观分析，并且认定是一个民族文化特性的部分吗？从这样的立场去看，所谓“客观”与“主观”的界限岂不是已经很难于再分辨了。

在这里我要特别提出的是有关中国民族的内在文化特性的问题。

我认为自古以来中国文化中一直有容纳、吸收不同文化成分于其中的主体观念存在，也许就是费先生您所说的多元一体的想法，这不是中国文化中可观察到的特性，却是理解中国文化深层结构的人类学家、民族史家所共通体会得到的。这种容纳、吸收的多元一体基本思维体系，也许是几千年来不断综合环境调适与资源互补所形成的所谓“和谐均衡”宇宙观的长久作用所致。换而言之，在中原区域中居住的中国民族文化基调中一直是一种容纳、吸收居住于边缘民族的“主旋律”在发生作用，因此几千年来，整个中国境内许许多多不同的族群都是笼罩在这一“融于一体”的主旋律之中而作旋转，每一历史阶段、每一历史过程的剖面，都有可看做是接受这一主旋律的一个阶段或过程，在每一阶段中我们都可观察到周边民族一方面接受了“融于一体”的基本观念，但又在做某一程序推拒徘徊的状态，这种情形显然与缺乏“融于一体”主旋律的西欧民族国家不一样，他们的文化思维中只存在如何分辨“你群”与“我群”之别，而忽略掉别的文化中却是一直在思考如何成为一群的“另类”想法。因此用这种不知有“另类”想法的族群理论来看中国民族文化的过程与现象，就觉得是格格不入，而认为有悖常规的行为，这是强调发现文化偏见的文化人类学家所不该犯的过错。换而言之，族群理论的主观认同模式，假如只用欧洲人的观点去解释，仍会犯了以偏概全的毛病，假如能无偏见地体会中国民族文化的特性，其解释能力就将有更大的空间了。

总之，我觉得费先生您所说的“多元一体”的民族观，并且如前面所说的依此而伸展出来中国文化的“和谐均衡观”，应该是一个值得再加发挥、再加深入探讨的重要题目，可以使中国民族文化在21世纪的人类共同生活中成为很有贡献的一个重要成分。

费：看来世界必然会出现一个互相依赖的格局。首先是经济方面的互相依赖，这次亚洲的金融风暴表现得很清楚。风暴一起，谁都逃不掉，“看不见的手”把大家弄到了一起。所谓“看不见的手”，我体会就是经济、文化、社会的综合力量。虽然看不见，可是它的确存在，存在于文化的基本原则里边。

李：在这次的东亚经济危机当中，中国就扮演了一个从来未有过的特定的重要角色。人民币不贬值，成了一个稳定东亚经济的强大力量。这样一个角色，中国自从进入20世纪以来还从来没有过。过去，是日本在东亚经济中占据一个稳定全局的地位，但是在这次危机当中，它成了一个变数，中国成了一个稳定全局的角色。在这样一个转换当中，是哪些因素使中国的重要性在一夜之间凸现了出来，值得大家深思。其中会有经济的因素，有财政的因素，等等，但是在这些因素之外，还会有文化的因素……

费：能想到人家，不光是想自己，这是中国在人际关系当中一条很主要的东西。老吾老以及人之老，幼吾幼以及人之幼，设身处地，推己及人，我的差序格局出来了。这不是虚的东西，是切切实实发生在中国老百姓的日常生活里边的，是从中国文化里边出来的。“文化大革命”对这一套的破坏太厉害，把这些东西否定了。我看不能否定，实际上也否定不了，这些好的传统还是会有人接下来，还会在现实生活里边起作用。我们这些研究文化的人类学家，应该把这一套讲出来，讲明白，让人家懂得。中国文化天天在现实生活里边发生作用，实际得很，我们要从实求知，从实际生活里边学，再把学到的东西讲出来，这是我们知识分子的责任，尤其是研究文化问题的知识分子。司马迁有两句话，叫“究天人之际，通古今之变”，搞研究的道理就在里边。就是要从实际当中“究”出来学问，再把它“通”到实际当中去。面对金融危机，可以这样做，也可以不这样做。人家贬值，我也可以贬值嘛。为什么中国人选择不贬值呢？有对人的关怀在里边。中国人之所以这么做，因为他是中国人，他有一个文化的根子在发生作用。

最近几天我看世界杯足球赛，给我一个很大的启发。人同人即使是在竞争激烈得不得了的情况下，也是可以和平相处的。不同的球队放到同一个球场上争胜负，冲突和竞争一直在发生。可是大家有一个共同的law，有公认的体育精神，就可以在竞争中友好相处。我写汤佩松的文章时，在《清华人的一代风骚》里边就讲到体育精神，sportsmanship和teamwork的精神，可能是社会生活里边所需要的一种普遍的精神。说到底，我们还是要相信，中国也好，外国也好，这么多人在这么长的历史中走过来，必然会有好的东西积聚起来。现在人类世界希望有一个天下大同的前景，需要我们这样一些研究文化的人出点力量，把各个文化中积聚起来的有利于人类和平共处的东西提炼出来，我们中国的人类学家有责任先把中国文化里边的推己及人这一套提炼出来，表达出来，联系当前的实际，讲清楚。现在做这个事情的人还不多，至少可以说还没有形成风气。我们的社会科学、人文科学要造成一种好风气，承认我们中国文化里边有好东西，当然也不是一切都好，这就需要提炼，把好的提炼出来，应用到现在的实际当中去。在和西方世界保持接触、积极交流的过程中，把我们的好东西变成世界性的好东西。首先是本土化，然后是全球化，communicate to the world。能够做这个事情的学者队伍现在还没有形成，还要培养。从现在起的几十年里边，培养这样一批人是一件很重要的事情，也很不容易。我们在北大开高级研讨班，就是努力在做这个事情。

我们曾经有过一段反面的历史，要把传统的东西统统打倒，“文化大革命”达到了顶点，连我们自己都怀疑，中国文化这套东西是不是好的。现在，这一段历史过去了。去年是个转折点，香港回归，“一国两制”，全世界都看到了中国的地位。中国人又有了自信心。我们要发挥自信心，先要沉下去想问题，想明白我们今天在国际上的地位是怎么来的，接着努力下去，我们要警惕自我中心主义。现在又出现了东方中心主义，觉得中国多么了不起，好像关起门来也可以成大事了。说到这里，我想起了自己感到忧虑的一个问题，就是潘光旦先生常讲的民族整体的素质，从知识分子这个群体来看，是比不上上一代了。从抗日战争开始到改革开放之前，动荡得太厉害，破坏得太厉害，一直没有停，年轻的一代没有条件向做学问的方向走。没有良好的教育，怎么可能出来高素质呢？所以现在我觉得首先需要安定，大家有时间喘口气。国家有心情办教育，学生有心情学知识，把今后的世界所需要的人培养出来。这些人有比较高的文化素质，不忘人类发展的大目标，懂得不同的文化怎么相处，而且善于把中国文化中的好东西发扬出来，补充到世界现代化的过程里边去。

李：您讲到这里，我们是不是可以把话题回到刚才谈起来的“志在富民”上面去。您最近对于区域发展问题的调查和研究，有没有新的题目和心得可以谈一下？

费：我今年已经开始做起来的一个题目，是想利用京九铁路穿成一根“糖葫芦”。意思是利用铁路干线的交通条件，促进一连串中等城市的兴起，通过这些中等城市对周边农村地区的辐射和带动，形成一个位于东部沿海地区和中部地区之间的经济发展速度明显提高的区域。能够说明这个想法的一个例子，是现在已经比较发达的沪宁铁路。南京到上海之间就有苏州、无锡、常州、镇江等等一串中等城市。我希望在京九铁路上也促进各地加快发展起一串中等城市来，所以把这个题目说成是“穿糖葫芦”。但是不应吹大话，而应具体去做。

我沿着京九铁路一站一站去看，有没有切实的基础，有没有条件，已经有什么条件，还缺什么条件。这条线上的有些地方我曾经去过，这一次再连起来全部走一遍。傅斯年的家乡聊城我也走到了，实地一看，很不错，有一定的实力。那里造的双力牌农用汽车，适合农村的需要，很实惠。乡镇企业的产品，不仅在国内畅销，而且销到了南美和非洲。这个事情很有意思，是世界已经开始进入洲际经济时代的一个例子。

我前不久在《读书》杂志发表文章，提出了“洲际经济”的题目和自己的一点想法。聊城的农用汽车又给我新的启发。开拓洲际经济是我们的方向，我们的对外贸易不一定都要集中在美国、日本这样的地方，可以向南美、非洲这样的发展中国家和地区开拓市场。我们的劳动力便宜，吃苦耐劳，这是我们的长处、优势，把这个优势发挥出来，学习新技术，抓住适用技术，生产出适合发展中国家需要的产品。这是个很大的市场。如果中国中部地区有更多的企业能进入这个市场，增加农民收入的问题就解决了，中部地区就起来了。农民手里有了钱，国内市场也出来了。这是一箭双雕的做法，我们在开拓了国际市场的同时，自己也富了起来，国内市场也有了。

我经常说，市场就在农民的口袋里边。农民有了钱，要买电视机，买洗衣机，这个市场大得不得了。就是要多搞这样的东西，适合农民需要的，农民买得起的，能使农民进入现代化生活的产品。这是我在许多地方都看到过的例子。过去北方农民都睡在炕上边，冬天冷的时候，就在炕下边烧点柴火取暖。现在住楼房了，堆柴烧柴不方便了，取暖也想更干净、更方便，所以要用暖气片了。暖气片不难造，又有那么多农民需要，所以成了一些乡镇企业发家的一大门路。

最近一次我到农村去，看到农民在这方面又提高了一步。他们在想办法利用过去废弃掉的庄稼秸秆，制造类似于煤气的生物气。一个村子只需要几十万元的一套设备，就可以提供全村人烧饭、烧暖气所需要的能源。农民自己在那里找现代化生活的出路，我看到这些一样一样的发展和提高当然高兴，就鼓励他们，并且把他们的做法值得推广的道理讲给他们听，他们也很高兴。我现在正在做这个事情，沿着京九铁路走了一半了，还要接着走完。我一路把看到的情况记录下来，准备到最后向领导提出一份建议，关于促进京九铁路沿线地区发展的设想和实际操作的办法。我一路走，经过的地方的农民和基层干部都很欢迎我，县长、市长也很欢迎我。我为他们致富出主意出得对，可以帮助他们改善生活，自己心里也很舒服。我确实感受到，中国农民的确有本领，吃得起苦，有办法，干起来没有人挡得住。只要相信农民，放手让他们去发展生产，就可以维持一个比较好的局面。如果能这样稳定下去，我们就会有几十年的时间，把中国文化好好研究研究，从理论上边提高一下。这个路子大概可以这么走。当然我的力量是不够了，你现在可以独当一面，可以更多地发挥作用。台湾这一面，我们的力量达不到，你可以把这里的信息带回去，鼓励他们想大问题，不要只看到一个小天地。站得高一点，一个大天地在那里等着我们，大家将大有作为，这个前景真是太美了。我们现在有条件，真正把祖宗的梦想实现出来，天下大同。

Malinowski 在《文化动态论》里边讲的一段话，可以使我们得到一个很好的启发。在殖民主义的情况下进行的文化接触，里边是霸权主义的做法，结果是破坏文化。霸权搞不得，不能再走这条路。文化接触要得到一个积极性的结果，必须要在平等的基础上进行。平等相处，相互理解，取长补短，最后走向相互融合。用我们的说法讲，就是天下大同。我们还是要将心比心，推己及人，老吾老以及人之老，幼吾幼以及人之幼。这样想问题，就是希望不要出现太大的曲折，不要因为使用核武器解决冲突而使人类文明再来一次。这两天中美两国首脑会谈，从积极的方面看，是建设性的。两个大国能和平一个时期，就不得了。我们还是从和平共处上想办法，不光是共存，而且要共同繁荣，把人类的发展水平提高一步。

李：我很高兴今天下午有这样一个机会，来听听费先生在这些问题上的想法。我想，费先生谈到的这两个主题非常之重要。一个是从理论上看中国文化的特点和它可以对人类的未来发展所能做出的贡献，主张相互容忍，相互理解，相互欣赏，寻找人类在 21 世纪实现共同繁荣的道路，为天下大同准备思想的和物质的条件。能够做出很有深度的思考的人，到底是极少数。您能把中国文化中深藏的好东西挖掘出来一些，提出几点重要的思想，帮助后来的学者进入题目，学术的生命就可以得到延续和发展。再一个是实用的这一面，“志在富民”这个主题也非常有意思。在一般情况下，人的思考方式容易集中到一个方面去，着重于理论的大半就忘掉了实用，能够做到实用的又往往回不到抽象的理论的方面去。您在一生的学术活动中能够兼及两面，一面是理论的思考，一面是努力把知识转化成物质财富。京九铁路完成以后，您能够马上想到要“穿糖葫芦”，这里边又会出现将来的人可以看到的地区发展的事例，而且应该可以提炼出来“糖葫芦理论”。我看费先生的身体很好，头脑的思考也非常敏锐。说不客气的话，我今天有一点考您的想法。平时读您的文章，您的文字有很感人的力量。今天听您谈话，又在现场感受到了您思考问题的力量。我很感动，也很为您高兴。还有很多年的时间可以利用，您可以逐步把想法一点一点整理出来，我希望有更多的机会读到您的文章，听到您的想法。

费：那你就多来几次。你可以提出一些问题，我们共同研究。我们都退出事务工作了，老来求知，多几次“有朋自远方来，不亦乐乎”？多几次“学而时习之，不亦悦乎”？

1998 年 6 月 28 日下午于北京北太平庄

开创学术新风气

首先谢谢北大领导给我在这次汇报会上一个旁听的机会。我所以来参加这个会，是一个感情问题，想看看自己培养出来的孩子（北大社会学系和社会学人类学研究所）长得怎么样了。

我最近看了一本书，书名是《北大校长和中国文化》（三联书店出版），从京师大学堂的校长讲起，讲到了蔡元培、胡适、马寅初等，很受感动。同时也想到了北大当前的定位问题。怎样去认识北京大学在改革开放的新形势下的文化任务。看来到这时候北大又要再开创一代学术的新风气了。

当今世界各种文化有如欧美文化、伊斯兰文化、印度文化、中国文化等等，都在接触、在碰头。世界正在进入一个地球村，形成一个全球多元文化的时代。这是北京大学应当能够开创一代新风气的时机。

开创什么新风气呢？我想用“文化自觉”四个字来表达。我意识到中国正走上了小平同志所指出的有中国特色的社会主义道路，通过四个现代化，开创出一个新的精神文明。北大应抓准这个机会。历史发展到一定时期就需要找到一个地方和一群人来发扬一种新风气。我想当前的新风气就是文化自觉，各民族开始要求自己认识自己的文化，提出一系列的问题：为什么我们这样生活？这样生活有什么意义？怎样发展下去？人文科学负有答复这一系列问题的重大责任。现在自然科学发展很快，人对人类本身生物学的研究已进入到了绘制基因图谱，科技研究的空间发展已从地球扩大到了太空。以人文科学来说，就要看我们如何跟上时代，认真地各自认识自己的文化了。

在中国开创学术风气，北大一直是带头的，五四时代北大出了个蔡元培。北大和清华作为一个学术中心，在马克思主义新的发展中，理应出现一个相适应的文化自觉，也就是认识文化的自觉行动。我感觉到这个风气不仅限于中国，而且正在许多先进国家中酝酿和展开。我们中国要抓住这个机遇，参与和推动这个学术的新风气。19 世纪在西方出现了文艺复兴“人的自觉”，看来 21 世纪将开始出现“人类文化的自觉”了，人类开始要求认识自己的文化了。

社会学是研究人在集体中的生活。社会人类学就是研究人在集体生活中所创制的文化。文化在哪里？就在集体生活的人的行为和意识中。文化是代代相传的，是有子有孙的，它靠一个个人在他们生活中表现、改变和发展着，日新不已。我们作为一个中国人就应当深入到中国的文化中和中国人的生活中去认识自己文化的历史和现状。人们往往生活在自己的文化中，而没有用科学的态度去体会、去认识、去解释，那是不自觉的文化。我们需要懂得各国、各地区的文化为什么不同，只有抓住了比较研究，才能谈得到自觉。以中国来说，开展这方面的学术研究工作的希望在北大。因为北大有这方面的传统，也有成就。现在要的是善于继承和发扬这个传统，取得更大的成就。

我一向在名片上不印任何公职，只写某某大学教授，这说明了我自己对于学术工作的重视和偏爱。大家知道我已辞去民盟主席的职务，明年人大副委员长的工作也到届了。如果我还能多活几年，我想用我一生中最后的那段时间继续做我的学术工作。我想到了北大应当开创学术新风的问题，也愿意有机会参与。

去年在我家乡召开的学术活动 60 周年的欢聚会上，我发表了《重读〈江村经济〉序言》的论文。60 年后重温当年老师给我这篇论文出版时写的序言，我理解到他当时已看到了人类学这门学科在发展中存在的问题。我的几位人类学导师都教我要直接去观察人的生活，从人的实际生活中去理解社会和文化。科学资料必须从实际中来。早期的人类学大多主张到异文化中去认识人如何生活。而我的论文却采用了从本乡人的生活中去做人类学研究的方法，在人类学这门学科开了一个新风气，把这门学科推进了一步，就是把原来只研究所谓“野蛮人”的人类学推进到用人类学的田野工作方法来研究自己熟悉的本乡“文明人”的生活。我当时还是刚刚踏进这门学科的年轻学生，并不是有意识地跨过这限制西方人类学发展的那条“文野之别”的门槛。所以我说这是我“无心插柳柳成荫”。60 年后重读老师的序言，才有豁然贯通之感，明白了马老师为什么说这本书是人类学发展中的“里程碑”。他赞扬的是我开始自觉地认识自己的文化了。我把中国一个农村中农民如何生活、生产、分配的过程按我自己直接观察中得到的理解写了出来。这种研究本土文化的尝试，对这门学科来说，是前进了一步。

我们中国用文字来描述人们的生活方式早已有之。《红楼梦》是一个例子，可是它采取的是用小说来表达的方式，写出的是作家个人的体会。人类学却要在观察人的生活实践中，用实事求是的科学态度有系统地去表达人们的人文世界，也就是用实证主义的科学方法去认识人的文化。所以我认为人类学所起的作用就是在促进人的文化自觉。

人类依靠文化而得到生存和生活。文化是一个民族祖祖辈辈积累下来经过不断改革的集体生活经验。我们每一个人无时无刻不能离开自己从小学得的文化。正如《西游记》里的孙行者自以为本领大，翻一个筋斗十万八千里，但终于发现翻来翻去还是在如来佛的手掌里。人同样跳不出文化，但人有智力可以认识它，有能力去改造它。人类学就是想用现代科学方法来认识人类文化的学科。以中国来说，最先把人类学从西方介绍过来的就是早年的北大校长蔡元培先生。

以我本人来说，60 多年前就在这未名湖畔接触到社会学和人类学。当时在这里办学的燕京大学请来几位国外的访问学者。一位是美国社会学芝加哥大学学派的奠基人 R. Park 教授。他引导我们直接到北京市民的生活中去学习社会学。另一位是英国人类学功能学派创始人之一 A. R. Radcliffe-Brown 教授，他鼓励我们下乡去实地调查中国农民。我有幸碰到当时开拓这两门学科的前沿学者。在他们影响下，我接受在燕京时的老师吴文藻先生提倡的“社会学中国化”的主张和“社区研究”的方法；又由他介绍我去师从清华的史禄国教授和伦敦的 B. Malinowski 教授学人类学。在这条学术道路上我走了 60 多年，直到现在还没有停止。

通过我这 60 多年的经历，我深深体会到我们生活在有悠久历史的中国文化中，而对中国文化本身至今还缺乏实事求是的系统知识。我们的社会生活还处于“由之”的状态而还没有达到“知之”的境界。而同时我们的生活本身却已进入一个世界性的文化转型期，难免使人们陷入困惑的境地，其实不仅我们中国人是这样，这是面临 21 世纪的世界人类共同的危机。在多元文化中生活的人们还未能寻找到一个和平共处的共同秩序。

正因为我是个以研究社会和文化为职志的人文学科的学者，对当前的人类的困惑特别敏感，对这种新形势所提出急迫的问题特别感到严重。所以我到了耄耋之年，还是忍不住要呼吁人文学科的同行们及时集中智力，首先在我们学术范围里开创这个适应当前局势的新风气，就是致力于我们中国社会和文化的科学反思，用实证主义的态度，也就是用实事求是的精神来认识我们有悠久历史的中国社会和文化。

这是件艰巨而伟大的工程，需要多种学科的共同努力。包括哲学、伦理学、政治学、经济学、生物学、心理学、美学、社会学和人类学的学者们共同从各自已有学术基础上向这个“文化自觉”的目标进军，合力形成一个新学风。在我们国内有这个条件的看来只有北京大学，所以我今天不愿放弃这个和北大领导会晤的机会，不自量力，提出这个“文化自觉”的设想，请予批评指正。

最后让我表示对各位校长的同情，我深知现在当校长很不容易，事务上的工作已使他成了一个公司的经理，天天忙着创收。怎样能把校长们解放出来，多多在学术本身的发展上打算打算，为中国的精神文明多动动脑筋。校长的责任确实不小，不能辜负我们国家的这个伟大的改革开放时期。我衷心希望北大的校长们站出来，带头在学术上树立一个"文化自觉"的新风气。

言有不尽，不当之处请多多批评指正。谢谢北大的各位领导同志。

以上是潘乃谷同志在汇报会上现场的记录稿，我只在文字上略加修改。自己重读一遍，觉得对"文化自觉"这个概念还应加一些注释。文化自觉只是指生活在一定文化中的人对其文化的"自知之明"，明白它的来历，形成过程，在生活各方面所起的作用，也就是它的意义和所受其他文化的影响及发展的方向，不带有任何"文化回归"的意思，不是要"复旧"，但同时也不主张"西化"或"全面他化"。自知之明是为了加强对文化发展的自主能力，取得决定适应新环境时文化选择的自主地位。

文化自觉是一个艰巨的过程：首先要认识自己的文化，根据其对新环境的适应力决定取舍。其次是理解所接触的文化，取其精华，去其糟粕，加以吸收。各种文化都自觉之后，这个文化多元的世界才能在相互融合中出现一个具有共同认可的基本秩序和形成一套各种文化和平共处、各舒所长、联手发展的共同守则。7年前在我80岁生日在东京和老朋友欢叙会上的答谢词中，我瞻望人类学的前途时所说的"各美其美，美人之美，美美与共，天下大同"这一句话，其实就是今天我提出的文化自觉历程的概括。

1997年1月4日

（本文是作者在北京大学重点学科汇报会上的讲话）

多元化的西部文化

费孝通（以下简称“费”）：你准备申报的科研项目——《保护、开发和利用西部人文资源，再创西部灿烂文化艺术》的课题设计方案，我看了，很好，很有想法。我认为对西部的开发，应该是立体的，其中不仅是包括经济的开发，也包括自然资源和人文资源的保护和开发、利用。现在人们对于自然资源的保护、开发和利用的问题已经有点意识了，并且也正在这样做。但是，对于人文资源的保护、开发和利用能够有深刻认识的人还不多，目前也没有专门的人在做这方面的研究工作，我认为应该把这项工作加到西部开发的这个大的战略中去。

方李莉（以下简称“方”）：这个课题我们院领导和科研办都很重视，还为此专门召开了一次讨论会。领导决定，这个课题由我来牵头，并组织院里各方面的骨干力量来共同做，还希望您来做我们这个课题的学术指导。

费：我年纪大了，做不了什么具体的事了，但可以为你们出出主意，开开路。

方：长期以来，我们对艺术的研究，都只是单纯对艺术本身的研究。它和社会学、人类学的研究是两个不相干的领域，但我们目前要做的西部文化艺术的研究，如果不和社会学、人类学结合起来，就很难发掘其深度和广度。只有把文化艺术的研究和社会学、人类学结合起来，这个研究才会区别于以前的研究，才会走出一条新的学术研究的路子，也才能适应现在新的形势发展的需要。在这个研究过程中，我们非常需要您做我们的老师，为我们指指方向。

费：跨学科的交叉研究，是以后学术研究的新路子，你这个想法是很好的。很多路子都是靠自己闯出来的，你就大胆地去闯。下面谈谈你对西部开发的想法。

方：人类每一种文化的形成都是经过了几千年甚至上万年的积累而发展起来的，人类各文化之间有它们的相通性，但也有各自的独立性和独创性。在现代化文明迅速席卷全球的今天，每时每刻都不知道有多少传统的、土生土长的文化在消失。当成批的这样的文化群落都在消失的时候，人们应该想到，这会不会是一种文化的生态在遭到破坏？以西方文化为中心的观念正使得文化圈内的文化种类正在递减。照此下去，在不远的将来，我们还会面临一个文化生态的被破坏和文化资源在减少的问题。

我认为，我国西部由于它特殊的地理位置和人文环境，使它的文化艺术的原生态状况，得到较好的保存，在那里几乎囊括和继续保留了人类所有发展阶段的各种文化类型。这是一笔非常宝贵的财富。

费：它确实是一个宝贝啊！我们发展西部的经济是对的，但我们不要忘记，西部还有这样的一个宝贝，这是几千年中华文明的历史替我们留传下来的，这是一个很重要的资源。在西部地区的这一广阔的时间和空间里，产生过很多不同的民族、不同的优秀人物，他们共同创造了一个文化的、人文的资源在那里。我们之所以称它为资源，是因为它不仅是可以保护的，而且，还是可以开发和利用的，是可以在新的历史条件下有所发展、有所作为的。因此，在开发西部的热潮下，我们一方面要发展它的经济，繁荣它的市场，使大西北的发展和内地趋于平衡，甚至超过内地。同时，还要保护其自然生态和文化艺术生态的平衡。不仅如此，对于一些已经遭到了破坏的自然生态和文化艺术生态，还要加以修复和再造，甚至重新发掘。因为，自然生态和文化艺术生态，也是一种资源、一种财富，而且是一种难以用人工制造的财富和资源。我们一定要认识到这一点。至于怎么让大家都来共同地认识这个问题，就要靠你们去考察、去研究，然后把这些成果公布出来，宣传出来，使所有的人取得共识。在繁荣和发展西部经济的同时，也繁荣和发展西部的文化和艺术。

中国有许多最灿烂的文化艺术是在西部地区得到蓬勃发展和繁荣的。如集中在甘肃、青海、陕西的彩陶艺术；集中在敦煌一带的灿烂的佛教文化和艺术；集中在新疆、云南一带的岩画艺术等等。同时，在西部如今还存活的一些文化艺术中，也还具有一种主题内涵的古老传承性，在这里我们几乎能找到所有中国美术、音乐、舞蹈，甚至戏曲、诗歌发展的活的源头。而且，西部的文化除了有汉族文化之外，还有众多的少数民族文化（中国的少数民族基本都集中在西部），从其发展的广大的时间和空间中，我们能看到多元一体的、由广大多种民族创造的文化，相互接触、相互融合和各自发展的演化经过。

西汉时期打通的从长安横穿欧亚大陆的“丝绸之路”，不仅把丝绸文化从中国推向西域、吐蕃、东南亚，乃至波斯（今伊朗）、罗马等国；同时，也从这条丝绸之路上传来了印度的佛教文化。佛教文化对中国文化的影响很大，是外来文化对中国文化影响的第一步。主要在魏晋南北朝到唐朝，甚至宋朝这一时期，是中国传统文化形成的一个重要时期。

方：公元9世纪以前，中国的政治中心大体在北方而偏西，西北经济曾是全国经济中的主要成分。公元10世纪初唐朝灭亡，西部从此沦入多灾多难的动荡中，从五代十国到北宋、辽、西夏、元、明、清，伴随着民族的斗争与融合，中国的分裂与统一，西部及整个北方，兵事频繁，社会安定的时间相当短暂，总体经济水平趋向低落，在整个中国的文化中的地位也就跌落下去了。

费：就这样，我们也不能认为是它的文化地位跌落下去了，而是我们对它后来的文化认识不够了，主要是认为它不是主流文化，就不再去认识它。我们现在搞的人文资源的开发，就是要重新去认识它、理解它、发掘它。对于西部文化艺术的考察，前人已经做过不少的工作，这些工作是非常重要的，为今天的考察和进一步研究奠定了很好的基础。但是，以前的考察和研究大多还是仅仅停留在对历史事实的记录、观察和描述上，而从文化的角度上进行理论总结和深入研究这个方面还做得不够。如何在艺术学的基础上广泛地吸取社会学、人类学、民俗学、历史学的研究方法，变传统的单项个别研究为整体的全面研究。在学术上进行跨学科、多学科的交叉研究及理论总结，这是你们今天要做的事情。请谈谈你的课题打算怎么做。

方：这个课题，对于我们来说是一个崭新的、前人从未研究过的课题。崭新的课题必须用崭新的视野和崭新的方法来研究。以往人们对艺术的研究和考察，往往只注重艺术作品的本身，很少研究活动在艺术品背后的那些人，包括那些人的艺术行为和作为特定社会中社会文化现象等方面，这是艺术人类学研究中的一个巨大的缺口。因此，我们做这个课题，在学术研究上具有一定的前沿性和开拓性。另外，这次考察和研究是从书斋走向田野，走向社会，因此，具有强烈的实践性。同时，新的方法论要求这一研究必须是一个多学科交叉的综合性研究，要在艺术学的基础上广泛地涉及到历史学、考古学、人类学、社会学、民俗学等。而这种综合性的研究的过程和研究的方法都需要有一种前所未有的创新性。

我希望通过这次考察和研究后，能够出版关于西部人文历史、艺术人类学考察方面的系列专著，系列的西部艺术画册；拍摄关于西部文化艺术的电视片；举办西部文化艺术展和国际研讨会等。希望能引起国内外学术界的关注，从而推动西部文化艺术的繁荣和发展。只是不知道能否申请到这么多的经费来做这么大的一个课题。

费：其实经费不是最重要的，只要你们的研究确实是有意义的，是能够推动西部文化经济全面发展的，国家就一定会支持。这的确是一个非常大的课题，它不是一个两个人能够做得了的，要集中一大批志同道合的学者来做。在这一点上中国艺术研究院是有优势的，那里集中了大批的、各个不同艺术门类的研究人才，这是其他任何单位都很难与之相比的。

我觉得对西部的研究要分几步走，首先要了解它发展的历史，把它的历史说清楚，这样就有了一点基础，然后再找几个有代表性的、可以做田野考察的地方，花点工夫，做深入的考察，把它们作为研究的标本。在我们的脑筋里一定要认识到，全球一体化的经济发展会给人们带来一种新的生活方式和新的文化观念，但真正传统的好东西是不会完全走掉的。我们的任务就是要把这些好的传统从生活中提炼出来，让大家意识到和理解到我们有些什么样的、应该保留的优秀传统，并且要努力去发扬它和继承它。我把这种行为叫做文化自觉，就是自知之明。

我们现在连自己有多少财产都搞不清楚，自己有些什么资源也不清楚。要知道，人类对资源的认识是逐步的、渐进的。比如现在我们对自然资源已经了解得不少了，逐步地明白了能源里有煤、天然气、石油、太阳能、核能等等，这是一步一步的自觉嘛。对人文资源也是一样，人们要有意识地去理解、去探索、去逐步搞明白，把我们以前不知道的资源逐步挖掘出来，要搞清楚我们自己究竟有多少财产，这是第一步。

在我们的历史上有两个中心主义，第一个是汉族中心主义，再一个就是西方中心主义，就是这两个中心主义把西部的文化给湮没了。结果大家不再去看它，不再去了解它了。即使谈到西部，也是一讲就讲汉族的东西，其实西部地区不仅仅有汉族；谈世界文化时，一讲就讲西方的力量，不重视本土的力量。在这两个中心主义之下，就把我们西部的这一广大地区的人文资源给掩盖起来了。西部是一个多民族的地区，我们要承认它的文化的多元性，这些不同民族的存在，都是根据自己不同的自然环境和人文环境形成了自己的民族文化。这些民族的文化历史和汉族一样长、一样重要和一样珍贵。

另外，我们在考察和研究中还要完成的一个任务，就是要了解，并要让大家知道，这些传统的民族文化，将如何在新的历史条件和新的文化背景下，产生变化和发展；同时我们应该怎样去保护和发扬这些文化中的一些优秀传统。另外，我还要讲的一个问题是，在这全球经济一体化和文化一体化猛烈席卷过来的时候，不要把西部这些多元的文化给冲掉了，给毁灭了，我们有责任提醒大家。

2000 年

九访兰州　一次讲话

今天我们召开一个座谈会，在这个座谈会上我们要研究一个问题，这个问题就是，在西部大开发中，怎么样认识人文资源在其中的作用和意义，要如何去保护、开发和利用西部的人文资源。西部的人文资源，不仅包括过去我们祖宗给我们留下的许多人文方面的遗产，也包括现在还活着的并还在继续发展的各种人文方面的活动，尤其是现存的各民族的文化艺术方面。

长期以来，我一直对西部很关注，关注的原因是什么呢？是因为觉得在全国的发展中，西部落后了，为了全国经济发展的平衡它必须赶上去，我要为此出把力，帮一帮它。这是我经常到西部考察的出发点，仅仅甘肃，在这十几年间我就来了九次。这期间我所注重和关心的都是经济的发展，目的是“志在富民”，是想提高农民的收入。所以，到甘肃我挑的第一个地方就是农民生活最苦的定西县，那还是在80年代。那时我从研究东部的发展，开始转到了西部，当时我对西部的贫困印象很深，这种印象不是假的，是真实的。但片面性很强，这种片面性就在于，我只看到了西部贫困的一方面，却没有看到它富有的一方面，没有看到它具有那么多丰富的文化艺术遗产，那么多还存活的和还在发展的各民族丰富的文化艺术活动。当然这种片面也是有一定历史原因的，因为当时的经济实在是太落后，如果不解决经济问题，一切问题都免谈。但这种经济发展又不能全靠国家，必须自力更生，所以认为西部的发展，首先是要发展生产力解决经济问题，在这一方面我是对的。但在这一期间却忽视了西部的另一方面，那就是它富有的一方面。如果早一点认识这个问题，对西部人文资源的保护、利用和开发的工作就能早一点开展。

记得还是我在读中学的时候就听说有一个西北考察团在西北考察，其中还有一个瑞士人叫斯文·哈定，那时我只是觉得西北很神秘，有很多有趣的生物和民俗文化，但没有看到它对中国文化发展的意义，也没有看到它在今后中国文化发展中的地位。我当时的富民思想也没错，但现在改革开放已经二十几年了，西部落后的局面还没有完全解决，国家又提出了西部大开发，这是对的。但是不能重复我的错误，忘记了西部的另一面，也就是它所具有的、丰富的人文资源这一方面。今天上午我们参观了甘肃博物馆，感到你们这里的人文资源太丰富了，我们所看到的都是已经发现了的，其实还有很多是尚未发现的。博物馆中的许多藏品都是在近一百年或几十年中收集和发现的。在早些时候中国人是不重视这些人文资源的，但是外国人重视它，到这里来考察，还偷走和抢走了我们的许多珍贵文物。首先是我们不懂得自己的家产值钱，不知道自己有这么珍贵的财源，没有认识它嘛。我们这代人是很苦的人，因为我们中国的经济落后，在国际上没有地位。我出生在 1910 年，也就是辛亥革命的时候，这是一个中国悲惨局面的段落。我的一生所看到的都是中国人贫穷的一面，所以，让中国人富起来，是我这一辈子的最大愿望。认为首先要有经济基础，要有生产力的发展，没有经济基础，其他的方面的发展就谈不上。

就像甘肃的博物馆有那么多的宝贝，但却没有一个好的陈列，有很多的文物都没有展出来，因为没有那么大的地方，这就是我们的财力不够。有了宝贝不能表现出来，不能宣传出去。但在这 20 年当中，中国的经济有了发展了，农民的收入也有了提高，西部虽然还是比较落后，但也发生了很大的变化。现在江苏的农民收入是向万元进军，当然，比较起来西部就有距离了。

所以西部的重点还是在发展生产力，只是不要忘记了，我们还有一部分很大的财富，也就是在人文资源方面的财富，经济发展了，我们就要注意到这一部分财富，首先要保护好它，才能谈得上今后怎么去利用和开发它。在保护这些人文资源方面，甘肃还做得不错，起码在这 20 年来，没有什么大的破坏，在早期很多东西都被外国人偷走了或抢走了，最明显的例子就是敦煌，解放以后就不会再有这样的情况了。虽然，在“文化大革命”时许多地方的传统文化和文物都遭到了不同程度的破坏，但甘肃省好像还比较好。

我在甘肃下面跑，有一个印象，就是在群众里面、农民里边对我们的传统文化很重视，到很多农民家里去看，门口都贴有对联。在下面我碰到一个青年，他把他父亲写的字给我看，是草书，写得好极了，问他父亲是干什么的，他告诉我说是个小学教员。这说明这里的传统文化深入到民间去了，这不简单。在我们江苏，农民的生活很富，但在乡村里对传统文化有兴趣或有研究的却不多。所以在甘肃不少农村还有传统文化的底子。我当年在定西，到洮河一带去考察，感觉到当地的农民对传统的文化有一种爱惜的心理，他们虽然文化不高，但对传统的民间艺术却很热爱，也很热心地举办和参与各种民间的艺术活动，很多的传统文化和文物都保存得比较好。我不知道我讲得对不对，总之，我有这样的印象。我们还要加强宣传，要让当地人进一步认识到这些东西的重要性。也有很多人对于这些古文物和古文化遗产不懂，也不认识，主要是基础知识不够。

我这是第九次到兰州来，才第一次讲到了人文资源的问题，这实际上也是一个事物发展的必然性，这意味着人们的思想感情已经开始产生变化了，也就是说当物质发展到一定地步以后，人们就要开始重视精神了。也就是在这个时候人们才发现我们面对的不仅有自然资源，还有宝贵的人文资源，这是在我们的感情产生了变化，物质发展到一定程度才能看到的。在经济落后时期，人们不大可能会认为人文活动留下的遗迹和传统是一种资源，是因为经济的发展才促进了人们对人文资源的认识。

所谓的人文资源就是人工的制品，包括人类活动所产生的物质产品和精神产品，它和自然资源一样，只是自然资源是天然的，而人文资源却是人工制造的，是人类从最早的文明一点一点地积累、延续和建造起来的，它是人类的文化、人类的历史、人类的艺术，是我们老祖宗留给我们的财富。人文资源和自然资源一样，有很多是属于不可再生的，一旦被破坏掉，就永远无可挽回。

我昨天在甘肃博物馆看到了许多原始的彩陶，真是美极了，那时候人类的生产力还很低，还是属于新石器时代，但在陶器上所反映出来的精神世界却是很丰富的，那么多抽象的和具象的纹样，表达出了我们祖先最早对世界的认识和看法，还有那些为了不同用途而做成的不同造型，也反映了最初人类的生活方式。因此，它们表现出来的不仅仅是一种陶器，而且还是一种文化，一种早期的中国人的文化。尽管我以前知道，早期的人类社会有石器、有陶器，但那都是空的，是书本上的。这次到博物馆，实际看到了，才被感动，才有了一种新的认识。所以，我们今后要多普及历史和考古方面的基础教育，不仅是在书本上学，还要带学生多到博物馆看看，让他们通过这些认识我们国家的历史，知道哪些是我们祖宗留给我们的宝贵财富。甘肃现在发现的文物古迹已经很多，但还有没有尚未发现的文物古迹呢？这都很难说，就像当年的敦煌也是偶然被发现一样，当年看守敦煌的王道士就是因为不懂得那些文物的价值，所以把许多珍贵的国宝都很便宜地卖给或送给了外国人。因此，我们先要提高我们的认识，提高人们的素质，提高大家在文化历史方面的修养，只有这样人们才会自觉地去保护我们珍贵的文化遗产。刚才我已经说了传统的文化在我们甘肃是有基础的，这种基础存在于群众之中，农民之中，这要把它保持下去，并进一步培养起来。这是第一点。

第二点，我想讲的是，我们对于人文资源的态度，首先要宣传，要让老百姓知道，这些是宝贝，是有文化价值的，甚至还是有很高的经济价值的。在干部里面也要加强教育，干部很重要，有些群众碰到了珍贵的文物却不认识，干部要有这方面的知识，不要让群众随意丢掉或破坏掉。尤其在西部大开发期间，在进行一些基础设施的建设时，很可能会无意中发掘出一些古文物或要破坏掉一些古文物，包括一些古建筑，我们尤其要注意。比如你们今天给我看的一块当年中原皇帝给西藏王的令牌，就是在收破烂的废品堆里无意中发现的。这一类的东西一定还很多，只是我们没有发现而已，有时候因为我们不懂，所以也就在我们的眼皮下溜过去了。就像 20 年代的一些外国探险家，到中国西北考察拿走了我们的不少文物，虽然是一种强盗行径，但他们却帮助我们发现了这些东西，知道了这些东西的价值，所以，在历史上他们还是有功的。中国传统的文人，大多是坐在书斋里看书的，不会深入到下面去考察，不会到活生生的社会生活中去体验，去了解事物真正的本来面目，所以对书斋以外的许多事情都不太了解。今后我们要改变一下我们传统的做学问的方式，要提倡真正地深入到生活中去，到广大的农村中去，在这些地方我们可以发现很多的好东西。我们的知识是从哪里来的呢？我认为决不会仅仅来自书本，而是在实践中，在实际的生活中产生我们的知识。对中国的历史也不要光看书本，要到博物馆去看一些真正留下来的实际的东西，我们对它的认识才会更深刻，更全面。

就拿我自己来说，虽然我有条件接触过不少的历史文化方面的东西，但由于学习和关注得不够，所以在这方面的认识还不够，现在我还要开始补课。前面我们讲到了人文资源，它的涵盖面可以包括得很广很广，人文资源也就是文化的产品，我们现在不光要发展经济，也要重新认识人文资源，要回头看到这种资源给我们带来的影响。另外，还要利用这些原有的资源给我们创造出一种新的文化，来服务于我们新的生活，这里面有很深的学问。西方经济高速发展的结果，只是强调了人同物的关系，但却把人同人的关系，人同自然的关系给丢掉了。现在西方人已经认识到了这一点，正在局部局部地把它恢复起来。人和自然的关系，包括了人同自然生态的关系，人同自然资源的关系；而人同人的关系则包括，人同人文历史的关系，人同人文资源的关系。

人文资源虽然包括很广，但概括起来可以这么说：人类通过文化的创造，留下来的、可以供人类继续发展的文化基础，叫人文资源。我们要好好地利用这些人文资源，让它变成我们丰富的生活资源。大的我们不讲了，就讲音乐、美术、舞蹈、戏剧等这些艺术活动，就是为了满足我们的感情需要，通过我们的大脑、眼睛、嘴巴来表达、传送和接受人类的各种的感情。也就是通过我们的器官来欣赏和接受各种不同的微妙的心理感受。人通过艺术吸收外界的东西，刺激我们的感觉，帮助我们从各个方面去认识世界，让我们感受到大自然中的或人类情感中的许多美好的东西。而这种感受的辨别，这种审美观念的形成，很多都是从小培养和从传统的文化中潜移默化中形成和习得的。所谓美和不美，实际上既是客观的也是主观的。但作为人的存在，总是向往美的，向往精神享受的。所以，将来人类的物质发展了，吃饱了，穿暖了，就要讲究吃好，讲究穿漂亮。这个吃好就不仅要讲究营养，还要讲究味道、讲究气氛、讲究形式、讲究食具等等，就连吃也可以成为一种文化和一种艺术了。从这个例子，我们可以看到，人类首先要讲究生存，要活下去，才能讲究生活。我们以前要解决的都是生存问题，现在我们要逐步地解决生活问题。生活和生存是不同的，生活里面必须要解决的是衣、食、住、行，我现在还加了一个“学”。现在已是一个知识经济的时代了，不能光满足于吃饱，穿暖，还得不断提高自己对世界的认识，这就是学，活到老要学到老。这就是信息时代的特点，时代发展得很快，如果不学习就会发现自己跟不上时代，好多事情都弄不清，不认识了。

信息时代就是知识竞争的时代，我叫它高知识时代。这时候的人们不光是面临有钱没有钱的问题了，还要面临有知识没有知识的问题，所以，以前大家羡慕的是资本家，现在人们羡慕的是“知本家”了。这是一个斗智的时代，是一个比知识的时代，这不是一个有钱没钱的问题，而是有知识没知识的问题，先进不先进的问题。这个问题讲起来就太长了，今天就不讲它了，其实这里面也涉及到一部分审美的问题，懂不懂得美的意义，懂不懂得对更高一层精神生活的追求，让自己的生活更具一定的质量感，这也需要修养和知识。这一部分随着物质生活的提高，将来一定还有一个大的发展，这是经济发展到一定程度人类将面临的更高要求。

人类的天性就是这样，吃饱了就要求要吃得香，还要有环境美，要享受音乐，要观看舞蹈，要欣赏绘画。这比解决吃饱穿暖来说高了一个层次，我是属于一个人们还在苦苦追求吃饱穿暖时代里产生的人物，所以我这高一层的文化艺术的追求方面，发展不大，但我也接触一下，就算是一个边缘人物吧。我在中国艺术研究院讲话的时候说，我在艺术领域里也有一些朋友，也有过一些接触。主要是解放初时，我做过一些民族工作，当时党中央让我参加民族工作访问团，这个访问团怎样和少数民族接触呢？周总理教我们要通过艺术来接触，所以又组织了一个民族文工团，向他们学习，和他们一起跳舞，一起唱歌，少数民族很高兴，觉得我们和他们是一家人了。这就是美人之美，他们觉得美的，我们也觉得美，这样就有了沟通的基础。这是很重要的，是做人的基本道理。一个人生下来，一个民族的发展都是各美其美，都觉得自己好看，这还不够，还要能美人之美，能理解别人的美，人与人之间和民族与民族之间的界限才能打破，才能沟通相互之间的感情，成为自己人。这是周总理的创造，让我们通过艺术来打破民族之间的隔阂。这种方法到现在也还有用，现在世界的各个民族各个国家要相互理解，相互团结，就是要能够美人之美。

外国人以前看不起我们中国人，觉得中国人不美，身材不漂亮，不高大，不健壮，但现在看看奥林匹克比赛，我们的成绩还不错。人其实也是艺术品，那些运动员表演的技术，运动的技能，人的精神状态，都是一种艺术的表现，这种表现的结果，改变了外国人对我们的看法。当时周总理就是通过打乒乓球使得中美关系得到了缓和，并最终走向了和解。这里面是有学问的，艺术是解决人类冲突和隔阂的一个工具，一个手段。现在全球一体化了，各个民族各个国家必须同处一个地球，同在一个地球上生活，但即使如此，要大家的文化都一样是不可能的。美与不美的看法还是从自己的文化传统中形成的，这是由一个民族的历史所决定的。就像中国从仰韶文化开始，就不断地形成了自己民族的审美观，我们的文化基础养成了我们对美的看法。但这并不限制我们欣赏人家文化的美，其他民族的美我们也可以喜欢，比如我们也喜欢西方的音乐、西方的绘画、西方的舞蹈，甚至包括他们的服饰和生活方式，这也是一种文化借鉴嘛。但我们不要光是借鉴别人的东西，也要把自己好的东西拿出去，得到别人的欣赏。在这一方面要好好地发展，现在我们有条件了，我们的经济已经发展起来了，下一步我们要宣传我们的文化，要让人家认识到我们的美，我们文化历史的可贵，要用这些东西去打破中西文化之间的隔阂。这就要我们能发展出中国好的文化传统和艺术，把老祖宗给我们的传家宝继承和发扬出来。甘肃就是蕴藏着这些传家宝的重要地方之一，我们要好好利用和开发它们，为我们国家服务，为我们的中华民族服务，为取得世界人民的认同做努力。

我是一个研究文化的学者，对艺术虽然没有很深的研究，但通过当年做民族工作，组织民族文工团，认识到艺术在沟通各民族和各国之间关系的重要性，在这一点上我是有体会的。同时，对艺术在今后人类文化发展中的重要性也是有认识的，只是我不是专门搞这一方面研究的专家，所以在这方面不能做很深入的研究，但我可以敲敲边鼓，出点力量，通过您们的研究来达到我的希望。把全世界文化的隔阂消除一点，让中西文化能互相见面，互相理解，互相欣赏。

开发和利用人文资源，要有历史文化和艺术方面的基础，在这一方面西北地区的基础要比东南地区好，这不仅仅是要有些古代的文化遗产，还要有群众的基础，文化艺术是生长在群众之中的。西北各地的民间的歌舞、民间的美术、民间的各种艺术活动比东南各地丰富得多，比香港更是高多了。但现在我们的很多西北女孩子还在学香港，赶时髦，但时髦并不是艺术，真正的艺术是要有很深厚的文化底蕴的。为什么克林顿到中国来第一步要到西安，他看中的是西安的古文化，是中国早期历史上许多代皇帝的古都，有世界著名的许多重要文化遗址，在那附近有黄帝陵、半坡遗址、兵马俑、武则天墓等等。他觉得这些东西了不得，那里有秦汉的文化、唐朝的文化等。首先是他有这种认识，所以，他要先到西安。还有以前日本的一个首相，到中国来第一个地方到的是敦煌，说明了他对中国的文化历史还是有认识，也认同，觉得那是中国人创造的了不起的文化。但对于这些文化和艺术，我们要把它们整理出来，发扬出来，就像是敦煌的丝路花雨的舞蹈一样，我们不但要继承还要创新，让我们中国传统的文化艺术重新发扬光大。这就要培养人了，我们做政府工作的人就是要想办法为这些人创造条件，奖励他们，让他们发挥出他们的艺术才能。

今天来的都是专家，等一下我要听听你们的意见。我们怎么样来组织一支队伍，我主要是想办法来帮助大家，在这一方面不是我的本行，但我愿意以我的力量来帮助一批人，帮助一批艺术家、艺术理论家和考古学家组织起来，看到他们的任务，看到他们将要对国家所做的贡献和以后将要发展的道路。创造一个全球化下面的、21 世纪的、能代表中国新的精神面貌的文化艺术出来，做点有意义的事情。当我们考察和研究了西部的人文资源以后，我们就会知道我们究竟有多少家底了，这些都是我们发展未来文化的基础。现在你们要了解这些家产，找到一条发展的路子，不要只限于敦煌，敦煌只是甘肃省的一个地方，也不要只靠祖宗吃饭。外国人帮我们发现了敦煌，我们就只限于敦煌了，我们要把眼光放开阔一点，在丝绸之路上面，还有不少丰富的人文资源未被发现出来。我的意思是说：第一，还有很多的宝贵财富我们可能还没有发现；第二，这些宝贵的人文资源还要靠我们去保护、开发和利用；第三，要提高群众的认识，知道这些东西是珍贵的文物，不能乱破坏。我们的责任就是把这些重要性讲出来，宣传出来。

在西北地区 20 年内会有一个很大的发展，这是不成问题的，我们要想到的就是在这发展的过程中文化的地位。甘肃有那么多珍贵的文物，却没有一个好的像样的博物馆，因为建一个博物馆要很多的钱，等我们的经济发展了，建一个好的博物馆就不成问题了。所以，经济的发展也是为了提高文化，复兴文化。甘肃应该有一个这样特殊的责任，因为你们住的地方就是一个人文资源极其丰富的地方，要好好地利用这块土地。甘肃的地方和气候也适合古文物的保存，因为天气干燥，东西不容易腐坏。总之，在经济发展的过程中不要丢掉了对人文资源这一领域的保护、研究和整理，这是我们这些从事文化艺术研究工作人的责任。

2001 年

（作者到甘肃考察时在“人文资源保护、开发和利用”课题研究座谈会上的发言，原载于《文艺研究》杂志，方李莉录音整理）

文化的传统与创造

费孝通（以下简称“费”）：你的书稿《传统与变迁》，我已经看过了，写得很好，就这样继续研究下去，一定会有所成就的。你这本书稿也引起我的许多回忆和思考，简单地说一下：中国是世界上做瓷器最早的国家，所以被外国人称为“China”，记得 1981 年我到英国去接受皇家人类学会赫胥黎奖时，参观了英国历史最悠久的也是英国最大的一家陶瓷公司，叫埃奇伍德。该公司的董事长知道我是从中国来的，非常激动，当时就让公司升起五星红旗来对我表示欢迎，因为他们最早生产瓷器的方式就是 18 世纪从中国学来的，在瓷器生产方面中国是他们的老师。他们的董事长还亲笔签名，送给我一本记载了他们公司历史和英国陶瓷历史的书，我现在将这本书转送给你，希望你能从这里面了解到瓷器是怎样在英国发展的，中国的陶瓷文化又是怎样和世界的陶瓷文化联系在一起的，18 世纪中国陶瓷对世界的陶瓷发展起了个什么样的推动作用。

方李莉（以下简称“方”）：谢谢费先生，回去后我一定会好好地读一读。其实我在研究景德镇民窑的时候，就对这一段历史非常感兴趣。中国从唐、宋开始向国外输出瓷器，到明末清初达到高潮，那时的欧洲贵族们无不以能得到一件景德镇的瓷器而感到荣耀。其实这时候中国向世界大量输出的不仅仅是一种生活用的器皿，而且，还是一种中国的文化。它对世界的文化艺术的发展产生过很大的影响，如 18 世纪风靡欧洲的“罗可可”艺术风格，就是在中国瓷器装饰的影响下而产生的，这种影响是巨大的，从建筑到家具、室内装饰、绘画等方面都无不受到其影响。

费：我看了你在书稿中曾对这段历史有一个较详尽的叙述，这很重要。我认为中国的陶瓷生产既然有一个很长的历史，从彩陶算起有7000年左右，那么发展到今天，应该有新的东西，新的艺术、新的美学观点、新的陶瓷文化，这就要看你们这辈人的推动了。我认为陶瓷的生产有两个方面，一个方面是艺术陶瓷，另一个方面是日用陶瓷。日用瓷是实用品，可以大有发展。记得小的时候我们用碗吃饭，不小心打破了，因为是便宜东西，本身又容易破，所以大人是不骂的，只是说一句“岁岁平安”就行了。碗这个东西很普遍，从小就出现在我们的生活里面，可以说是要伴随我们一生的，是谁也离不开的生活器物。尽管科学发达了，出现了许多的新材料，但人们在生活中的食具还是以陶瓷器为主，就连外国也一样。“民以食为天”，所以作为人人每天要用的陶瓷器，就和人类的生活及文化有了许多说不清道不白的联系。

说到这事我就想起，当年我在干校劳动的时候，要做东西吃，没有炉子，就用泥巴做了一个土炉，土炉我是很会做的。当人能用土为自己做一个用具的时候，我想，这就是人类文化起源的开始。我认为中国的文化就像陶器一样，是从土里面出来的。我写过一本书叫《乡土中国》，后来这本书翻译成了英文，当时问我这个书名怎么翻译才好，我就说翻成“From the Soil”，意思是从土里面长出来的东西。什么叫做文化呢？用人工把自然的土变成用具，变成能服务于人的生活的东西，这就是文化。人类第一次改变物质的化学成分，并将其制作成用具的就是陶器。我的意思是我们不要丢掉对这方面的研究，这种研究不仅是器物上的，还有文化上的。这种文化在我们中国一直延续了近万年（从最早的陶器开始）。后来又出现了瓷器，而且，发展到后来，不仅有提供人们生活用的日用陶瓷，还出现了供人们欣赏的工艺陶瓷、艺术陶瓷。你在书中也写得很清楚，近年来在景德镇新出现了许多的制作工艺瓷的手工艺作坊，这是中国传统陶瓷文化艺术的延续，应该发展、应该研究。你把这种发展的过程记录了下来，并从这种发展看到了一种文化和技术的变迁过程，这很好。陶瓷艺术是科学技术和艺术的结合，所以，我认为你在书中谈了两个问题，一个就是如何用制瓷用的泥、釉和燃料，通过人工的技术来进行制作的问题；还有一个就是，在这制作过程中如何注入作者的艺术思想的问题。前一个制作过程就是科学技术实施的过程，在这一方面我们可以吸收西方先进的科学技术。你在书中也说到了，景德镇的窑已经从传统的柴窑改成了瓦斯窑，对温度的把握也不再是凭经验和肉眼，而是用了先进的科学仪器来加以测试。后一个问题是，这里边不仅是要把西方的先进技术放进去，还要把作者的新的艺术思想放进去。

方：也就是把一种新的文化和观念放进去。

费：对，是一种代表新的思想、新的时代的艺术观念。你在书中把这些都记录了下来，并把前因后果都分析了出来，这很有意义，也很有价值。这不仅是一个科学技术发展过程的记录，也是一个文化艺术发展过程的记录。要把中国陶瓷的历史和现状的发展过程记录清楚，透过这个过程我们还会了解到中国其他文化的发展状况，因为文化像一张网，它们的发展是相互渗透和相互影响的，要把它们相互联系起来考虑。

你的研究不是从书本上来到书本上去，而是到生活实践中去，亲眼看人的事情，亲身体验社会的发展，这是很好的。在书中，你通过对几个从乡下来到景德镇打工和开作坊的青年艺人的生活经历及遭遇的描述，比如他们怎么来到景德镇？怎么从打工到开店？从这样一个个人的历史和发展的经历中，去发现整个社区和行业的发展趋向，还有国家政策的改变、新技术的引进等所引起的一个传统手工业城镇的文化变迁的过程，也就是从各个案的具体研究中发现整体，这很好。

你在书中所记载的基本上是一些手工艺人们的活动，他们所制作的都是一些工艺瓷，也就是艺术瓷，这些瓷器不是日用品而是用来装点生活的陈设品。这些陈设品只有在人们的生活达到一定水平以后，才会有需求，才会有市场，人们才可以买得起和收藏得起。我觉得，景德镇不光要发展这些艺术陶瓷，还要发展日用陶瓷和建筑陶瓷，这些陶瓷需要量大，市场宽阔，当然，这是一种大规模化的机械生产，和你在书中记录的小手工业作坊的手工生产是不一样的。

不过我认为景德镇的这些手工艺术陶瓷还是会很有发展前途的，刚才我已经讲了，艺术陶瓷是社会生活和经济发展到一定程度的需要品，现在国内的经济发展很快，人们的生活水平也在逐步地提高。在这种情况之下，人们也希望用各种艺术品来装点自己的家庭和环境，甚至进行一些高档艺术品的收藏。这样也使得景德镇的一些手工艺术陶瓷从国外市场转入国内市场，从这里面也可以看到，中国的经济正在发展，人们的精神需求也在不断地增加。随着经济的发展，人们的生活也在要求艺术化，这种艺术化不仅是表现在作为装饰用的艺术瓷方面，也表现在日用瓷方面，也就是说日用瓷也可以艺术化。是不是也可以用手工来做一些成套的，少量的日用瓷，既可以欣赏也可以用。当然，这种手工做的日用瓷价格是非常昂贵的，只有少数人才能买得起，也就是经济还没有发展到这种程度。你们不是创办了一所民窑艺术研修院吗？对这些问题有没有一些考虑？

方：我当时参加民窑艺术研修院创办的目的，有两个方面，一个方面是，这几年来我一直在研究景德镇的民窑，从传统的民窑到新兴的民窑，共写了两本专著。在这个过程中，我就萌发了要有一个社会实践的基地的想法，希望通过这个地方，来不断观察景德镇新兴民窑业的发展和变迁过程。因为我觉得中国目前正处于一个转型期，整个的社会发展可以说是日新月异的，每一年都会有所不同。比如，去年东南亚经济风波以后，我又去了一趟我在前年考察过的景德镇仿古瓷、工艺瓷集散地——樊家井村，发现虽然只相差一年，但却发生了许多的变化。由于国外市场的萎缩，艺人们便把眼光转向了国内市场，由于市场的改变，产品的种类和艺术风格也开始跟着改变了不少。当然，这只是一种表面的现象，如果深入下去还会发现许多新的问题。我希望通过对一个社区的追踪考察，来发现中国文化和社会在变迁中所遇到的一些问题。我希望我对社区的研究是一个动态的、过程的研究。另一方面，我们还希望通过研修院来进行一些学术探讨活动，为一些对民窑文化历史和艺术感兴趣的国内外学者们提供一个相互交流的场所。同时也希望通过这个地方，来表达自己的一些新的艺术观念和设计思想。当然，刚才费老所提到的那个问题正是我们下一步所要研究的内容。

费：我是一个实用主义者，总在想你们的研究怎样才能和“富民”联系在一起。怎样才能为景德镇的艺人们，提供一种新的艺术观点，新的思想方法，让他们的产品有人欣赏，有市场、有出路。

方：我没有费先生那样的高瞻远瞩，所以，在这方面考虑得较少。但我和研修院的研究人员们，也一直在考虑着费老在前面所提到的一个问题，那就是怎么样让日用瓷艺术化，艺术瓷生活化的问题。我们取了一个名字叫“生活陶艺”，主要是希望艺术家们也能参与生活，关心生活，为生活服务。

费：这是第二步，等到人们的生活水平都提高了，年人均水平达到一万元时，大家就会考虑日用品的艺术化的问题。现在中国农民每年的生活水平一年是3800元，还差得远呢。但发展起来也快，到那时景德镇的陶瓷手艺人们也许还会有一个更好的发展前景。到那时候不仅仅是要在生活日用品中加上一点艺术了，可能还有一些更高的精神要求，这就是要产生一些艺术上的质的变化，你们这批人要跟得上时代，要不断满足人们在艺术上的要求。不同时代的人对艺术有不同的要求，在这些不同的要求里隐藏了一种文化，是一种经济水平和技术水平的具体体现。这里面的研究是很有意思的。在这地球村的时代，任何现象都不会是孤立的，都是和世界接轨的，所以你们还要密切注视世界文化和艺术发展的总动向。

方：对，我觉得费先生说得非常正确。其实纵观景德镇的陶瓷艺术，就会发现，景德镇的陶瓷艺术很早就和世界联系在一起了。据考察，世界上有一百多个国家都发现过景德镇的陶瓷，这都是在古代的不同时期内从景德镇输出的。即使在现在，我所考察的这些工艺瓷也主要还是出口国外市场。所以在研究景德镇时，就必须把它放在一个国际性的坐标上来研究。这也是和世界的文化发展联系在一起的，它是一种世界文化的需要，只有有需要才会有市场，只有有市场才会发展得起来。

费：对的，这是问题的关键。18 世纪的景德镇瓷器，那么繁荣，就是因为有世界市场，欧洲的许多皇室都到中国来购买景德镇瓷器。当时英国皇室还定了一批景德镇瓷器作为礼品送给俄国，现在还被陈列在博物馆里。在英国的一些博物馆里，有不少明清时期的景德镇的瓷器，在我到过的一些英国上层家庭，也陈设有不少从祖传留下来的景德镇瓷器，可见当时景德镇的瓷器在欧洲是广为流传的。它之所以流传得这么广，是因为它是和生活结合的实用品。

方：明清时期景德镇瓷器大量地出口到国外，而这些瓷器的制造者是谁呢？我认为是当时的民窑，因为官窑是专门为宫廷做御用瓷的，而大量输出到国外市场的是民窑生产的商品瓷。这种高峰是从明末开始的，那时刚好是一段官窑停烧，民窑兴旺发达的时期，也就是市场经济得到充分发展的时期。我觉得这一段历史和 90 年代一千多家私营手工业作坊在景德镇的兴起有很多的相似之处，所以我比较重视对这段历史的研究。我觉得了解历史的目的是为了更好地认识现在，同样只有对现实问题有一个深刻的了解以后，才会对历史的问题有一个更进一步的认识，它们是互为应答和互为参照的。因此，在考察景德镇这些新兴的手工业作坊的同时，我还写了一本反映景德镇民窑文化历史的书，题目叫《景德镇民窑》。里面的内容，一方面是从古今中外的文献中得来的，记载的主要是民窑发展的历史；另一方面，也是从一些还健在的，曾生活在清末民初的老艺人们的回忆中得来的，这里面主要回忆的是民窑的风俗文化和传统的手工艺技术。

费：这很好哇。任何文化它都是有根的，因此要了解一种文化就是要从了解它的历史开始，这是对的。这种文化的根是不会走的，它是一段一段地发展过来的，能把这个道理讲出来也是很有意思的。

方：我用这样的方法来进行研究，其实费老的思想对我的影响是很大的。您看，我在《景德镇民窑》一书的导言中，曾引用了您的一段话："凡是昔日曾满足过昔日人们的需要的器物和行为方式，而不能满足当前人们的需要，也就会被人们所抛弃，成为死的历史了。当然说'死的历史'并不正确，因为文化中的死和活并不同于生物的生和死。文化中的要素，不论是物质的还是精神的，在对人们发生'功能'时是活的，不再发生功能时还不能说是死。因为在物质是死不能复生的，而在文化界或在人文世界里，一件文物或一种制度的功能可以变化，从满足这种需要转去满足另一种需要，而且一时失去功能的文物、制度也可以在另一时期又起作用，重又复活。"我觉得这段话讲得很精辟，受了费先生的这些话的启发，所以我在考察传统民窑业时，就非常注意它的哪些传统被 90 年代新兴的民窑业继承下来了，哪些传统又消失了，其被继承和被消失的内在原因是什么？从这里我们就可以了解到，它们之间所发生的文化变迁的真正动力和意义是什么？而且，我记录和研究这些历史和现实的目的是什么？我也在费老的书中找到了我所想说的话，那就是，不仅仅是为了“为将来留下一点历史资料，而是希望从中找到有前因后果串联起来的一条充满动态和生命的‘活历史’的巨流。”

费：有关文化的死活我一直想写成一篇专门的文章，但现在精力不行了，你今后把它发挥发挥写出来。文化的生和死不同于生物的生和死，它有它自己的规律。它有它自己的基因，也就是它的种子，这种种子保留在里面。就像生物学里面要研究种子，要研究遗传因子，那么，文化里面也要研究这个种子，怎么才能让这个种子一直留存下去，并且要保持里面的健康基因。也就是文化既要在新的条件下发展，又要适合新的需要，这样，生命才会有意义。脱离了这些就不行，种子就是生命的基础，没有了这种能延续下去的种子，生命也就不存在了。文化也是一样，如果要是脱离了基础，脱离了历史和传统，也就发展不起来了。因此，历史和传统就是我们文化延续下去的根和种子。

我们的学问是要从历史里面出来的，也就是要从旧的里面长出新的东西来，这就是传统与创造的结合的问题。怎么结合法呢？创造不能没有传统，没有传统就没有了生命的基础；同样，传统也不能没有创造，因为传统失去了创造是要死的，只有不断的创造才能赋予传统的生命。中国的人类学研究离不开传统和历史，因为它的历史长，很多东西都是从这里边出来的，因此，许多的问题都要回到这里边去讲起。如果我们将这个问题深入研究下去，真是有意思极了。

方：记得您在一篇文章中曾引用过马林诺斯基的一段话：“研究历史可以把过去的考古遗迹和最早的记载作为起点，推向后世，同样也可以把现状作为活的历史，来追溯过去。两种方法互为补充，且需同时使用。”看了这段话后我就想，我在书中所记叙的由一些老人们所回忆的传统习俗和制瓷技艺，实际上就是一部活的历史。通过这部活的历史，可以使我们追溯到景德镇民窑业过去千余年的一些历史发展的概况。而这部活的历史中的一些传统有时也是可以中断后再出现的，也就是说，传统不仅连接着过去和历史，也连接着现在和未来。

费：你的想法是对的。我觉得你的研究是很有意思的，有历史、有文化、有技术、有艺术，还有创造，可以说是一个综合性的、学术交叉型的研究。现在还有了一个社会实践的基地，一定要把它好好地进行下去。

方：谢谢费先生的鼓励和指导。实际上我的研究许多都是学了费先生您的研究方式，您的《江村经济》、《云南三村》都是我在研究过程中的学习指南。

费：你就这么做下去，了解人、了解社会、了解生活实践中活生生的东西。今天我要告诉你的有两个事情：一个是面向外面的世界；一个是面向传统历史的根本。对历史要拉得长一点，要拉到六七千年以前，中国的彩陶时期，也就是仰韶文化时期，那正是中国文化形成和萌芽的时期。那时最重要的物质文化设备就是陶器，所以，陶器是中国文化的起源和根本。我向你推荐一本书，是我的朋友苏秉琦写的，名叫《中国文明起源新探》。这本书写得很好，你可以好好地看一看。在这本书里作者就是从考古学出发，用原始时期各种不同形制、不同装饰纹样、不同成型方式、不同用途的陶器来判断当时活动在中华大地上的、各个不同文化区系的发展和起源及相互交融和相互衔接的过程。这些陶器不仅是文化的起源，也是艺术的起源，最早的艺术也是从这里开始的。这些陶器不仅是很好的生活用品，也是很好的艺术品。从这些陶器里面我们可以了解到当时的生活方式、技术水平和艺术思想等原始人的各个方面，所以陶瓷器不仅是一种生活的日用品，也是一种文化和历史的载体。我还希望你在研究中，要找到艺术文化的发展的源头，然后再从这源头中找到中国文化的内在本质。我在这里讲的就是文化有它的深度、有它的广度，有它的过去、有它的未来，我们要在创造中继承这一关系。刚才我们讲的是一个历史、一个传统和创造怎么结合的问题，这是一个很重要的问题，希望你在这方面要多思考、多下点功夫。

我们今天讲话的主题就是，从传统和创造的结合中去看待未来，创造一个新的文化的发展，也就是，以发展的观点结合过去同现在的条件和要求，向未来的文化展开一个新的起点。你写的书就是表达这样一种思想的一个例子之一。我们文化的发展不能离开它的历史，也就是它的传统，传统不能让它死，你在书中用的那段话很好。不能把文化埋起来，不提供它新的血液，那样它就会没有生命，就会死掉，这新的血液就是创造。还有一点我想要讲的，就是要吃饱、要穿暖，也就是小康经济，是中国人的生存问题。只有这种生存问题解决了，就会去进一步追求美好的生活，这样生活艺术化才会有基础。现在有些地方已经发展到了这种程度，我们不能完全靠西方人来给我们提供这种精神上的、艺术上的享受，我们中国自己的艺术家要看到这种前途和需要，要创造一些群众所欢迎的、喜闻乐见的艺术品和生活用具。艺术家要深入到生活中去，了解时代需要什么，人民需要什么。也可以用各种方式把自己新的艺术思想传播给大家，引导大家追求一种艺术化的生活。

其实艺术也可以分大众艺术和精英艺术两种，精英艺术只能面对少数的收藏家和博物馆，因为它价格太贵，一般的民众是买不起的。但大众艺术这一块怎么办呢？艺术家要不要关心这一块？我认为我们要考虑这个问题。

方：我认为艺术的发展正如费先生所说的，有两个方面，一个就是艺术家们的个人创作，这种创作是单件的，充满个性化的，只为少数收藏家和博物馆服务。还有一个方面就是，参与生活用品的设计，这是一种既有艺术性又有实用性的、可以批量化进入市场的产品。生活是多层次的，作为艺术家要为不同层次的人服务。当然，这里面大众是很重要的。

费：因为从文化来讲，其本身就应该属于大众的，是从大众中长出来的。当然，从大众文化中还会长出一种文化叫精英文化，也就是一种大传统和小传统，我们要弄清它们之间的关系。

方：我在书中所描述的基本上是陶瓷手艺人，也就是工匠们，他们是大众文化，也就是下层文化的创造者。也许很多人瞧不起他们，认为他们没有文化，不懂艺术，但曾经风靡世界，甚至影响了18世纪欧洲艺术风格的景德镇陶瓷艺术，却是他们所创造的。他们的智慧和他们那自由奔放的民窑陶瓷艺术，也曾使一些世界级的大师如毕加索、高更、马蒂斯等所为之倾倒。

费：对呀，工匠们往往是艺术的真正创造者，但历史却常常不承认这些工匠，也不承认他们所创造的文化。这就是大传统和小传统、群众和精英的关系的问题，你要把这些道理讲出来，就是一篇很好的带有指导性的文化定义方面的论文。文化的定义有两层，我们不能只管一层，经济不发展，不发展大众艺术，精英艺术就出不来。因为艺术是从生活里出来的，精英艺术又是从大众艺术里出来的。这里有一篇我和李亦园先生的对话录，叫《中国文化与新世纪的社会学人类学》，里面就讲到了有关大传统和小传统、大众文化和精英文化的问题，你拿回去好好地看一看。

今天我们所讲的，实际上有两个内容，一个是传统和创造的关系，一个是生活和艺术的关系。生活就是生存，当生存问题解决以后，就是追求生活的美好。我很高兴地看到，我们中国人的生活现在有了很大的提高，有一部分人已达到小康水平。但也因此而出现了一些令人担忧的现象，就是有了钱不知道怎么消费，吃喝嫖赌、挥霍浪费，这样问题就来了。因此这个时候艺术就要发挥作用了，艺术家要跟得上，不要脱离群众的生活，要进入到群众的生活里面去，了解他们生活需要的是什么？帮助他们创造一种高层次的精神化的，也就是艺术化的生活。中国人的生活现在出现了两极分化，一部分人先富起来了，但还有相当的一部分人的生活是在发展之中，这一部分服务对象你们也别忘记了。

艺术家不要忘记了大众，艺术始终是属于大众的，你要把这些话写到你的文章中去，让艺术家们注意这个问题。当然，这里面有一个层次的问题，对于那些先富起来的人们，艺术家们也可以为他们服务，用艺术来提高他们的文化修养，丰富他们的精神世界。我现在提出一个问题，就是富了以后怎么办？如果这些富了的人能向艺术发展，向美好的生活发展，把一部分钱投资到艺术的收藏和参与一些艺术活动中去，那么，中国人的文化素质就会很快得到提高，也能推动民族艺术的蓬勃发展。也就是说，艺术家要给这些先富起来了的人提供一个新的生活的方向，要让他们用挣来的钱创建一个美好的生活，我在这里说的美好生活，就是艺术化的生活。

今天我们的谈话就到这里，我送给了你两本书和一篇文章，希望你回去后能好好地看一看。一本有关英国陶瓷历史的书是希望你能在立足本土文化的同时，能面向世界面向未来；还有一本《中国文明起源新探》，是希望你能够仔细研究中国文化的传统和历史，掌握中国文化的根本。也就是一手伸向传统，一手伸向未来，并把它们融会贯通起来进行自己的研究。

方：谢谢费先生送的书和费先生的指导，回去后我一定会按照您的要求去继续努力。我在来北大以前就已经看过许多费先生的书，也开始了对景德镇民窑的田野考察，但我始终有一个愿望，就是希望能得到费先生的亲自指导，所以当我从中央工艺美术学院取得博士学位以后，就来到了您所创建的北大社会学人类学所做博士后，到了北大以后我终于如愿以偿，得到了费先生的亲自指导。我的这两本书稿的素材虽然是在来北大之前就开始收集了，但真正的完成却是在做博士后的两年时间里。所以我的这两本书稿，实际上是在费先生学术思想的影响下和亲自指导下所完成的。特别是后一本《传统与变迁》，也就是我的博士后出站报告，去年费先生已仔细地看过了一遍，给我提了不少宝贵的意见。现在又为我重新看了一遍，并在百忙中抽出宝贵的时间，来指导我，来和我一起讨论，我在这里真的是非常的荣幸和非常的感谢，希望今后还能有更多这样的机会。

1999 年 1 月 15 日

（本文是作者对博士后学生方李莉进行学术指导时的谈话，方李莉录音整理）

论西部开发中的文化产业

今天中外学者集聚一堂，进行有关文化艺术交流与文化产业问题的探讨与研究，能出席这样的一个国际性的会议，我很高兴。在当今时代，可以说文化产业是一种新型的朝阳产业，为什么这样说呢？人们常讲的三大支柱产业包括农业、工业、服务业。其中农业为第一产业，制造业为第二产业，服务业为第三产业，农业社会是以第一产业为主导，工业社会则是以第二产业为主导。但当人类社会进入信息时代以后，第三产业的比重开始增加。在以第三产业为主导的社会中，人们将重视知识的消费，将重视文化艺术和体育的消费。在这样的社会里文化产业和高科技产业一起成为社会经济发展的巨大动力。

所以，我认为有关文化艺术交流和文化产业的国际研讨会，能在中国的北京召开，也标志着中国的社会正在迅速地产生变化，正在从注重消费物质到同时注重消费知识的方向迈进。中国有着 5000 年的文明史，在这漫长的文明史中，积淀下了许多宝贵的文化遗产。尤其是我国的西部，可以说是一个传统文化艺术的宝库，因此，要在中国这块土地上发展文化产业，是大有用武之地。我之所以谈到我国的西部，是因为目前我们国家正在进行举世瞩目的西部大开发，在西部开发的过程中，我们不仅是要注重高科技产业与其他产业的开发，还要注意到其文化产业的开发。也就是说，在我国的西部不仅有着丰厚的自然资源，还有着丰厚的可以发展文化产业的人文资源。

而且，西部的文化和艺术的确是非常值得我们去探讨、研究和发掘的。中国许多的最早的灿烂的文化艺术都是在那里得到蓬勃发展和繁荣的，在这里我们几乎能找到所有中国美术、音乐、舞蹈，甚至戏曲、诗歌发展的源头。而且，西部的文化除了有汉族文化之外，还有众多的少数民族文化（中国的少数民族大部分都集中在西部），从其发展的广大的空间和悠久的时间中我们能看到多元一体的、由多种民族的广大群众创造的文化的相互接触、相互融合和各自发展的演化经过。

我一直很关心西部的发展，但多年来所关心的多是如何发展经济的问题，因为我一生的目标就是“志在富民”。而西部有很多地区不久前还是我国最贫困的地区，我希望能够发展这些地方，帮助这些地方脱贫。但我以前只看到西部贫穷的一面，却没有看到它富有的一面，没有看到它有那么丰富的人文资源是可以开发和利用的。但我现在已经开始注意到了这一点，实际上这也是一个事物发展的必然性，它意味着人的思想感情已经开始产生变化了，也就是说，当世界的物质生产发展到一定地步以后，人们就要开始重视精神的生产了。也就是在这个时候人们才发现我们面对的不仅有自然资源，还有宝贵的人文资源，这是在我们的感情产生了变化，物质发展到一定程度后才能看到的。在经济落后时期，人们不大可能会认为人文活动留下的各种遗迹和文化艺术传统是一种资源。这就是说，是经济的发展促进了人们对人文资源的认识，反过来，对人文资源的认识也将促进人们对经济发展的更深一步的认识。人们将认识到经济的发展并不是我们的惟一目的，经济的发展只能解决我们生存的基本问题，但如何才能生存得更好，更有价值，使自我价值的发挥得到更宽阔的拓展，并从中发展出一种新的人文精神，是需要在原有的人文资源的基础上，用文化和艺术的再发展来解决的。在这里面不仅有一个物质的问题，还有一个精神的问题，这就是人文资源的价值所在。

开发和利用人文资源不仅能产生新的人文精神，同时也能创造新的经济价值，因为现在的人们不仅需要丰厚的物质享受，也需要高尚的精神享受。那是一种比吃饱穿暖更美好的生活，是一种需要了解各种文化历史知识，需要得到各种艺术享受的生活。这一切正蕴藏在丰富的人文资源中，要靠我们去提炼和表达。

记得还是在我在读中学的时候听说有一个西北考察团在西北考察，其中还有一个瑞典人叫斯文·哈定，那时我只是觉得西北很神秘，有很多有趣的生物和民俗文化，但没有看到它对中国文化发展的意义，也没有看到它在今后中国文化发展中的地位。对西部的文化艺术我们注意得不够，但外国人却注意到了，克林顿访华的第一站就是西安，还有一个日本首相到敦煌去了。西安也好，敦煌也好，引起了外国人的注意，那是因为它代表了一个文化的中心呀！我们都说我们是炎黄的子孙，那个时候我们中国文化的中心，就在西北。前面我已经讲了，还在我小的时候，瑞典人斯文·哈定，就到西北作了大量的考察，并在世界上发表了许多的文章，引起了很大的轰动。但我们中国人自己却忽视了西北，那是因为最早的交通是陆路，从西汉开始到唐代，通过丝绸之路，打通了中外及各民族之间的交往，所以那里非常的繁荣，成为中国文化的一个中心。但后来文化发展到了沿海，那是因为水上交通比陆路交通更方便。可是现在又改变了，有火车和汽车了，有飞机了，陆路交通也变得很重要了。所以，西部又有了一个新的发展机会。在过去的一段历史里，看不起西部的观念比较深，现在我们要把这个观念纠正过来。尤其是在人文资源上，西部保存得比内地好。一是因为它的气候干燥，文物容易保存；二是因为过去它交通不便，地方偏僻，受现代文明冲击很少，传统文化资源保护得相对完整。但在这西部大开发中弄得不好，就会把这些重要的人文资源破坏掉。所以在西部开发的过程中，我们一定要大声疾呼，要注意对古代文物和传统文化的保护，要只是为了一点小的眼前的经济利益，而牺牲了我们几千年文化遗存下来的一些宝贵财富，那就得不偿失了。

国家现在提出了西部大开发的号召，这是对的。但是在开发的过程中不要只看到西部贫穷落后的一面，而忘记了西部的另一面，也就是它所具有的丰富的人文资源这一方面。在早些时候中国人是不重视这些人文资源的，但是外国人重视它，他们到这里来考察，还偷走和抢走了我们的许多珍贵文物。首先是我们不懂得自己的家产值钱，不知道自己有这么珍贵的财源，没有认识它嘛。我们这代人是很苦的人，因为在旧中国我们的经济落后，在国际上没有地位。我出生在1910 年，也就是辛亥革命的前一年。我的一生主要看到的是中国人贫穷的一面，所以，让中国人富起来，是我这一辈子的最大愿望。同时我也认识到，首先要把生产力发展起来，没有经济基础，其他的东西就谈不到。比如，西部有许多珍贵的文物，但却没有几个像样的博物馆，有许多宝贝无法好好地陈列出来，向世界展示。这就是因为我们的财力不够。有了宝贝不能表现出来，不能宣传出去。但在这 20 年当中，中国的经济有了发展了，农民的收入也有了提高，西部虽然还是比较落后，但也发生了很大的变化。

西部许多宝贵的传统文化艺术，是几千年中华文明替我们留传下来的。这是一个很重要的资源，切实地说，在西部地区的这一广阔的时间和空间里，产生过很多不同的民族、不同的优秀人物，他们共同创造了这个文化的、人文的资源就在这里边。之所以称之为资源，就是因为它不仅是可以保护的，而且，还是可以开发和利用的，是可以在新的历史条件下有所发展、有所作为的。因此，在开发西部的热潮中，我们一方面要发展它的经济，繁荣它的市场，使西部的发展和内地平衡，甚至超过内地。与此同时，还要保护和发扬其传统的文化艺术，尤其是民间的文化艺术。

人文资源和自然资源不一样，自然资源是天然的，而人文资源却是人工制造的，是人类从最早的文明中一点一点地积累、延续和建造起来的，它是人类的文化、人类的历史、人类的艺术，是我们老祖宗留给我们的财富。人文资源和自然资源一样，有很多是属于不可再生的，一旦被破坏掉，就永远无可挽回。

另外，我们今后还要多普及历史和考古方面的基础教育，不仅是在书本上学，还要带学生多到博物馆看看，让他们通过这些认识我们国家的历史，知道哪些是我们祖宗留给我们的宝贵财富。西部现在发现的文物古迹已经很多，但还有没有尚未发现的文物古迹呢？这都很难说，就像当年的敦煌也是偶然被发现一样，当年看守敦煌的王道士就是因为不懂得那些文物的价值，所以把许多珍贵的国宝都很便宜地卖给或送给外国人了。因此，我们先要提高我们的认识，提高人们的素质，提高大家在文化历史方面的修养，只有这样人们才会自觉地去保护我们珍贵的文化遗产。我认为传统的文化在我们国家是有基础的，这种基础存在于广大的民众之中，我们要把它保持下去，并进一步培养起来，这是第一点。

我想讲的第二点是，我们对于人文资源的态度，首先要宣传，要让老百姓知道，这些是宝贝，是有文化价值的，甚至还是有很高的经济价值的。在干部里面也要加强教育，干部很重要，有些群众碰到了珍贵的文物却不认识，干部要有这方面的知识，不要让群众随意丢掉或破坏掉。尤其在西部大开发期间，在进行一些基础设施的建设时，很可能会无意中发掘出一些古文物或要破坏掉一些古文物，包括一些古建筑，我们尤其要注意。比如我在甘肃曾看到一块当年中原皇帝给西藏王的令牌，就是在收破烂的废品堆里无意中发现的。这一类的东西一定还很多，只是我们没有发现而已，有时候因为我们不懂所以也就在我们的眼皮下溜过去了。就像20世纪初的斯坦因等一些外国探险家，到中国西北考察拿走了我们的不少文物，虽然是一种强盗行径，但他们却帮助我们发现了这些东西，知道了这些东西的价值，所以，在历史上他们还是有功的。中国传统的文人，大多是坐在书斋里看书的，不会深入到下面去考察，不会到活生生的社会生活中去体验，去了解事物真正的本来面目，所以对书斋以外的许多事情都不太了解。今后我们改变一下我们传统的做学问的方式，要提倡真正地深入到生活中去，到广大的农村中去，在这些地方我们可以发现很多好东西。我们的知识是从哪里来的呢？我认为决不会仅仅来自书本，而是在实践中，在实际的生活中产生我们的知识。对中国的历史也不要光看书本，要到博物馆去看一些真正留下来的实际的东西，我们对它的认识才会更深刻，更全面。

第三点，要开发西部，一定要注意民族问题，要发扬各民族优秀的传统文化，不要看不起少数民族，他们的文化也有很多好的、值得我们学习的东西，我们要帮助他们发掘出来，帮助他们发展。汉族看不起少数民族，西方看不起东方，这都是不对的。应该用平等态度对待各民族、各国家的文化。我们认为西部曾有一度是中国文化的中心，是中国文化先进的代表，但后来其经济落后了，其文化地位也跌落下去了。但其实不是它的文化从此落后了，而是我们对它后来的文化认识不够了，主要是我们认为它不是主流的文化，就不再去认识它。我们现在搞的人文资源的开发，就是要重新去认识它、理解它、发掘它。对于西部文化艺术的考察，前人已经做过了不少的工作，其中包括考古学界、人类学界、民族学界、艺术学界等。这些考察是非常重要的，为今天的考察和进一步研究奠定了很好的基础。但以前的考察和研究大多还是仅仅停留在对历史事实的记录、观察和描述上，在从文化的角度上进行进一步的理论总结和深入研究方面还是做得不够的。今后，我们要加强这一方面的研究，补上这一课。

前两年，我去了大同，那里有一个云冈石窟，现在煤的市场不太好，大同就想开辟旅游来代替煤的生产。这想法是很好的，可是要人家来看，首先自己要将自己的历史搞清楚，讲出个道理来，要不然别人怎么来看。对云冈石窟日本人倒研究了不少，出了一本书我看了，就是说，我们的财产我们自己都不知道，别人却知道了。人文资源和自然资源一样，要有一个逐步认识的过程，李四光就是一个例子，还是在我读大学的时候，就听说中国没有石油，我也相信这一点，后来李四光提出了中国有石油，并且，后来的事实也证明了这一点。所以我们下一步就是要到西部去了解我们的家底，发掘蕴藏在西部的人文资源，为西部的文化和艺术的发展做贡献。

人类社会发展到了21世纪，我们不要光看到物质经济的发展，也要重新认识人文资源，要回头看到这种资源给我们带来的影响，另外还要利用这些原有的资源给我们创造出一种新的文化，来服务于我们新的生活，这里面有很深的学问。西方经济高速发展的结果，只是强调了人同物的关系，但却把人同人的关系、人同自然的关系给丢掉了。现在西方人已经认识到了这一点，正在局部局部地把它恢复起来。人和自然的关系，包括了人同自然生态的关系，人同自然资源的关系；而人同人的关系，则包括了人同人文历史的关系，人同人文资源的关系。

人文资源虽然包括很广，但概括起来可以这么说：人类通过文化的创造，留下来的、可以供人类继续发展的文化基础，叫人文资源。我们要好好地利用这些人文资源，让它变成我们丰富的生活资源。大的我们不讲了，就讲音乐、美术、舞蹈、戏剧等这些艺术活动，就是为了满足我们的感情需要，通过我们的大脑、眼睛、嘴巴来表达、传送和接受人类的各种的感情，也就是通过我们的器官来欣赏和接受各种不同的微妙的心理感受。人通过艺术吸收外界的东西，刺激和丰富我们的感觉，帮助我们从各个方面去认识世界，让我们感受到大自然中的或人类情感中的许多美好的东西。而这种感受的辨别，这种审美观念的形成，很多都是从小培养和从传统的文化中潜移默化中形成和习得的。所谓美和不美，实际上既是客观的也是主观的。但作为人的存在，总是向往美的，向往精神享受的。所以，将来人类的物质发展了，吃饱了，穿暖了，就要讲究吃好，讲究穿漂亮。这个吃好就不仅要讲究营养，还要讲究味道、讲究气氛、讲究形式、讲究食具等等，就连吃也可以成为一种文化和一种艺术了。从这个例子，我们可以看到，人类首先要讲究生存，要活下去，才能讲究生活。我们以前要解决的都是生存问题，现在我们要逐步地解决生活问题。生活和生存是不同的。

我们的艺术家同志们要有一个荣幸感，就是今后的世界不是一个完全靠科学技术的世界，而是要用科学技术来促进我们的艺术发展，让人类的社会朝一个精神和物质两方面都得到共同发展的方向前进。我们可以利用最先进的科学技术，来站在传统的根基上，发展我们新的艺术，让我们民族艺术的根成长起来，同时，把中国丰富的人文资源发展出来、开辟出来。贡献给全世界，这是我的一个梦想，我希望这个梦想有一天能实现。

2000 年 6 月

（本文是作者应邀在中国艺术研究院“西部人文资源的保护、开发和利用”讲座上的发言）

走到民众中去

周玉宁（《文艺报》记者，以下简称“周”）：非常感谢费老能接受我的采访。想请您谈谈进入新世纪以后，尤其是在国际国内形势发生巨大变化的今天，我们在文化建设上所面临的问题。当然这个题目很大，但我想可以从一些细节入手。您对当前文化现状的基本估价是怎样的呢？我听说您在一些会议上提出这样一个观点，即目前我们所处的是一个注重物质的时代，而您期待着一个人们更注重精神生活、更追求艺术表现的时代，即非物质时代的来临。您又是怎样看待当前颇流行的追求享乐的社会文化现象？

费孝通（以下简称“费”）：现在从整个世界来看，有不少人生活的基本要求、文化的基本要求，大致上可以满足了。当然这么说也不完全准确，事实上还有相当多的一部分人的基本生活要求没有得到满足。在中国，包括我们在内的一部分人在生活资料上，也就是在衣食住行的基本生活需要上，是可以满足了。现在进一步还要得到什么东西呢？精神上需要得到什么东西呢？

从理论上讲，在满足精神生活的需求方面，我们应当有丰富的满足方式，这可以从多个方面来进行。但我们目前，在以什么样的方式去满足精神生活需求上，还没有比较清晰的方式出现。从社会表现上看，现在城市中追星的风气很盛，这不仅仅是年轻人赶时髦，也从另一方面表现出他们需要有精神生活。但应当怎么去满足他们的精神生活，这个问题也还没有取得很大的进展。这不是我的问题，是你们的问题。文艺工作者应当把这件事情（指怎样满足群众的精神需求）看作是社会的需要来对待。现在，这个问题提出来了。在一部分人特别是青年里面，生活问题解决以后，他们又追求什么呢？他们追求精神上有所寄托，这个问题要靠文艺工作者为他们提供一个满足精神需要的方向、一些满足精神需要的资料。这像满足人们衣食住行的需要一样，也要有人去提供。

方李莉（以下简称“方”）：费老讲的这个，就是指非物质文化的消费服务问题。

费：现在需要产生一套大家都能接受的、能满足人们现时精神生活要求的文艺样式。这包括很多方面，从文艺作品、从画图到生活用具，都包括在内。目前群众对精神生活的要求我们是看到也感觉到了，但是，满足这些要求的创作力量我们还没看到，也没有人自觉地去做；文艺工作者还没感觉到自己从事的事业对群众的重要性，我们看到的是群众对文艺作品的强烈需要。

方：这就是说群众的需要已跑到创作前面去了。

费：我们的文艺工作者也没有研究现在群众究竟需要什么，什么样的文艺作品才能满足他们，现在的创作者只是跟着西方走，我认为这不是一个很健全的方向。可是我也拿不出一个正确的方向来。我觉得，应当从我们的传统文化里面去找一套东西，能比西方文化更能适应中国人精神生活要求的东西。这方面还需要开掘的东西很多，可是还没有多少人很好地去研究它，因为我们毕竟是有几千年积累的文化，必然有比较丰富的内容可以满足我们中国人的精神生活需要，特别在人和人的关系方面，生活的艺术、艺术的生活方面，从事文艺工作的人应当从这些方面入手，认识中国文化的性质、我们自己已经有的底子。刚才我们讲得很清楚，我们要去发掘一套我们喜闻乐见的艺术表现方式，没有一批人去做这些事情是不行的，我们需要一套既在技术层面继承传统，又适合中国人新的精神生活需要的文艺作品。现在中央人民广播电台有一个新的栏目叫“民间中国”，这个创意很好，是到民间的生活里去发掘一套既有新内容又让人喜闻乐见的文艺形式，来满足当前中国人民的需要。我自己不是搞文艺工作的，可是我很喜欢文艺作品。

周：您喜欢哪些方面的文艺作品？

方：费老散文写得很好，诗也写得不错，书法更好。老先生以前还画过一点画，挺有艺术细胞的。

费：可是我的艺术细胞没有发展，现在要发展来不及了，它要有很多条件的。现在文艺工作者可以利用他们已有的条件，为满足人民群众的精神生活服务，还需要定一个方向，艺术发展的方向应由大家研究一下、讨论一下。这个方向在我看来就是传统结合创造，也就是在传统基础上吸收新的文化、新的未来文化。

方：新的未来文化不是在没有土壤的情况下成长的。

费：在继承传统上，日本做得比较好。日本已失传的文艺形式，还发掘出来进行表演。中国呢，有些文艺作品学西方学得很好，可是它没有结合进中国的文化传统，表现我们自己的特点，我还没有看到多少这样的文艺作品。最近电视上看到骆玉笙唱大鼓戏。骆玉笙有民间的色彩，人们是乐于接近她的，她也有很多新内容，我觉得她这个方向是对头的，可是她的继承人不多。

方：费老是说民间的文化、民间的艺术不能把它全丢了。

费：我们那时唱白毛女，这个方向是对的。可是最近这种艺术创作方式没有得到发展，现在的明星都是香港式明星，这关系到一个中国的艺术方向问题。在这方面没有培养人才，没有给他们机会，这需要你们媒体工作者的参与，要提出一个艺术发展的方向，这个方向毛主席曾指出过，很清楚。我的理解，就是不能放弃传统，要在传统基础上创新。

周：当前的世界潮流是全球一体化趋势在加强，您现在强调坚守传统，其实也是对本土文化的坚守。如何既保持自己的民族传统又与世界科技、经济、文化发展潮流保持一致？有的学者提出 21 世纪是中国文化的世纪，认为中国文化将引导世界潮流，您怎样看待这个问题？

费：中国文化自己要革新，要有新的东西才能参与到世界文化之中，我不是说领导世界文化，而是要参与到世界文化之林，我们自己有自己的文化。

方：也就是说西方不能领导我们，我们也不能领导西方。

费：我们人多，我们有十几亿的人民，十几亿的人民不能都去追香港明星。我们在毛泽东时代有创立自己的新文艺的苗头，我自己不是参加文艺工作的人，可是我们在旁边看，认为这个方向对头，可是这点好像没有继续下去，没出人才嘛。现在还是我年轻时熟悉的人，他们一个个都死了，新的一代人没有出来，没有新的明星出来也意味着这个还不成风气。这个责任不在没人，人是有的，没有去培养，去鼓励他，给他创造条件。明白我的意思吗？

周：明白。您的意思主要说新的一代没起来，主要是我们没有去培养，没有给他一定的机会和氛围。

费：对。给他捧场。要捧场，要鼓吹，给他机会出面，同群众见面，这是你们媒体的责任。

方：应该扶植一些有中国特色的艺术家。

费：现在条件好多了，电视天天有，但却不常看到真正有中国本土风格的艺术家，中国现在艺术还是没有深入到民间去。当然，这与媒体的工作不够也有关系，媒体没有感觉到这是自己的责任，天天讲毛泽东的文艺路线，可实际上现在的文艺很多并没有同民众结合起来。

方：您是不是认为有民族特点的文艺作品和演员比较少？

费：对。他们不走到民众里面去。

方：脱离了民间。

费：从民间出来为民间服务，不要依靠好莱坞文化，好莱坞文化不是中国的文化。当然，技术方面，科技方面我们也要吸收它的，要大量地吸收，以此来培养我们自己喜闻乐见的民间文艺。现在这个风气不强，比如说苏州的评弹，在我小时候可以在城市里面看到，现在条件好了，反而大家不注意了。

方：都看电视了。

费：电视上也很少出现这种文艺形式。电视天天都播什么“同一首歌”。“同一首歌”里面多是些香港式的文化。在声乐方面讲，现在可能比白毛女时代提高了，可是同民间结合的风气不是很强，但是民间本身也在变，我自己也不很清楚，也没有人研究，究竟民间的习惯是不是改变了，我也不清楚，我是太老了。可是在我这过去的一代人物看来，这一代里面没有出来有强烈的时代代表性的明星。没有看到。这也许是因为我自己的年龄问题，我自己的文化基础问题，我不能适应现在的新的时代。

周：不是的，我认为您这些看法都很有价值，对于今天的文艺工作者是有启示的。

费：这代表老年人的看法，上一代的看法，是上一代对于这一代人的看法，觉得他们的代表人物还没出来。这几年变化特别大，我自己也赶不上这变化，我写东西还是我的老笔调。

周：您的笔调直白明了，是大家风范，谁也学不来。

费：可是喜欢的人可能越来越少了。

周：也不见得，不少年轻人都很喜欢您的著作，大家都知道您，今天我来采访您就是想请您谈谈文化艺术方面的问题。下面想请您谈谈您对“中华文艺复兴”的看法，中华民族的振兴也意味着文化艺术的全面复兴，前一段《文艺报》亮出了“中华文艺复兴”这么一个旗号，您是怎样看这个问题的呢？

费：文艺复兴要有人来做，要有角色的，要有明星的，要有代表性的人物。明星两个字嘛是要有新名字，我们旧的说法就是有代表性的人物。要有明显的风格，要为群众所接受，有群众喜欢的风格，这个风格是必须从民众（民间）里面出来，这点很清楚。

我的风格嘛代表当时的知识分子，大概高中程度的知识分子都看得懂我的文章，这是我文章的特点，在那个时候是大家喜欢看的，因为看得懂，不卖弄文字。心中有群众。心中有群众必然会受欢迎。不离开老百姓说的话，而讲的内容呢正是大家要知道而不知道的东西。这是讲文章的问题，艺术方面也一样。现在我们再讲苏州的评弹，也出来几个评弹的明星，后来没有人提倡啦，就没有什么发展，新的内容出不来，还是梁山伯祝英台的阶段。

方：它要生存下去，还要跟得上时代的变化。

费：发展是要人的，要培养人才。这几年在大变化的时代里面，没有推出很多新的真正代表时代的明星。这个话呢，是我老一代说的，不一定对的。

周：我记得您在一些对话中提出过物质文明和精神文明在当前还没有真正地协调一致，就是说我们的文化建设还没跟上我们时代的发展，也就是说我们的社会工作者、人文工作者、我们的研究家，包括我们的文学艺术家，面对时代的挑战没有提出新的东西来。

费：对。

周：那么，我们要建设一种与我们这个时代相协调的新的精神文明、新的文化观念，我们这些人文社会工作者、我们的文艺家，首先要做的重点工作有哪些呢？

费：首先要认真。把这个事情作为自己一生的事业做，而不是一个手段、一个目的。我们（这一代）做学问不作为赚钱的手段，而是有其他的目的的，做事情是看这个事情是否有价值，是对的、是好的、应当的。这就是价值观的问题，做人应当做这样的人。现在吃的喝的都能满足了，生活的要求满足之后，应当有精神生活的要求。

周：那么您认为我们在精神生活方面的追求首要的是什么呢？

费：追求一个更好的世界观，追求更美好的世界。

周：您对艺术的提倡，也包括在您对精神的追求里，您理想的世界就是一个艺术的世界、精神的世界，而我们的物质生活不需要过于张扬、过于铺张，您觉得我们怎样才能与这个目的更接近，也就是怎样去追求这个世界呢？

费：要有人出来提倡的，没有人提倡是不行的。你们媒体要敞开园地，有新的人物出现，没有人物也就没有艺术了。要办很好的刊物，我以前等着看一些刊物和栏目，现在等着看的东西越来越少，没有什么特别想要看的东西。办杂志、办刊物要办得人家等着看才行。报纸也不好看。你们《文艺报》要办得人家等着看，那就成功了。这是不容易办到的，一个国家一个时代都有几个杂志吸引人的。

周：您在《读书》杂志发表过一篇文章，好像说中国没有经过文艺复兴这个阶段，对我们的文化是有影响的，您觉得我们是不是还要补上这一课？

费：流产了，没有爆发出来，没有爆发出一个感情的高潮、文化的高潮。

方：现在来爆发还行不行？

费：出来一个“文化大革命”，完蛋了嘛。高潮是“文化大革命”，破坏性的高潮有，建设性的高潮还没有。

周：那您觉得这个建设性的高潮，还是会出现的吗？

费：这不能创造出来，它是历史决定的，不是哪个人决定的。它来了就来啦。在我想象里面，中国至少要推出一个高潮。经济高潮已经逐步出来了，这两年不错，我下去跑着看过。

方：文艺高潮下一步出来？

费：应当有一个高潮。

方：否则这个社会发展就不平衡了。

费：反正高潮的准备工作不够。希望出一批人呢。现在的年轻人没有像我们那个时候的人有劲，我们那一代人是很有创新劲的。现在的年轻人很多到外国去了。

周：您觉得受西方教育的年轻人，回国以后会对国内的文化建设有促进吗？

费：没有出现很多了不起的人才，至少我没有碰上过，也没有看到一代新的人才脱颖而出。这东西不能着急的，它自己要出来就出来，不出来也没有办法。

周：现在我们国家提出要培养跨世纪的人才，您今天也讲了很多关于我们的文化艺术人才的问题，从国家文化发展的角度看，我们应该怎么样推动这批人才的出现？

费：这个问题太大了，这是党的一个事业方向的问题。现在主要还是经济发展的问题。这是我们的责任，底子没有不行。底子发展之后，还要有这样一个文艺高潮，现在就应当去准备的。看得远一点就应当准备的。这准备不是哪一个人要准备，是要在人心中自然地发生出来的。

周：再次感谢您接受我的采访。

2002 年

（原载《文艺报》）

脚踏实地
胸怀全局
志在富民
皓首不移

费孝通
癸酉早春

费孝通手迹

附录

我的早年生活
——费孝通访谈录

方李莉（以下简称“方”）：不少人都想知道先生学术思想形成的文化背景和经过，我想它一定与您的早年生活有很大的关系吧？

费孝通（以下简称“费”）：我一生中的最大的目标是了解中国，改造中国，将自己的学术还之于民。虽然我为此奋斗了一辈子，但总的说来我对中国的文化了解得还不够，究竟什么是中国的情况，到现在，也还不能说是理解清楚了。我从20岁开始到北京来读书，那是我一生变化的界石，从那时起，我就开始了以研究人文世界为主要目标的学术方向。

方：先生所理解的人文世界是什么样的呢？它和我们个人之间以及文化的创造有什么样的关系？

费：我对人文世界的理解是，人出生以后就生活在人文世界中，这个世界不是个人造出来的，是前人留下来的遗产，个人通过学习，在人文世界里生活。人本来是自然世界的一部分，但人的生活的方式，包括思想方式和认识事物的方式都是前人给予的，是向前人学习而来的。孔子曰：“学而时习之”，学习就是模仿别人已定下的办法。新的文化是存在于学习之中的，是在学习中产生、变化的，有时学不像，有时有新的改变和创造，从而改变了以前的模式。文化的变化和发展都是在向前人的学习的过程中发生的，我现在认识到，我一生所研究的内容就是：人是怎么学习的？中国人是怎样在学习过程中逐步发展的？

作为个人来说，每个人的生活都离不开自己的文化历史，个人是在不断的学习中变化的，我自己也在学习中不断产生变化，学不像又创造了新的东西，文化就改变了，就像文化有不同的模式一样，个人的学习也可以有新的选择。

方：先生作为一个世纪老人，亲眼目睹了近百年来的中国社会的变化和发展，尤其是您的童年生活，几乎是处在一个动荡的时代，那时的中国可以说是一个苦难的中国，也许正是如此，才使您产生了了解中国、改造中国的学术目标。

费：我一生都处在中国文化激烈的变化中间。大约有五百年的时间，中国的文化是关门自守的。五百年前，在世界上出现了一个可以和中国文化抗衡的西方文化，而且这一文化的不断的扩张，导致了中国不再是一个孤立的、自守的文化，而是在西方文化的影响下重新发展出来的文化。我的家族就是最早受到这一文化影响的家族之一，而我自己也是在这一影响中成长起来的。

要了解自己的一生，首先要从客观的历史来了解它，尽管每个人都有不同的可能性供选择，但每个个人都有一个具体的历史条件，而这种历史条件就往往决定了一个人一生要走的路。

我是 1910 年出生的，那是清王朝的最后一年，1911 年是辛亥年，就是这一年发生了辛亥革命，1912 年建立了民国。我童年的教育主要是来自父母，对一个人来说，童年的教育很重要，它决定了我的一生，也可以说，一个人是从家庭中开始成长起来的，家庭是人一生成长的出发点。

我出生的时候，祖母还健在。祖母姓周，童年时，她的家人在太平天国的战乱中被冲散了，她成了孤儿，被我的曾祖父母收养，许配给我的祖父当童养媳。在这里我要表达的是，从我祖母一代开始就受到了中国动乱的波及。

祖母生了三个儿子，一个女儿，当时，我的祖父家是同里镇的一个“墙门人家”。所谓的“墙门人家”，就是家里有讲究的院门，这种人家，一般都属于有地位的士绅人家。在我父亲很小的时候祖父就去世了，我连他的名字都不知道。当时的同里镇的许多士绅家庭都往来很密切，我的祖父有个好朋友姓杨，名敦颐，他们经常在一起，他就将自己的女儿许配给了我的父亲，这就是我的外祖父。可是不久我的祖父病逝了，外祖父发现，由于祖父死后，家里没有父亲管教，我的大伯在外面横行霸道，他怕影响我的父亲正常成长，于是就告诉我祖母，他要将我的父亲，也就是他的女婿带到家中去亲自培养。他是一个研究文字学的书生，他家也是“墙门人家”，是开米行的，当时，这些人都是一边学习一边经营产业。

那时，我的祖母是个寡妇，又没有多少文化，管教不了我的大伯，最后他在外面闯了许多祸，引起了群众的公愤，家里被大家砸了。我的父亲因为到了外祖父家，所以安然无恙。由于我的父亲从很早就跟着外祖父母生活，所以我的母亲在家里地位很高。

我外祖父是一个很新潮的人，他很早就受到西方文化的影响。在慈禧太后做寿时，加了一次考试叫恩榜，那年，他中了举人，到镇上当学官，相当于现在一个省的教育厅长，他在社会上有一定的地位。但他极愿意接受洋学。最突出的表现就在于，他放弃了清朝官员的位置，而应聘到上海租界当了一名商务印书馆的编辑，在商务印书馆编的《辞海》的编辑者中还有他的名字。另外，他愿意接受洋学也表现在他对孩子的培养上，如他将一个儿子送到清华大学学习，我的这位舅舅是清华送到美国留学的第一届学生，和胡适是同班的同学，后来成为洋行的经理。国民政府成立后，我的大舅舅在北京做官，当过相当于行政院的秘书长职务的官员，名叫杨千里，他以书法出名，其书法是从小在家里学习的。我的妈妈被送到上海的务本女校，是中国第一批接受西方教育的女学生之一。

父亲考上了最后一届秀才，从那以后中国取消了科举制，后来吴江县将他送到日本留学，学教育，他不懂日文，日本当局请了懂中文的教师给他上课，由于日本在文字上可以和中文部分相通，所以，在日常生活中他和日本人可以用笔交谈，甚至可以对着下象棋。

我父亲回来后办了吴江中学，随后，南通的张謇请我父亲去教书，这时我出生了，作为纪念，在我的名字中用了“通”这个字。在中国接受西方文化的这段历史上，我的家庭是很有代表性的，是最早的知识分子中接受西方文化的代表，直到现在我也是这方面的代表。

我出生时，家是在吴江县的松林镇，那是县衙门的所在地，我妈妈比较新潮，在那里创办了一个蒙养院（幼儿园），我的教育是从蒙养院开始的，那是一种较西式的幼儿教育方式。从太平天国开始，我们费家中落了，但在我妈妈家的帮助下，又开始发展，并走向了学习西方的道路，在我们家，妈妈起的作用很大，她对我们的影响比父亲大。接受西方文化的传统来自于我的外祖父家。我早年所接受的教育都是新法教育，1920 年 10 岁时小学毕业离开吴江到苏州。我外父家很早已搬到苏州了，在苏州办起一个织布厂，是家庭纺织业，叫振丰织布厂，在十全街 72 号，这条街直到现在还在，但房子已没有了。从吴江去苏州是坐船去的，在路上要整整一天。

到苏州后，我到振华女校上学，当时上女校，是因为我小时候身体多病，这个学校是妈妈的朋友开办的，她叫王季玉，是美国留学生。我从小学就开始学习英文，是由王季玉亲自指教的，那是一个私立学校，是按照教会学校的方式开办的。关于小学的事情我写过好几篇文章:《爱的教育》、《一封没有拆的信》[1]，都在我的文集中。

在振华女校读到初中一年级，就到东吴大学第一附中上学，我的童年就到这里为止，我到现在还感觉到，我是中国文化向西方文化学习的一个桥梁，我的国学根底较差，外祖父的国学基础没有传

① 文章发表名为《一封未拆的信》——编辑注。

下来。外祖父家，大舅舅的国学基础较好，书法、文字都很好，我有十几个舅舅，其中一个舅舅留学后，在美国的好莱坞画动画片，是中国的第一个动画专家，叫杨左匋，最小的舅舅是建筑设计师，叫杨锡缪，上海的好几个歌舞厅都是他设计的，解放后到北京来参加十大建筑的设计，他们都是艺术家。

方：先生好像对艺术也很有兴趣，是不是和这种遗传有关系？

费：我的天资在艺术上也很不错，我有这个基因，但后来没有发展，在小学和中学喜欢写文章，在初中时，曾有文章发表在商务印书馆办的《少年》杂志上。当时看到自己文章用铅字印在白纸上时，非常激动，它成了一股强烈的诱导力，鼓励我不断地写作，也由此使我养成了不断写杂文和随笔的习惯。所以，在我的一生中除写了不少的学术论文外，还写了大量的杂文和随笔。

方：在您童年的时候，感到当时的中国是一个什么样的国家？

费：我觉得是一个在不断变化着的国家，就以我外祖父家为例，最早在同里镇，后来搬到吴江城，又到了苏州城，从乡下的小镇到县府所在地又到了苏州这样的中等城市，从开米行到开织布业，后来家里的产业又和外资结合，到天津开洋行。我的外祖父家是很有代表性的，它体现了一个旧的知识分子家庭，如何从儒学的基础转到接受西方的思想，并让自己的后代接受西式的教育。

方：您的外祖父可以说是对您的学术成长起很大作用的人，他甚至影响了您的整个家族的后来发展，我想知道，为什么您的外祖父对西方的思想要比一般中国的旧式知识分子接受得容易一些呢？他有什么样的特点？是不是思想很新潮？

费：这我就不清楚了，当时我看不到他有什么新思想，只知道他的国学基础很好，文字学研究很深，他总是对我们年轻人讲他的文字学，讲中国的文字是如何起源的，如何产生的，中国的象形文字有什么特点、意义，还有很多的口诀，到现在我已记不清了。正因为他有这样的基础，所以他去了商务印书馆应聘，参加了《辞海》的编辑工作。我的舅舅后来都受了西式教育，只有一个大舅舅国学基础很好，在书法、金石、诗词方面都有很深的造诣。

受外祖父家的影响，我们家也是当时的新派，从我这一代就开始脱离了旧学，我是在新式教育下成长起来的。小时候上幼儿园，学唱歌，学脚踏风琴，那时候是很新鲜的。

方：那时，应该是在中国20世纪的20年代吧？

费：差不多，我1920年满十岁。那时中国正在军阀混战，整个国家动荡不安，我童年的时代经常不断地逃难，曾从吴江城逃回同里老家。

方：当时中国人的生活如何？

费：当然是比较苦，那时我们家是中等人家，每顿都能吃饱饭，还能吃点肉，我是家里负责记账的，记得当时每天吃七个铜板的肉。

方：七个铜板的肉有多少？

费：记不清楚了，七个铜板是七十多个文，每天吃米要花十几文铜板，加上蔬菜的钱，一天要花一百多文铜板的伙食钱。我们家一共五个孩子，一个哥哥和一个姐姐都到苏州上学去了，只剩下三哥、四哥，还有我。因为我最小，没有事，妈妈就每天让我记账。我妈妈很洋式，我哥哥、姐姐假期回来时，我妈妈就拿出账本让我们总结一下，在上面画了一个坐标，坐标上有几根线，最粗最高的一根红线，是我们家支出的学费，按比例，教育经费是最高的。

后来我在一次政协会上提出来，我们国家要学习我妈妈的办法，要先留出一笔经费来，保证教育的支出，其他的钱，多就用得宽裕一点，少就节约一点。这种家庭的办法也可以用到国家的理财方式上来。

后来我们这一代五个孩子在妈妈的培养下都受到了较高的教育。大哥费振东在苏州工业专科学校土木建筑专业毕业，他是中国最早的共产党员之一，“五卅”工人大罢工，他是组织者之一，本来要送他到苏联学习，但他去南洋（印尼）的一家报馆工作，和当时的党失去了联系，算是自动退党，后来他就参加了民盟；姐姐到日本留学，学成回来后专攻缫丝和蚕丝业技术改革；三哥费青，大学时代在东吴大学学法律，后来到德国留学，解放以后，在中国政法大学当教务长，是中国法律界的元老；四哥受舅舅的影响，学的是建筑设计，也是上海的南洋大学毕业的，他曾参与了我们国家的许多重要建筑的设计。

方：今天所讲的是您家的家史，以及早年家庭对您后来学术成长的影响。从这样的经历看来，我觉得您应该还是可以说是学贯中西的，从外祖父在国学方面的教育和影响，到后来去西方留学的这种经历，是很宝贵的。

费：不能说是“学贯中西”，我觉得自己并没有贯过去，我自以为自己古文基础还好，有几篇文章是用古文字写的，写得还不错。但这是中文基础，不是国学基础。所谓的国学基础，要对中国的哲学思想有一定深刻的理解，我觉得我这方面的基础还不够扎实，研究不够深入。但总的说来，我是属于文化嫁接中的人。

方：您觉得在亲人中，对您影响最大的是谁？

费：那当然是我的母亲了，她是一个很新潮，很开放的人，她带头剪头发，办新学，讲究男女平等，注重孩子的教育，接受外来的新思想等，这些都是我的母亲的特点。我们不是一个有钱的人家，但也不缺钱，是属于中等家庭，我们的亲戚都很富有，都是大家。

方：但您们家的孩子所受的教育却都是最好的。

费：这也对我们的亲戚产生了影响，我的姑母家也很关心我，姑父到上海还专门为我订了一份《少年》杂志，这份杂志引起了我对写作的兴趣，尤其是在上面发表文章后，几乎影响了我的一生，也是我最早在杂志上投稿的开始。从此写文章就成了我学生时代的最大爱好。高中毕业时，我写的文章还得了奖，学校奖给一个写着一行“国文猛进”字的银牌。

1928 年高中毕业，那时我的文章就写得不错了。这是我早年的中文基础。高中毕业后，我就考上了大学，最早是在东吴大学学医，1930 年大学毕业后，到清华大学研究生院学人类学，这是我青少年时代的大体经历，也就是这些经历决定了我的兴趣和以后学术的发展方向。

方：听了先生的这些讲话，我感触很深，觉得好像是在了解一段中国的近代文化史和教育史，在这里我们看到了一个西方现代文化和中国传统文化的融合过程，看到了当时的西方文化是如何影响中国的一代旧式中比较先进的知识分子的，并由他们传递给下一代。

费：以上我讲的实际上是早年的教育制度，是 20 世纪初，中国新学教育的一个模式，那时是私人办学，我上的是东吴大学的附属中学，这是一所教会学校。教会学校是西方文化传播的一个重要方式，也就是说，西方文化最早进入中国是通过教育开始的。后来进了清华大学到英国留学，那次留学用的庚子赔款的钱，实际上是美国人用中国的赔款，来资助中国的教育，其目的是培养具有西方思想的下一代中国人，以加深西方文化的影响，有很强的政治性。其结果是造就了一批接受了西方文化的先进知识分子。就是这批人发起了中国的五四运动，又向西方引进“科学”与“民主”的思想。

方：先生刚才说，您在大学时学的是医，为什么到读研究生时学的是人类学呢？一个是自然科学，一个是社会科学，这之间的跨度是不是太大了一点？

费：其实它们还是相互联系的，因为我学的是体质人类学，其中医学的基础是很重要的，因为里面的研究，包括人种、人的体质、人的骨骼等，这都需要很深的生物学基础知识。我当时向在清华教书的俄国老师史禄国学习体质人类学，他在人类学界的名声并不很大，但他在生物学界的影响却不小，在那一方面他取得了很高的成就。他是从生物学的角度来谈文化的。

方：那么说来，先生的学术是横跨两个学科，一个是生物学的，一个是社会学的。

费：可是我在生物学方面的知识很浅，社会学方面的知识也没有从基础学起，半路出家，底子不够扎实，所以两边都达不到较高的水平，总结我的学术成就，基础不是很牢固和很结实的。

方：但您有了生物学的基础再研究社会学，就和单纯的从学社会学到社会学的人不一样，也许正因为您有两种不同的知识结构，所以才有了今天所取得的成就，这是两种不同知识嫁接的结果。

费：当然，在很多的问题上看法就不一样了嘛，有关这个问题，等有机会我们再专门谈一谈。

今天我们通过谈我的家史，让大家了解了中国的一段历史，了解了中国历史的一个阶段的变化过程，这个变化不是政治的变化，而是社会的变化。看看那一个阶段出来的人，包括他们的思想，他们的遭遇，他们的求学经历等等，对我们这个时代的人也会有所启发的。

2002 年

（原载于《文艺报》，方李莉记录整理）